市场营销理论与哲学范式

马克思主义哲学及哲学范式比较视阈中的市场营销导论

郑林源 ◎ 著

企业管理出版社

图书在版编目（CIP）数据

市场营销理论与哲学范式：马克思主义哲学及哲学范式比较视阈中的市场营销导论 / 郑林源著. —北京：企业管理出版社，2023.10
ISBN 978-7-5164-2742-2

Ⅰ.①市… Ⅱ.①郑… Ⅲ.①市场营销学—研究 Ⅳ.①F713.50

中国版本图书馆CIP数据核字（2022）第210839号

书　　名：	市场营销理论与哲学范式：马克思主义哲学及哲学范式比较视阈中的市场营销导论
书　　号：	ISBN 978-7-5164-2742-2
作　　者：	郑林源
责任编辑：	徐金凤　崔立凯
出版发行：	企业管理出版社
经　　销：	新华书店
地　　址：	北京市海淀区紫竹院南路17号　邮　编：100048
网　　址：	http://www.emph.cn　电子信箱：emph001@163.com
电　　话：	编辑部（010）68701638　发行部（010）68701816
印　　刷：	北京亿友创新科技发展有限公司
版　　次：	2023年10月第1版
印　　次：	2023年10月第1次印刷
开　　本：	710mm×1000mm　1/16
印　　张：	19.5
字　　数：	323千字
定　　价：	72.00元

版权所有　翻印必究　·　印装有误　负责调换

自序
preface

笔者用近 20 年的业余时间完成了三步工作。

第一步，在专著《出位之后——消费者利益和价值论视野下的市场营销》（煤炭工业出版社，2009 年）中，提出了马克思主义哲学视阈中的营销理论框架。将历史唯物主义原理以"消费者利益和价值论"作为中介，初步贯穿于新的市场营销理论体系框架中。

第二步，在专著《品牌理论与哲学范式：交往实践唯物主义及哲学比较视阈》（企业管理出版社，2020 年）中，将马克思主义哲学及其交往实践观以劳动价值论、广义社会符号化理论、社会主义核心价值观、中医哲学为中介理论，探索建立马克思主义哲学视阈中的品牌理论；同时揭示出西方的品牌理论因内涵的哲学范式不同而分为两类：现代主义品牌理论和后现代主义品牌理论。

第三步，2020 年完成了本专著。将马克思主义哲学及其交往实践观以社会主义市场经济下的劳动价值论、广义社会符号化理论、消费者利益和消费（社会）价值论、社会主义核心价值观、中医哲学为中介理论群，贯穿于市场营销理论范畴中，创建马克思主义哲学视阈中的市场营销理论体系框架，对于开创中国特色市场营销学及其学科体系具有导论意义。本专著将钱学森的大思路、《资本论》的大思路在市场营销理论中做了全过程展现，这一过程正是马克思主义哲学及其交往实践观具体化于市场营销理论新体系中的过程，同时也是依据马克思主义哲学范式（主体—客体—主体）、社会主义核心价值观，吸收与整合中西文化精髓于市场营销理论新体系中的过程。

在上述三步工作中，有两篇文章代表了我的思路，也是本专著的总思路。一篇是《哲学与市场营销——我的创新之路》，先期已作为后记放于专著《品牌理论与哲学范式：交往实践唯物主义和哲学比较视阈》之中，修订之后作为本专著之绪论。另一篇是《交往实践的唯物主义与市场营销的创新》，是在中国高等院校市场学研究会 2012 年中央财经大学年会上的演讲论文，其研究思路被与会数十位专家、教授所肯定，该文被纳入中国高校西方哲学、经济哲学研究生论文写作的参考书目中。

总之，上述三步工作，探索了一个主题，就是如何把马克思主义哲学融入市场营销学这门具体学科中。笔者坚持不懈地探索"哲学与营销"这一主题，基本的动力有二。

第一，使钱学森的大思路在市场营销理论领域具体化，探索创建中国特色市场营销论体系的思路。20 世纪 80 年代初，钱学森在中央党校的讲座中多次提出"马克思主义哲学—具体科学"的纵向内在关联的大思路。* 钱学森提出的大思路揭示了哲学与具体学科之间的内在关联，是贯通学科之间内在关联的大思路，也是理解西方各门类学科的大思路。笔者在市场营销领域的探索，就是要使钱学森的大思路具体化，开创一条"走出西方市场营销理论"的"马克思主义哲学及其交往实践观→部门哲学理论为中介理论→市场营销理论新体系"的道路。同时也希望对人文社会学科如何避免陷于西方"主客"逻辑框架，如何吸收中华文化之精华，实现各学科的大创新提供一个理论方案。

第二，在市场营销理论体系的创新中，把马克思在《资本论》中的宏大研究思路发扬光大。马克思将其哲学思想内化于劳动价值论中，把劳动价值论作为《资本论》的基础理论，贯穿于资本运动理论的不同阶段，即劳动价值论在资本运动的不同阶段要发生具体形式的变化，且复杂化。（陈明俊的研究）钱学森与马克思的思路是一致的，但是，马克思在 170 年前就给了我们理论创新这一思想武器，且以《资本论》文本的形式给我们提供了一个活生生的范本。而今，善于运用这一思想武器者并不多，《资本论》的否定者却大有人在。《资本论》中的"劳动价值论"具有经济哲学理论（中介理论）的地位，在市场营销理论的创新中，就是要坚定马克思"劳动价值论"的科学性及其经济哲学的地位，继承并发扬马克

---

* 参见钱学森讲，吴义生编. 社会主义现代化建设的科学和系统工程 [M]. 北京：中共中央党校出版社，1987.

思在《资本论》中的研究思路。

今天看，做此项工作有更现实的意义。

2020年5月28日，教育部印发《高等学校课程思政建设指导纲要》，明确提出"全面推进课程思政建设，就是要寓价值观引导于知识传授或能力培养之中，帮助学生塑造正确的世界观、人生观、价值观，这是人才培养的应有之义，更是必备内容"。即"全面推进课程思政建设是落实立德树人根本任务的战略举措"。高校课程80%是专业课，专业课程教学是课程思政建设的主要依托。

教育部副部长郑富芝在《全面落实教材建设国家事权》一文中指出，教材建设必须坚持"五个体现"的指导思想和总体要求：充分体现马克思主义中国化要求，充分体现中国和中华民族风格，充分体现党和国家对教育的基本要求，充分体现国家和民族基本价值观，充分体现人类文化知识积累和创新成果。

本专著与课程思政建设的要求及上述"五个体现"一致。

"五个体现"与课程思政建设、新文科建设，同时指向一个主题，这就是"社会主义核心价值观如何融入和贯穿于各门学科的建设中"。

本质上，社会主义核心价值观是马克思主义哲学在政治哲学、文化哲学层面的体现和具体化。这样，"社会主义核心价值观如何融入和贯穿于各门学科的建设中"这一主题，实际上就是"马克思主义哲学与各门具体学科的关系问题"。多年来，笔者按照钱学森提出的思路、按照《资本论》的研究思路，研究马克思主义哲学、中国传统文化中的精华如何融入市场营销学当中，及思考如何创建马克思主义哲学视阈中的市场营销理论体系框架。在专著《品牌理论与哲学范式：交往实践唯物主义和哲学比较视阈》中，通过品牌这一范畴，已经将钱学森的思路做了具体化的探索。把品牌范畴界定为"消费价值观的载体"，以此为中西比较的平台，并实现马克思主义哲学视阈中"消费价值观是社会主义核心价值观的具体化"这一中心命题的论证。"人心惟危，道心惟微，惟精惟一，允执厥中"，本专著将钱学森和《资本论》的大思路具体化，其实就是将社会主义核心价值观及中华传统文化中的精华这一"道心"，融入市场营销学这门学科中，以弘扬道心，顺应"五个体现"的要求。

2020年6月一稿，2022年4月修改

目录 Contents

001	绪　论	哲学与市场营销——我的市场营销理论创新思路
011	**第一篇**	**马克思主义哲学交往实践观及其中介哲学理论**
012	第一章	马克思主义哲学交往实践观
012	第一节	马克思主义哲学交往实践观综述
017	第二节	中华优秀传统文化的特征与"主体—客体—主体"哲学范式
036	第二章	马克思主义哲学及其交往实践观具体化的中介哲学理论
037	第一节	马克思主义哲学的两个商品经济哲学理论
049	第二节	社会主义核心价值观作为理论中介
061	**第二篇**	**消费者利益和消费价值观实现的中心目的论**
062	第三章	以商品为纽带的消费者利益和消费价值中心目的理论
062	第一节	作为主体的消费者的利益和消费价值观
074	第二节	作为中介客体的商品属性和功能
089	第三节	以消费者利益和消费价值观实现为中心目的
095	第四章	市场营销关系分析模型及其应用案例
095	第一节	市场营销关系分析
100	第二节	市场营销关系分析模型的扩展及其应用案例

105	第三篇	中介理论群视阈中的市场营销过程及理论核心
106	第五章	目标市场（主体）利益和消费价值的商品化
107	第一节	新商品开发概述
110	第二节	商品概念、商品卖点和商品定位
117	第三节	商品销售包装和包装装潢设计
120	第四节	以制器者尚其象：发明创造的系统哲理
125	第六章	目标市场（主体）利益和消费价值观的品牌化
125	第一节	商品品牌的核心价值功能和商品品牌概念
131	第二节	商品概念、商品品牌概念、公司品牌概念及其关系
136	第三节	用社会主义核心价值观指导品牌塑造
144	第七章	推动商品的目标市场（主体）化
144	第一节	商品概念和商品卖点的推广
147	第二节	商品品牌概念的推广
152	第三节	战略概念推广与销售整合的理论要件
157	第八章	市场营销渠道中的主体际关系
157	第一节	市场营销渠道中的关系原则
164	第二节	分销渠道中的关系营销
167	第三节	企业全员营销
174	第四节	培育和引领营销渠道成员间的共同的价值观
178	第五节	海尔人单合一的管理模式本质：商品为纽带的营销渠道主体际
185	第四篇	西方市场营销理论及其哲学范式
186	第九章	西方现代主义和后现代主义哲学范式概述
186	第一节	西方现代主义哲学范式概述

190	第二节 后现代主义哲学范式概述
193	第十章 两类西方市场营销理论体系的哲学范式
193	第一节 实用主义的市场营销理论体系
202	第二节 后现代主义的三套市场营销理论体系
213	第三节 对后现代主义整合营销传播理论的误解
220	第四节 两大西方市场营销理论体系本质特征与关系的借鉴意义
227	第十一章 西方范畴性市场营销理论的哲学范式
227	第一节 马斯洛后现代主体际哲学范式的需要的层次理论
235	第二节 定位理论的哲学范式
239	第三节 关系营销理论的哲学范式
248	第十二章 哲学范式比较视阈中的市场营销哲学和范畴
248	第一节 两类西方市场营销哲学及其市场营销理论的演变
257	第二节 哲学范式比较视阈中的定位范畴
262	第三节 哲学范式比较视阈中的品牌理论及其品牌范畴
267	第四节 科学发展观视阈中的品牌本质与科学品牌发展观
272	第五节 哲学范式比较视阈中看西方范畴性营销理论的比较
281	**第五篇 中西文化碰撞下的中国市场营销**
282	第十三章 中国市场营销的相关认知
282	第一节 市场营销理论在中国传播的格局
287	第二节 中西文化碰撞下的营销文化环境
291	第三节 哲学与市场营销理论关系的诸多认识梳理
298	后记

绪论
哲学与市场营销——我的市场营销理论创新思路

笔者长期致力于哲学与市场营销理论之间的关系的研究，力求从马克思主义哲学与市场营销理论之间的关系上展开对市场营销理论的创新，现将研究思路总结如下，供有志于哲学与具体学科关系方向研究的人士、从事课程思政建设和新文科建设的同仁们参考。

一、明确哲学与具体科学的关系

我们在高中阶段学习《辩证唯物主义常识》，在大学阶段学习《辩证唯物主义和历史唯物主义》或《马克思主义哲学》，都有哲学与具体科学关系的论述，这一点常常被许多学子乃至一些专家、学者所忽视。

爱因斯坦指出："如果把哲学理解为最普遍和最广泛的形式中对知识的追求，那么显然，哲学就可以被认为是全部科学研究之母。"[1] 爱因斯坦指出了哲学与具体科学之间是有普遍的内在联系的。

钱学森在论述现代科学技术系统时指出："目前这个科学技术体系有九大部门……第二个部门是社会科学……""每个部门，除了文艺理论，又可分为三个层次，即：基础科学、技术科学（应用科学）、工程技术三个层次。从这三个层次过渡、上升到人类知识的最高概括马克思主义哲学还需要一架桥梁……社会科学到马克思主义哲学的桥梁是历史唯物主义……"[2] 钱学森明确指出了马克思主义哲学与具体科学具有内在关联。

那么，哲学与具体科学之间因何有内在关联，是需要明确的。

各门具体科学"不仅以各种首尾一贯、秩序井然的符号系统和概念框架去理解和解释经验世界，而且它自身表现为科学思维方式和科学概念系统的形成和确定、扩展和深化、更新和革命的过程。科学发展过程中所编织的科学概念和科学范畴之网，构成了愈来愈深刻的世界图景，也构成了人类认识世界的愈来愈坚实的'阶梯'和'支撑点'……表明科学概念和科学范畴实现了思维和存在在规律层面上的高度统一。"[3] 各门具体科学作为实践活动及实践活动的结晶，"以理论思维去抽象、概括、描述和解释思维对象（存在）的运动规律，也就是在理论思维的层面上实现思维与存在的统一。"[3] 理论是由概念及概念间关系经科学逻辑而编织为一体的，科学的逻辑包含形式逻辑、辩证逻辑（唯物或唯心）等，"科学的逻辑是实现'思维与存在'的统一的逻辑。"[3] 同时，任何具体科学都有其依据和原则，"以文化传统、思维模式、价值尺度、审美标准、行为准则、终极关怀等形式而构成思想的立足点和出发点。"[3] 这里构成具体科学的根据、理论前提和逻辑支点就是反映特定社会形态中社会实践方式的哲学范式。这里的"具体科学"，可以理解为一门学科（理论体系）、一个有内在关联的学科群，或者钱学森所说的"门类科学"。

而哲学实践活动则是反思"思维与存在关系问题"，即把"思维与存在的关系"作为"问题"进行反思。"哲学的逻辑使科学逻辑成为哲学反思的对象。"[3]

对具体科学的哲学反思，是对构成具体科学的根据和原则的反思，即对其理论前提和逻辑支点的反思。哲学对具体科学的反思，表现为：一方面对既有理论、学科中概念、范畴所遵循的依据、前提、逻辑支点，即哲学范式的解读；另一方面对创新的新理论、学科中应然地遵循新哲学范式的概念的自觉的界定、逻辑支点的选定。哲学对门类科学的反思，则更为复杂，需要经过部门哲学作为桥梁。

社会科学的各门学科，从来都不是中性的。特定历史条件下，为了引进西方管理理论、西方市场营销理论等社会科学理论、学科，策略性地提出这些理论或学科是中性的，可以理解，但这不是科学的态度，而是实用的态度。

二、明确不同哲学具有不同哲学范式

人为满足自身需求与自然界进行物质交换，是通过结成一定的社会关系、在特定的社会形态中进行的。哲学范式是哲人们对特定社会形态中人与自然、人与社会、人与人交往实践关系的一般性概括，其中，人与自然的关系本质上是人与人关系的体现。或者说，哲学范式是特定社会形态中特定集团的价值观、世界观的内核，是由社会制度必然要求和规定的，这种要求和规定成为各种概念、理论的前提依据和逻辑支点。人与自然、人与人交往实践关系的基本趋向是"自然从最初表现为人的统治者，接着下降为有用物，最后与人达到和解与统一。与此相应人与人之间的关系也经历三个阶段的发展"[4]，即自然的依赖关系、商品经济的全面异化关系、个人全面发展和他人和谐相处关系。人类社会产生以来，以下五类哲学范式与本研究密切相关。

一是西方现代主义哲学范式。西方现代主义哲学分两支，理性主义（科学主义）和非理性主义，其共同的哲学范式是"单一主体—客体"。在此基础上还要明确二者的区分。

我们知道，人对客观事物的认识分为感性认识和理性认识，是人在社会实践基础上，经过从感性认识上升到理性认识，又从理性认识到实践的辩证途径实现的。无论是理性认识还是感性认识都是作为主体的人的认识。在社会实践过程中，人们与外界事物接触，通过自己的感官，使外界事物的形态反映到自己的大脑中，获得感觉、知觉、表象，这就是感性认识。理性认识是在感性认识基础上，经过头脑对事物内部联系的加工、对事物内部一般的共同本质的抽象而形成的。"理性认识的基本形式是概念、判断、推理，是运用概念、判断、推理对感性认识材料的综合、分析、抽象和概括。"[4] 西方理性主义强调的正是理性认识作为单一主体的唯一或主要的认识方式，非理性主义则强调感性的认识才是单一主体的主导的认识方式。非此即彼在西方近现代哲学争论中表现得异常突出。

"主体—客体"范式中，主体是单一主体。无论理性主义"主体—客体"还是非理性主义"主体—客体"都立足于单一主体如何认识、改造、征服自然与社会。当单一主体既定，其他皆为客体，这个客体包括了其他人和所有的物；而马克思主义哲学建立于交往实践、生产劳动基础之上，立足于联合的劳动者如何认识自然、如何治理社会、如何实现人际和谐的社会与自然的和谐，即"主体—客体—主体"的哲学范式，人不为客体。而"主体—客体"范式中，逻辑上否定唯物辩证法。

二是后现代主义主体际哲学范式。后现代主义的产生，是西方资本主义社会中进入垄断和金融全球化阶段，西方民众对现代主义抗争的结果。其突出特征为：一是强调主体际，二是无客体底板。

三是具有"主体—主体"哲学范式倾向的中国先秦哲学（文化）。中华文化源于《易》，先秦诸子百家都是从不同角度阐述《易》的道理，并用于对社会的治理。诸子百家共同点是以天人合一为前提，以天道定人道，人道遵循天道。儒、道、墨先贤圣哲们，倡导"天行健，君子自强不息"的精神，并"尚象制器"进行创新，不断顺应自然，改善生存条件；倡导弘扬道心、抑制人心，通过"惟精惟一"，实现"允执厥中"；通过倡导"和合"，谋求社会大同的理想境界。儒、道、墨思想中都具有主体际的哲学范式倾向，任平在《交往实践与主体际》《走向交往实践的唯物主义》当中做过论证，此不赘述。

四是中医哲学范式与先秦儒、道、墨的哲学范式不同，具有"主体—客体—主体"哲学范式。

五是马克思主义哲学及其交往实践观具有"主体—客体—主体"哲学范式。这一范式是"主体—客体""主体—主体"双重关系的统一结构。其交往实践观在结构上是现代主义实践观（"主体—客体"）和后现代主义实践观（"主体—主体"）的统一，它扬弃后二者各自的片面性缺陷，而将之作为两个各具必然合理性的环节包含于自身；既包含着对物的理性又包含了对人的主体际关系，是对这"两个大脑"的否定之否定。这正是社会主义对资本主义的否定在哲学中的反映。这种哲学范式在逻辑上就是唯物辩证法或交往实践的辩证结构。

三、明确哲学与市场营销学及市场营销理论的关系

市场营销学是建立在哲学、数学、经济学、心理学、社会学等基础学科上的

应用层次的学科，而在工程技术层次上有市场营销管理、推销学、广告学、公关学、市场调查、市场预测、渠道管理、促销实务等学科，它们共同形成了一整套营销理论体系。其中，哲学是市场营销学及市场营销理论体系的根本。

西方市场营销基本理论来自西方市场经济条件下的实践总结，有其西方哲学的前提和逻辑支点，即在西方市场营销学、西方市场营销理论与哲学的联结上，西方市场营销学有其西方哲学范式的根据。要深刻领悟西方市场营销理论就必须揭示西方营销理论所贯穿的西方哲学范式，这是我们创建市场营销学科新体系必须要做的一项基础工作。多年来，笔者在困惑中思考和探索，逐渐揭示出西方市场营销理论与西方哲学的内在关联：菲利普·科特勒的营销理论体系贯穿着实用主义的"主体—客体"哲学范式、马克·E.佩里的品牌战略理论也贯穿着实用主义的"主体—客体"哲学范式；而营销传播理论具有后现代主义的主体际哲学范式；那些独立的品牌理论、定位理论、关系营销理论，不是蕴含着现代主义的"主体—客体"哲学范式，就是蕴含着后现代主义的"主体—主体"哲学范式。

建立马克思主义哲学视阈中的市场营销理论，是另一项必须要做的工作。改革开放以来，西方市场营销理论被引入中国本土市场营销教学与实践，已有30余年，但中国特色市场营销理论体系仍处于探索和创建阶段。当前，营销实践工作者遇到的"市场营销方法的深层困境现象"（即从西方引进了很多的营销理论、品牌理论，独立地看都很优秀，但不知道这些理论间有什么关联，实践中不知道该如何结合运用），正是中国特色市场营销理论形成和发展过程中的问题。在马克思主义哲学视阈中，如何对西方市场营销理论进行"扬弃"、如何走出"市场营销方法的深层困境"、如何将马克思主义哲学与优秀传统文化相结合进行市场营销学的思政课建设、如何整合创新以建立中国特色市场营销学（新文科建设的要求），是当前我国市场营销理论及营销类学科发展所面临的最迫切的课题和任务，也是解决现实营销实践问题的迫切要求。

在运用多学科知识尤其运用马克思主义哲学及其交往实践观，指导和推动市场营销问题解决过程中，找到合理的市场营销理论创新路径是目的。马克思主义者们的长期探索给了我们解决问题的钥匙，这就是钱学森的思路和《资本论》的逻辑，它们是开创中国特色市场营销理论体系的智慧源泉；而马克思主义经济哲学是贯穿在经济理论中的智慧之根，是推陈出新、开创中国特色的市场营销理论的必经的经济哲学中介桥梁和智慧之根。以西方哲学范式为视阈剖析西方市场营销理论，不是为了全盘照搬西方市场营销理论，而是在理解西方市场营销理论所蕴含哲学范式的基础上，解除作为概念、范畴及理论的依据和逻辑支点的哲学范式，在马克思主义哲学中介理论（部门哲学）视阈中，用新的前提依据和逻辑支点——马克思主义哲学的"主体—客体—主体"范式改造其范畴，这就是开创新的市场营销理论体系的路径。

四、将马克思主义哲学与市场营销理论深度关联

将马克思主义哲学与市场营销理论深度关联，即将马克思主义哲学的哲学范式贯穿于市场营销学这门具体学科或市场营销理论中。

最初的研究路径是：从"消费者利益和价值论"视野建立新的营销理论体系框架，并与各种西方市场营销理论比较，从而实现对其整合，达到解决《出位：海信PBI——产品同质化时代制胜五步法则》所提出问题的目的。[5]然而，在深入思考、探索的过程中，笔者认识到"整合"的前提是各种市场营销的理论拥有同一哲学范式，而笔者面临的是拥有不同哲学范式的各种市场营销理论，意味着这一路径的"整合"行不通。

不同哲学范式的各种市场营销理论必须在同一哲学范式下实现统一。实际上，菲利普·科特勒做到了这一点。他建立了实用主义贯穿营销范畴的营销理论体系，并把后现代主义的营销传播理论体系中的营销传播范畴、顾客价值范畴转化为实用主义营销理论体系的有机组成部分。具体地说，科特勒以实用主义将后现代的传播理论体系中的关键概念进行了改造，将后者变为其理论体系中的范畴，这当然是一种统一。通过对西方营销理论内涵的哲学范式进行解析，进而用马克思主义哲学范式来改造西方市场营销理论体系，同样可以实现营销理论重建的新路径。为实现这一路径，笔者在逻辑上做了如下两个步骤的探索。

第一个步骤，以"消费者利益和消费（社会）价值论"作为中介理论，这是

将马克思主义哲学及其交往实践观在经济哲学中的应用；之后采用劳动价值论、广义社会符号化理论作为经济哲学层面的中介理论，这些中介理论也是马克思主义哲学范式的具体化；最后用社会主义核心价值观作为意识形态层面的中介理论。

这么做的原因是：任何具体科学都有其依据和原则，"以文化传统、思维模式、价值尺度、审美标准、行为准则、终极关怀等形式而构成思想的立足点和出发点。"[3] 具体地讲：其一，哲学的语言具体化到经济类学科，就需要用表达经济关系的一般性语言来表达，这就是经济哲学。只有先转换为表达一般性经济关系的经济哲学（经济类学科的话语逻辑），才能进一步具体化为特殊（或具体）理论或学科中去。同时，哲学的语言具体化到意识形态中，就需要用表达价值关系的一般性语言来表达。

其二，一些日常的具体的经济类问题，必须用多个具有经济哲学性质的中介理论来解决，如解决品牌问题，须同时运用劳动价值论、消费者利益和消费（社会）价值论、广义社会符号化理论才能给出合理的揭示。笔者在专著《出位之后——消费者利益和价值论视野下的市场营销》中建立营销理论体系框架时，仅仅认为以消费者利益和消费价值论作为中介理论而进行具体化的理论演绎，就可以解决问题了。实际上，劳动价值论也在起作用。劳动价值论是马克思主义哲学具体化的体现，属于经济哲学层面的理论。在专著《品牌理论与哲学范式》中，笔者就很重视多种中介理论结合运用了。

其三，通过对人的教化，社会核心价值观（意识形态）对经济活动产生影响，这在具体学科中体现出来，就是具有政治哲学、文化哲学性质的中介理论的具体化。如社会核心价值观赋予品牌，使得品牌具有了承载社会核心价值观的功能。

这里，存在着一个对哲学范式的理解和比较问题。怎么理解马克思主义哲学的范式，怎么理解西方哲学的范式，关系着是否可以在同一个平台上及同一口径下进行比较。否则，就没有可比性、没有说服力。有幸的是，任平对中西哲学范式比较上的理论研究成果，给我们提供了思想武器。

第二个步骤，中介理论要进一步具体化或演绎，即在"消费者利益和消费（社会）价值论"等中介理论视阈中对西方市场营销理论中的范畴重新界定，继而通过重新界定的范畴、概念，及概念之间又通过唯物辩证关系、或判断与推理关系，从而形成具有内在逻辑的新的具体理论体系的核心内容，实现重建市场营销理论体系。在这里，须采用哲学范式解析的方法建立一套新的市场营销理论的核心概念体系，其实质是消费者利益和消费（社会）价值论等中介理论在市场营销理论中的演绎——内化到关键概念中，如顾客价值、定位、品牌、关系营销、营销传播等。这类似于冯友兰《新理学》中的方法，"虽然表面上还是中国哲学的概念，但内涵已经有了变化，理、气、道体、性、心、无极、太极等便是这样的概念"[6]。以消费者利益和消费（社会）价值为中心目的将这套核心概念体系相互关联，就可以建立新的市场营销理论体系。此体系于实践中应用就可以解决"如何走出市场营销方法的深层困境"问题，于市场营销类学科的教学中，就可以解决这类学科的课程思政建设的问题。

中介理论的具体化或进一步演绎有一个关键，即要在反思中理解西方市场营销理论，同时也要实现解构的目的，为建构新理论体系提供支撑。不仅要掌握西方市场营销理论之术，更要理解西方市场营销理论之本——其蕴含的哲学范式、逻辑支点，这是进行真正"扬弃"的必要条件。在掌握和理解西方市场营销理论哲学范式的基础上，使非科学的、教条的、落后的市场营销思想和理论（包括范畴及其关系）被发现和批判。继而，在马克思主义哲学的哲学范式中将这些范畴重新界定，将新范畴之间的内在联系建立起来，这样一来，旧理论体系就被解构乃至否定了。也就是说，肯定了旧理论体系中的概念形式，即其反映的事实关系或矛盾，而否定其概念中贯穿的哲学范式实质。这就是在中介理论层面进行反思、比较的过程，这个过程也是创新的过程。如果不对西方市场营销的各种理论及其范畴所贯穿的哲学范式进行揭示，就不能比较优劣、先进与落后，新方案否定老方案的论据就会不充分。如果不对西方市场营销的各种理论中的范畴重新界定，就不能建立马克思主义哲学范式中的范畴和理论体系。

通过以上两个步骤的逻辑转化，将西方现代主义哲学的市场营销理论、后现代主义的市场营销理论中的范畴都改造为马克思主义哲学范式中的市场营销范畴，使之有了全新的内涵，范畴之间有了全新的关系联结。这是一个不仅能解决《出位：海信PBI——产品同质化时代制胜五步法则》一书所提出的问题的方案，更是与社会主义市场经济相适应的理论方案。

五、进一步吸收中华元典精髓充盈市场营销理论

中华文化的元典《诗经》《尚书》《周易》《礼记》《论语》等，倡导男女平等、夫妇同功互忠、君以民为本并忠于民、君臣互礼仪等具有主体际倾向的社会关系，即中国先秦的道家、儒家元典提出的思想都具有天人合一状态下的"主体—主体"哲学范式倾向。而汉武帝时期，董仲舒将"一阴一阳谓之道"解读为"阳为阴纲"，从而提出了维护帝王专制的"君为臣纲、父为子纲、夫为妻纲"，三纲成为两千年的帝王主宰下的工具，从衣食住行，到国家治理的等方方面面，体现着主奴关系，即主体际倾向的救世之策被置换为主客之道。从秦汉到宋代的帝国时代，皇权与官僚集团还能共同治理。而元代至清代，加强了专制统治，连各级官员都变成了赤裸裸的奴才，主客之道变成了皇帝为唯一主体的主客之道。易中天在《闲话中国人》一书中剖析了国人在饮食、服饰、面子、人情、单位、家庭、婚恋、友谊等方面人与人之间的严格的等级关系，就是传统文化异化的写照。今天，吸收中华传统哲学的精髓，就是要吸收儒、释、道各家原创哲学中的精髓，而不是推崇帝王之术。怎样吸收和继承，易中天有个提法，叫抽象继承。

抽象继承，"就是把先秦诸子的思想，从他们提出这些思想的具体环境和原因中抽离出来，只继承其中合理的部分。比如，孔子讲'仁爱'，是为了维护等级制度。但仁爱本身并不错，我们就要仁爱，不要等级制度。又比如韩非讲'公平'，是为了保证君主独裁。但公平本身并不错，我们就要公平，不要君主独裁。也就是说，我们在继承先秦诸子这笔宝贵遗产时，必须'洗去'他们身上时代和阶级的烙印，只留下合理的内核和普遍适用的东西。"[7]

先秦诸子思想中的一些重要概念具有主体际倾向，与马克思主义哲学"主体—客体—主体"范式，在主体际关系上具有一致性，这是其合理的内核，因此可以从"主体—客体—主体"哲学范式上审视先秦诸子思想中的范畴。社会主义核心价值观具有"主体—客体—主体"哲学范式，是社会主义文化的核心，是当下和今后人们行为的评判标准。在社会主义核心价值观视阈中评判，中华文化经典的核心范畴，如仁、义、礼、智、信，即取其形式，抽掉其哲学范式实质，重新贯穿"主体—客体—主体"哲学范式，对此范畴重新诠释，而不是照搬。如，企业

用孝文化凝聚员工，在社会主义法治和社会主义核心价值观的制约下，须在理解《论语》之"孝"的内涵前提下，用社会主义核心价值观内涵的"主体—客体—主体"哲学范式将其进行转换和创新。如果把"孝"理解为董仲舒的"三纲"为前提的"孝"，不进行哲学范式的转化，那么在企业管理中就会造成人为的不平等局面，这与社会主义核心价值观相悖。

此外，中医哲学范式与马克思主义哲学范式具有一致性，要通过发扬中医文化，促进中医营销文化、中医商业文化的繁荣；要促进中医事业的发展，使之走向新的高度，在这个过程中就践行了社会主义核心价值观。

一句话，用社会主义核心价值观和马克思主义哲学及其交往实践的哲学范式，审视中华元典中的重要概念，并对其创新性转化，从而丰富社会主义核心价值观；用中华元典的精髓为当代营销理论的创新提供资源，从而滋养营销文化、商业文化、企业文化，使之发扬光大。

参考文献

[1] 阿尔伯特·爱因斯坦. 爱因斯坦文集：第1卷 [M]. 许良英，范岱年，译. 北京：商务印书馆，1976：519.

[2] 钱学森，吴义生. 社会主义现代化建设的科学和系统工程 [M]. 北京：中共中央党校出版社，1987：128-130.

[3] 孙正聿. 哲学导论 [M]. 北京：中国人民大学出版社，2000：75-145.

[4] 王伟光. 反对主观唯心主义 [M]. 北京：人民出版社，中国社会科学出版社，2014：25-170.

[5] 王瑞吉，姚瑶，刘蔚. 出位：海信PBI——产品同质化时代制胜五步法则 [M]. 北京：企业管理出版社，2003：203.

[6] 单正齐，甘会兵. 听冯友兰讲中国哲学 [M]. 西安：陕西师范大学出版社，2008：前言.

[7] 易中天. 我山之石——儒墨道法的救世之策 [M]. 南宁：广西师范大学出版社，2009：222.

第一篇
马克思主义哲学交往实践观及其中介哲学理论

马克思主义哲学及其交往实践观的"主体—客体—主体"哲学范式贯穿于马克思主义经济哲学、社会主义的意识形态（社会主义核心价值观）中，后者是前者具体化的载体。

马克思主义经济哲学的具体理论、社会主义核心价值观是马克思主义哲学及其交往实践观通向市场营销等社会科学的桥梁和中介。

中国特色市场营销理论（或其他学科）贯穿着马克思主义经济哲学的具体理论、社会主义核心价值观，前者是后者具体化的载体。

中医哲学具有天人合一、以商品为纽带的主体际特征，与马克思主义哲学范式之间最具内在契合。中医文化是中华优秀传统文化的重要组成部分，是建设中国特色市场营销理论需要继承和弘扬的宝贵传统。在马克思主义哲学及其交往实践观视阈中，中华文化的核心精髓——中医哲学是创建中国特色市场营销理论的具有中介意义的厚重历史资源。把马克思主义哲学及其交往实践观与中华优秀文化结合起来贯穿于中国特色市场营销理论之中，是马克思主义哲学及其交往实践观具体化的不二法门。

第一章
马克思主义哲学交往实践观

第一节 马克思主义哲学交往实践观综述 [1]

交往实践，即多极主体间的社会物质交往活动，是无数人交往活动交织构成的总结构的内在基础，它派生和制约着人们的认知、语言、道德、价值、情感等一切精神交往过程。马克思主义哲学交往实践观的特征及交往社会结构综述如下。

一、马克思主义哲学交往实践特征

马克思主义哲学之交往实践是诸主体间通过改造相互联系的中介客体而结成社会关系的物质活动。这一概念辩证地汲取了现代实践观和后现代实践观的积极合理的成分，又科学地超越了二者，具有以下特点。

（1）马克思主义哲学之交往实践是主体间物质交往活动，具有主体性、交往性和客观性统一的特征。交往实践是在"主体—客体—主体"框架中界定主体本性的。所谓交往实践的主体性，指以客体为中介相互联结的诸主体间物质交往的图景，即强调多极主体的存在意义，具有参与交往的多极主体性。所谓交往实践的交往性，指交往主体的交往关系首先是人类生产的一般前提，然后又构成生产的、分配的、交换的、消费的关系，构成"主体—客体—主体"的交往实体结构，形成生产共同体的纽带。从意义结构来看，交往实践的交往性

其意义是双向的，对各极主体都产生了意义，而且各极意义之间是相关的，人们可以据此设定意义，建立符号化体系。所谓交往实践的客观性，指在交往活动的体系中进行的物质活动，其社会实践的实体结构、意义结构、辩证结构都是客观存在的。从意义结构来看，交往实践对各极主体的客观指向和利害得失，与主体对意义的领悟是有区别的。交往性与客观性在实体结构、意义结构、辩证结构中均得以体现。

（2）马克思主义哲学之交往实践观，具有"主体—客体""主体—主体"双重关系的统一结构。马克思主义哲学之交往实践观在结构上是现代实践观（"主体—客体"）和后现代实践观（"主体—主体"）的统一，它扬弃后二者各自的片面性缺陷，而将之作为两个各具必然合理性的环节包含于自身。

（3）马克思主义哲学之交往实践观，具有"主体—客体—主体"相关性模式。这一模式是以实践客体为中介而联结起来的诸主体模式。现代实践观的"主体—客体"相关性框架是以与诸主体社会交往关系分离为特征的，撇开了主体际关系，不能解释"主体—客体"相关的根据。而马克思主义哲学之交往实践中，任何单一主体对客体的改造同时就承载和实现着"主体—主体"交往关系，并受其牵引和制约。后现代实践观"主体—主体"框架是对现代实践观的消解，因主张非理性、相对主义，抛弃客体底板，导致虚无主义。马克思主义哲学之交往实践观是对现代实践观更完善的肯定。"主体—客体—主体"框架将"主体—客体""主体—主体"双重关系在模式上内在统一起来，实现了对后两者的超越。

其中，主体是具有交往关系、社会差别的多极主体，是参与交往实践、介入各层次交往模式的个体和群体。主体本性和资质的现实规定，是相对于"主体—客体—主体"相关交往实践结构的产物。每一极主体的本性和资质都是实际地相对于中介客体和另一极主体而言的。

中介客体不是脱离人的、没有主体相关性的客体，也不是仅从"主体—客体"相关性上去界定客体，而是在交往实践中、在"主体—客体—主体"框架中对客体做出的界定。这里所指称的客体是社会客体，商品、货币、资本等都属于社会客体，它处于交往的中介地位，具有交往性、中介性和合晶性等特征。马克思认为，社会客体的存在，表面上看来是物物交换的过程，实际是"人际交往过程"，物物关系是主体际交往的中介。商品、货币、资本等增值化是在一个总交往过程中实现的,既离不开"主体—客体"劳动过程,更离不开生产、流通等价值实现过程,即"主体际交往过程"。客体具有的社会性价值,是超感觉的存在,是商品内在的灵魂,是社会关系、人类抽象劳动的凝结。客体的属性,其指向主体性不是单一的。价值实现指向商品所有者,使用价值指向交换者,然后指向消费者。而由于消费与生产一样,都是整体交往化实践的一个环节,因此客体的多向指向性并没有因消费而停止指向。相反,消费也是生产。不仅生产性消费是生产,而且生活消费也在"观念上"制造再生产的目的(消费社会导致的消费主义含有更多的政治隐喻、文化隐喻等)。

中介客体存在形式随交往活动的多层次而多样化。从物质人工制品到精神、语言客体,呈现出一个庞大的然而是有序的客体世界。其基础是物质制品层,然后是精神—语言层。随着信息社会的到来,精神—语言制品正通过全球互联网、多媒体以及其他大众传播网络迅速控制着社会。

(4)马克思主义哲学之交往实践观具有双向建构、双重整合。交往实践的建构功能是双向的,它既建构交往关系结构,又建构参与交往的主体。对交往关系的建构,既不断形成历史规范结构,又否定这一结构,造成历史规范结构、社会形态的新旧迭代;对交往主体的建构,即反身性,是主体对于交往成果的内化,改变自身固有的主体图式、情势、本性,达到人的开化。所谓双重整合,即一方面交往中整合各个主体的形态,另一方面整合各个主体的共同体。这一共同体究竟属于"血缘的""虚幻的",还是"自由人联合体",由交往实践本身规定。

(5)马克思主义哲学之交往实践观具有系统性。交往实践的"主体—客体—主体"相关模式在全部交往社会中具有"全息完形"性质,即细胞形态。交往实践的扩展,可以在多元、多层、多维中实现。在广度上,交往实践是交往社会的基本细胞,它的存在范围和分布呈同构、同态性。在深度上,交往实践之主体际开放度、相互作用程度以及对客体的改造程度是前所未有的。在高度上,交往社会呈现一个以交往实践观为基础的不断上升的多层次交往关系系统。在向度上,交往实践有实体结构、意义结构和辩证结构。总之,它是一个系统,在当代全球化交往中,交往实践正成为其基本骨骼和基本范型。

（6）马克思主义哲学之交往实践观具有历史性。交往实践既有静态的结构，又有历史化的性质。在交往实践的辩证法中，规范构建和否定消解都是历史的，其具有三大功能：重建历史—文化价值系统，重建后现代社会规范和精神，个体社会化整合。

二、马克思主义哲学之交往实践的社会结构

马克思主义哲学之交往实践的社会结构主要包括交往实践的实体结构、意义结构和辩证结构3个向度。

（1）交往实践的实体结构，即交往实践的现实运动的解剖学结构。交往实践不但发生主客体双向变换过程，而且还在主体间运转，发生双向建构和双重整合过程，可分为微观和宏观两个方面。从微观结构来看，就是"主体—客体—主体"结构，内含"主体—客体—主体"相关律，以及与此相应的双向建构、双重整合结构。本书从微观结构上理解市场营销实践活动、市场营销实践结构。

（2）交往实践不但表现在实体层次上人与自然、人与人的相互作用，而且更重要的是在客观实践的意义层面的相互投射，即意义结构。既相对于现代哲学单一主体性和以语言作为能指工具的意义理解图式而言；又相对于激进的后现代"主体—主体"意义域，只有精神交往、"意义的主观际"关系，而没有意义的客观关系而言。交在实践观的意义结构包含如下两个方面的内容。

一是意义的客观性。意义源首先是交往实践，而意义是交往实践对各级主体的客观指向和利害得失。它发生于交往实践过程中，又相对于各极主体的需要、利益和存在状况，是交往实践过程的一部分，因而是、或者说首先是客观的。意义离不开主体的存在。在交往实践中，对每一极主体来说，意义的作用方向是双向的。一方面是交往实践对于主体的实际意义，另一方面是主体设定、赋予行为过程以意义。这是统一过程的两个意义作用流向，两者是不同的。前看是客观意义，后者是主观意义。

意义是可以主观设定的，但绝对不是随意设定。前提是主体能动地认识意义的客观性，在遵循意义客观性前提下，通过主观设定的行为来与另一极主体进行意义行为的交往，这是一个多极主体的意义互动过程。由于单一主体论分裂了实

践的"主体—客体"与主体际的关联，无从理解意义的规范问题。

二是意义的交往性。交往实践的意义是双向的，对各极主体都产生了意义，而且各极意义之间是相关的。一方面，交往实践受一极主体所驱使，将这一主体设定的意义投向另一极主体。它带着全部活动的符号系统作为脱离主体的独立环节，游离于主体间的场中，成为意义的载体。而另一方面，另一极主体给予它以新的意义。两种意义在交往实践互动叠加中形成一个完整的意义结构，即意义场。当然，意义结构也是双向建构、双重整合的过程。这一意义场为所有参与交往者提供着一整套意义行为规范。任何主体行为在场中被赋予"固定化"的交往意义，这成为交往实践的普遍先决条件。

（3）交往实践的辩证结构。辩证结构是实体结构和意义结构的统一，它表明在社会整合和主体整合的程度上及历史发展的模式上都是辩证的。实体结构在向辩证结构的转化中往往呈现肯定、规范的向度；意义结构常常呈现对历史规范结构的否定向度。两者的相互作用，呈现辩证结构。

交往实践观强调"主体—客体"和"主体—主体"辩证法各自片面性的克服及把握两者的统一，是在统一中把握"主体—客体—主体"辩证法的整体观。其中，它特别注重对肯定规范向度和否定批判向度关系的把握。两种向度都是交往实践整体运作的功能性方面，而不是某一成分。

肯定规范向度的功能有4个：①强调交往场的协调有序和基本稳定，对历史规范结构的建构以及维护；②"肯定—规范"向度是自我社会化、建立和整合群主体形态的基础；③"肯定—规范"向度是交往实践及其关系场不断发展的前提、基础和条件；④"肯定—规范"向度还是合理性尺度。在特定交往关系场、意义场中，只要不同主体间存在可通约底板，就能建立约束和维系各极主体的合理尺度，它是交往实践意义结构的通用规范。"否定—批判"向度本性是反规范、反主导合理性、重构。"肯定—规范"交往中包含着否定性向度。"否定—批判"向度有两类：一是对规范结果的否定，而不否定其原有规范的底板和前提。二是对结果和前提都否定，属于基础性批判。这两个向度是同一过程的两种向度、两个侧面。任何交往实践，包括个体交往实践，都或多或少地包含两种向度。

第二节 中华优秀传统文化的特征与"主体—客体—主体"哲学范式

一、上古中华之道的发现 [2]

随着地球气候和地理环境的变迁，中华先祖对天文、地理进行观测，对天、地、人的关系进行观察，寻求认识宇宙（天圆地方）中的寒热暑湿、雨雪冰霜、花开花谢、潮起潮落、日月轮回等现象及其背后的原因，为发展农牧业生产和组织管理社会提供指导。在这个过程中逐渐掌握了周而复始的一些规律，发现了以河图、洛书表达的中华天道，也就是自然规律。

地质研究发现，大约每 3 万年，地球上海水大进退 300 米。距今 7 万年始，进入全球最后一次冰期，全球气温变冷，大洋水位比现在低了 100 米，黄海当时是平原；地球冰盖南至太行山尾、秦岭。距今 7 万～4 万年，最后一次冰期早期阶段，白令海、日本海、黄海、东海、南海、东南亚海域，皆裸露为陆地。

距今 4 万年以后，间冰期，全球变暖，海水回潮，全球进入洪水期。距今 4 万～3 万年，为晚更新世中期，黄海扩大至苏北平原兴化—淮阴—灌云一线。此时古羌戎的一支燧人氏（掌握了人工取火技术）在青藏高原昆仑山地区渔猎游牧。距今 3 万～1.2 万年，全球处于最后一次冰期中极寒冷气候，世界海平面比现在低了 150 米左右，其中距今 2.5 万年，东海海平面低了 110 米，最大水深为 100 米的黄海干涸为天寒地阔的大平原，东海大部裸露。这期间，由于青藏高原雪线下移，燧人氏因严寒迁居至河西走廊，游牧于弱水、黑水、丹水、合黎山、龙首山至天祝古浪之间（伊甸园）。

距今 1.2 万年，冰期结束，全球气候迅速转暖，海平面上升 50 米；内蒙古高原冰川融化，形成大大小小的众多内海。距今 1.1 万年，冰雪融化处于高峰期，进入新石器时代的人类（当时人类社会属于母系氏族社会），遇到第一次大洪水期，至距今 1 万年才略有下降。期间，黄河河套地区及周边大洪水持续 19 年，山海与地水连城一片，祸及中西部除今天的新疆维吾尔自治区、西藏自治区、甘肃省外的所有地区，尤其淹没了淮河流域，迫使此地居民退向山地，直下江南。距今1万年时，海平面又上升30米，路桥消失。此时期燧人氏处于渔猎游牧向半农半牧过渡，在河西走廊合黎山结绳记事，立天中表木观天象。燧人氏支裔魁隗（wěi）氏创立了以北斗九星（上古天象）斗魁寻找北极星来确定北天极的坐标星系统，确认了天北极（即织女星，天一），将天空中的星体分为阴阳两部分（亮的和暗的），发明了《河图》《洛书》，首创大山纪历，确定了十月太阳历的雏形天干纪历系统。

前8000年到前5700年，处于冰后期初期阶段，期间燧人氏分南北两路向东发展，南路发展为古苗蛮集团，北路发展为燧人氏伏羲羌戎集团。北路集团中的伏羲氏发明舍饲牲畜和栽培牧草、培植野生麦，进入伏羲氏女娲氏主导发展的时代。伏羲时代就是伏羲氏和女娲氏作为氏族首领，领导氏族群体创造的半农半牧及大山扶木圭表八卦纪历的上古时代。伏羲为中华各民族公认的人文初祖。

前7724年前，伏羲一代（羲皇）在甘肃天水以《河图》《洛书》为基础做先天八卦（乾南坤北，以母为贵）。前7724年伏羲一代在甘肃榆中，代燧人氏，继天道木德而王，成为周围氏族拥戴的共主——中央领袖。伏羲以共工氏为天象历法总官（在榆中不周山设立观象台），以木星为观测星，以织女星为北极星，以北斗九星斗柄指向大角、角宿星（青龙第一宿）为立春，以日表八索为定表游表，确立勾股玄周天历度，以大风雨表相风测八方风，定八极、四时、八节，法河洛，创八卦时空方位一体历。命四个儿子，分赴东西南北四方建天象台，掌管其区域内主观测星和太阳在不同季节里在天区和地平方位的出没规律[2]，确立了五方五行集合式的观测中心，发现木星十二岁一周期。以正月为岁首，造《上元太初历》。开创契刻文字体例体系，积契刻文书、历法、度律而典，典而册，氏族文化由此形成，传统由此形成，文献从此而生，大典少典氏从此代不绝人。前7688年，伏羲一代获白龟，观河洛悟太极原理，做太极图。伏羲时代迁居黄河流域的伏羲太昊集团和迁居长江流域的豨韦防风集团，分别开辟上古黄河文化和上古长江文化。大汶口文化时代，第六代伏羲——太昊伏羲帝（第一代少昊），继承其父发明的金星历（后蚩尤氏完善），以璇玑玉衡、窥管诸仪器观测天象，初建二十八宿天市垣，发展了八卦太阳历，作十月太阳历。

其中，约前7200年，出现全球第二次大洪水。引发黄海大回潮，持续15年。

中华大地受灾区域波及黄河流域、长江流域、淮河流域、珠江流域，连今天的新疆维吾尔自治区也未能幸免。这是一次毁灭人种的大洪水，黄河中下游的东夷民族受灾深重。约前6500年，伏羲氏后期，中华大地上第三次大洪水，黄河泛滥，始发于河南，黄淮流域无法从事农事和生存，导致人类向西南地区和东南亚地区迁移。

前5800年至前3500年间，为冰后期中期阶段，气候适宜人类居住。约前5400年，海岸线在太行山东麓，山东半岛、泰山为海岛，华北平原淹没。太湖、高邮湖一带沦为海洋。因洪水泛滥，前5400年至前5000年间，燧人氏—伏羲氏及其他支系迁移至秦岭常阳山，开创了继大地湾（后沦为沼泽）文化后的仰韶文化，繁衍出炎帝氏族和黄帝氏族。这样，燧人氏经过几千年的发展，形成炎帝—神农氏族、黄帝氏族为骨干族群的西羌族团和太昊—少昊氏、蚩尤氏为骨干的东夷族团。炎帝氏祖少典，少典祖伏羲，伏羲祖华胥氏（燧人氏一支）。前5000年，海平面缓慢下降；炎帝继承伏羲氏，以火德王天下，居华山。炎帝在华山立中天表木，以此地为天地之中，传连山太阳历，有《连山易》建木之典，后由夏代继承。若干代后，炎帝内部祝融部和共工部争天下，神农氏代炎帝，继承火德王天下。

前4513年，神农氏七代和黄帝族（少典后代）联军打败炎帝族夸父和蚩尤联军，黄帝族入主中原，建立万国共尊一主的松散联盟分封制中央政权，开启人治时代。黄帝族废除《上元太初历》、少昊金元氏《金星历》、常羲氏《水星历》，创土星二十八宿十三月历、六十龟甲纪年历，即《调历》，使之成为天下通行历法。作《归藏》，总结氏族社会中王族衰亡之道。黄帝命史官沮诵（jǔ sòng）、仓颉统一天下文字，实行仓颉书。黄帝四代时，开创了玉器文明。黄帝氏族在中原400多年，九黎—炎帝联盟复国，进入少昊时代，黄帝部退回北方。少昊—颛顼时代，废除《调历》；父系制度迅速发展，以至繁荣。颛顼时代，对天道巫政历法做了改革，统一历法；使儒、巫分工，奠定了中华文化发展的方向和格局。

前3500至前3200年，中华大地第四次小洪峰，主要在黄河中游，受灾主要是共工氏和颛顼氏区域。前2200至前2000年间，又一次洪水期的高峰时期，为尧舜禹时期，由于人口较以前密集，农耕经济、文化较以前大大进步，对当时各氏族影响较大。历经夏商至商代末期，周文王创制后天八卦（乾北坤南）继承伏羲先天八极太阳历，并加以改造，实行十月太阳历，《周易》兴，对天道、人道的认识逐渐深入。

道，天在人首之上行走，意为"天之动，天之行"，有生命力生生不息之义。天的运行轨迹，周流不息，天道指的是以某天体为中心（如太阳、北极星）系统的运行和时序变化的自然规律。中国上古三皇五帝时期，中华先祖沿着由西向东、由高向低的路线，向中原河洛地区迁移、汇集、融合（黄淮大平原适合麦、粟等农作物生长），然后再向东、向北、向南迁移，在这一过程中，为促进农牧业发展和组织管理社会的需要，天之道在天文观测中逐渐被发现，且认识不断深入。至尧舜禹、夏、商、周时期，大体都用十月太阳历，用八卦、六十四卦、十天干、十二兽、六十甲子进行历算，此为司天，目的为属地，即决定人事诸种活动的宜与不宜。以天道定人道，道在人类社会则为天下为公的王道为内核的人道，或处于统摄地位的中央族群的王道社会治理。理解中华传统文化的关键在于理解中国古代天文学，它是通向中国古代人文学堂奥的关口。以天道定人道，以人道顺应天道，形成了以天人合一为特征的中华文化的基本结构。

二、中华传统文化的基本结构

中华传统文化，具有"二元三相"的基本结构，即官本位文化（王族文化）和平民本位文化（民间文化）。前者又包含两相，即史官儒家文化和巫官道家文化两大系列。

儒道皆出于巫。巫贞集团，是以上古首席巫教主为核心的政教合一集群，他们主持祭祀、教化、典籍、参政谋划。其中侧重于教化、典籍的，为儒巫，属五正之官，分正人伦、礼制、尊卑长幼亲疏等，负责研究、整理、记载有关这方面的经验、政策、法令等。而专门观测日月星辰运行、四时变化，制历算，传达上天旨意的，为卜巫（执中者），他们预测天象、物候、节令变化，还要祭祀祖先，沟通天地人关系。古代，执中者也叫柱下史（或星官、天官）。中，就是天竿华表建木。掌握测天地之中的方法叫执中。中也是庸，"在甲骨文和金文中，手执中央天竿的风姓族人的象形字，就是'庸'字。执中就是执庸。"[3]可见，巫在氏族中处于核心地位。

儒道分离起于颛顼，颛顼命重、黎二氏司天地。黎司地理百姓，担任儒巫，为原始儒家大祖。重为卜巫，是原始道家大祖。重继任了燧人氏在河西走廊合黎山开创的观天授时之职，继承了伏羲、神农、共工、黄帝、羲和、常羲等先祖前仆后继的中华天道探索之路。

在儒学发展方向上，至春秋时期，由孔子开创仁学理论，并将"仁"贯穿于"礼"之中，期望回归天下为公的王道社会。该理论把胞族内部血缘关系的仁爱人伦观推向社会的人际关系，倡导互爱；推向治国平天下的从政系统，倡导"内圣外王"；推向社会理想，倡导"天下为公""世界大同"等，这是一个自爱系统的延伸。同时，要求自我防御，自我保护。要内部团结，一致对外，杀身成仁，舍生取义，置国家、民族利益于第一位。春秋及其以前，"天"除了具有客观存在的自然之天含义外，同时还具有人格神的意义。仁学理论是以"天人合一"为前提来立论，把"天"这一范畴做了改造，天被人格化，赋予道德意义，人格神的意义被剔除。"孔子为史官，传'执中''中庸'之术"，[3] 中庸是孔儒仁政的核心，是对舜帝"允执厥中"思想的继承。西汉董仲舒把儒家学说改造为汉武帝所需要的国家学说：大道既隐，天下为家；即与封建制度相适应的文化，维护家天下统治，自此，"董儒"便成为中国封建文化的代表、正统文化的象征，实际是皇帝所需要的权术和变质的儒家文化。以至近百年来，"把被皇帝们变质了的儒家文化当作真正的儒家文化"[4] 来批判。变质的儒家文化从董仲舒开始，王阳明、王夫之，都没有说清楚为什么天人一体相同，这与天文、历法被官方垄断，知识体系被分割开来有关，也与天被赋予道德的意义，而不需要真实的天——天被遮蔽，大道既隐——有关。

道学发展方向上，从上古时期，经夏商周三代，由《易》《老子》《庄子》进行了卓越的理性思辨，并学说化。世界各国的图腾文化，只有中国发展为先天易学说、后天易学说和黄老学说或老庄学说。"老子之后，天文历法成为官方秘学，为'钦天监'所垄断"[3]。道家也是以天人合一来立论的，但道家的"天"无道德意义，是客观存在的人头顶上的天区，与天文、历法密不可分的天。道家的"道"，在天文就是天道，在人文就是天下为公的王道。

平民本位文化（民间文化）的早期代表是墨家。墨学，主张"兼相爱""交相利""尚同""尚贤",反映和代表了私有化小农和手工业者的社会实践要求,即小私有者之间平等、自由交往的要求。由于不利于封建统治,西汉开启重农抑商政策,墨学长期被禁。作为人数众多的平民,囿于时代的局限性,再也没有出现系统的理论,只能散见于后世的文学作品中,诸如杜甫的诗、施耐庵的小说《水浒传》等。

"二元三相"基本结构的中华传统文化,是以天道定人道的结果。在人与自然关系上具有天人合一的特征;在阶级社会内部虽然呈现统治者与被统治者的主客两分、同一阶级的胞族内部存在主体际倾向,但统治者统统解释为天道之必然、自然之等差,遮蔽了真实的阶级关系。其中,中华传统文化中的优秀文化具有顺应自然规律的天人合一和主体际倾向(天下为公)两大特征。

三、遵循自然规律的天人合一:中华传统文化中优秀文化的特征之一

天道指天体运行和时序变化的自然规律。"和"是多样统一,是调和不同以达到和谐统一,异质的事物合在一起形成统一就是和。天、地、人、万物这些异质的事物合在一起,遵循自然规律而和谐统一,就是遵循自然规律的天人合一。

河图、洛书、阴阳五行、八卦、太极,"是中华先人发现的宇宙模式及其密码常数,是中华先人在自然功能态下获得的宇宙信息传导的大文化密码"。[5] "史蒂芬·霍金在《大设计》一书中强调指出,人类一直在使用不同的外部世界图像,而且这些图像在哲学上具有同等的合理性。"[6]《河图》《洛书》就是古代中国人用来描述外部世界的图像。中华先人研究天道目的是掌握天地人之间内在联系,在天人合一的宇宙(天球)系统中确定人的行为,即以天道定人道。《河图》《洛书》的形成及其演变经历了一个漫长的过程。

前1万年,燧人氏在合黎山(甘肃张掖)立极开天建历,辟地定方。"立极就是通过仰观天象,确定天穹的原点,这原点在夜为天北极的北极星,在昼为当地真午时的日高天。由此确定日月星辰的周天运动规律,确定周天历度,而建天文历法,从而开天辟地。有了天文历法,天乃开明,就有了文明,就是开天。"[7] "定

方就是通过俯察地理确定大地的地平方位和日月星辰升落的位置,将族群活动的区域划分出地理坐标,辨正方位,从此使混沌的大地有了方向、方位,就是辟地"。[7] 定方的原点(天齐,即天的肚脐,天地之中)就是合黎山。燧人氏日观太阳东升经中高天西落,夜坐井观天穹如盖、中高四下,认为天圆地方。《河图》《洛书》,就是以地上观测点不动,天中心的极星也不动,"观测者看到天上星象围绕着天心车轮般运转,用结绳记事的方法标记天上星辰一年四季中阴阳两半年运转方位。"[2]

《河图》是上古星图,"是以北极星为中心的北斗九星的四陆二十八宿星图。"[8] 《河图》也是古先天左旋太极图,河图数序 1-3-7-9 和 2-4-6-8 分别连接成两条连环线,从 1 穿过 10 与 5、2 相连,即构成 S 旋臂太极左旋图,白臂为阳仪,黑臂为阴仪,5 与 10 为天齐,即太极无虚。"[5] "《河图》太极中心十阴围五阳,十阴内陷收敛,五阳居中心受激扰激化阳动,十阴比五阳出现动力差,发生太极涡旋,这就是太极动力的根源。"[3] "涡旋中心是万能之源、万象之根,命门所在,玄牝(pìn)之门。"[3]

《河图》是天道自身运动轨迹,是天河信息行气运转图。地球自转和绕太阳公转,也是左旋,即自西向东,逆时针旋转。

"《洛书》是在上古北斗九星悬朗年代,观测者面向北方站立,观察北斗九星绕北极织女星四季旋转时斗柄指向,也就是以观测者身躯为'表'的地平浑天星象四正四隅出没坐标图,是天河星象的天地方位一体图。《洛书》'戴九履一','九'是 1 万年前的北方星空中的北斗九星,'一'是北极星。"[7] 《洛书》也是八极先天阴阳二气化生图。"将 1-3-9-7 连线,得大四方四正之图,将 2-6-8-4 连线,得小四方四隅图,合为四方八极图。阴为隅,阳为正。5 阳在中央,腹心居一,外有四正,象天齐日心,是为太极。"[3][5] "《洛书》1-3-9-7 和 2-6-8-4,是阳气由初生而盛而衰,阴气由初生而盛而衰的正进过程,却是反左旋而右行,这恰好是地球上的人们所见到的、感觉到的太阳光辐射的冷热变化过程,也即是天道冷热阴阳气的行气到位(八极)过程。可以说,《洛书》实际是天道行气于地球的气象天文图,也即天气转为地气的地气行气到位图。"[3]

无论《河图》,还是《洛书》,其腹心皆有一个白圆圈,此为无极,也即太虚。"既是无极又是太极,是宇宙命门。"[5] 所以,《河图》是先天无极太极图,

《洛书》是先天无极八极图。无极而太极，是生两仪，两仪生三才，三才生四象，四象生五行……无"无极"则无太极。[3] "河图洛书均为十月太阳历图"。[3]

伏羲时代，"伏羲则河图洛书，听八方风作八卦，取太极阴阳和三生万物的原理，以八卦的形式完成周天历度，分割天穹的圆周为8等分。作为八方季风所属的天区长度，每区45度（45日）。"[7] "由《河图》演化来的伏羲八卦是与银河系的漩涡相吻合的。《洛书》则是从空中北极星天齐位俯视地球时所见一切的高度抽象，都可以用《洛书》所演化的后天八卦来表现。"[3]

伏羲八卦方位古太极图，"阳动阴静，阳仪圆首在前，尾在后，阴阳相抱旋转"，[3][5] 凡反旋转即左旋转，为先天太极图，又称天道太极图。"生活在北半球的古中国人，因赤道在南而北极在北，北冷南热，南面腹阳背阴，天阳地阴，所以以南为离阳乾刚，以北为坎阴坤柔。所以先天卦位'自震（东北）至乾（南）为顺'，'由巽（西南）至坤（北）为逆'"。[5] "伏羲古太极图的阴阳两仪的鱼眼，像火又像水滴。""水就下，火上炎，水从天上来而归于地，火从地上来而归于天，水为阳中阴，火为阴中阳，水生阳极，火生阴极。"[3][5] "S曲线，概括了宇宙模式，地球赤道两端，信息各翻转，S形一目了然。"[5] "太极图阴阳鱼的S曲线周流图与河图同，八卦圆布列与洛书同。"[8]

"伏羲六十四卦太极图，是太极河图象、数、理推衍图。河图中已经有数，是宇宙密码。六十四卦先天太极图，将这种密码易变规律图示出来。这种太极图以中央圆为无极，阴阳旋臂曲线依托于无极，但实际上两条旋臂是穿过无极的中轴线（中心线）——赤道，因在无极之内，故无，不画出。但在阴阳二旋臂面上，各有一直线，分别代表阴极盛和阳极盛。太极盘上的黑旋臂内侧的'白以渐而长，黑以渐而消'，白旋臂内侧的'黑以渐而长，白以渐而消'，以乾姤（gòu）之间和坤复之间转折。这与太极圈大圆上排列的六十四卦的递变相一致。于是，构成一个生生不息、周行不殆的宇宙万物生化图。"[3][5]

文王八卦方位太极图，是后天太极图。凡顺时针旋转即右旋，为后天太极图，又称为地道太极图或文王古太极图。"野草的叶子从里向外是右旋的；赤道以北的太平洋黑潮暖流，是右旋；太阳的视运动东升西落是右旋；居于北半球的人，所见自然界以右旋为主。""地球自转、公转均左旋，故天道左旋。左旋太极图为先天太极图。"[3][5] 后天太极图中太极右旋，两鱼眼坐阴阳小双圆。"此图贵乾卑坤，以乾为父坤为母。"[3] "后天太极图，是宇宙万物顺行气机循环周流不息的图式，所以昼夜、四时与十二地支的太极图示为后天右旋太极图。大气运动曲线为后天右旋太极图，人体太极图示为后天右旋太极图。"[3]

"太极八卦图本身是先天易和后天易的复合体。先天图体现天道必逆数，后天图体现人道必顺数。合之"一阴一阳之谓道"，复归宇宙纯阳信息无极太极。八卦图是以地球人为观测中心的、地球环天（宇宙总体），并以太阳为目标的运动轨迹的、天地双重八极宇宙常数列布图。"[3] 是宇宙总体运动模式图。[5]

"河图洛书是宇宙结构图，也是宇宙运动图。太极图是宇宙运动大化和合图，六十四卦是宇宙结构和运动的密码——本数，古代中国称为易数或气数。"[5] "河图洛书的中心点与太极八卦的中心点是重合的，两者互涵。河图洛书重在天地运动模式与气数规律，是动态的显示；太极八卦是天地宇宙方位与气数规律，是静态的显示。"[3]

上述河图、洛书、八卦、太极、易经对天道、天人关系的描述，符合自然规律，是中华先祖科学探索的结晶。例如，人在生命节律周期上与天道对应，即天人相应。在本源物质（气）上相同（万物一气耳），"具有类性同一的内在规律"，[3] 因而人在生存和发展的行为节律上要天人合一，这是中医理论的科学基础。再如，在农业种植和牲畜饲养上要遵循自然规律行事，才能使得农业和饲养业获得发展，提供更多的生存资料。

但是，中华古太极八卦图，以及河图洛书承载的是宇宙天文信息，是以地球为观测点，以人为转移，建立起来的宇宙天文信息坐标系图谱。客观环境被看作天时、地利、人和，即天道、地道、人道三才协调组成的巨系统。所以，古人认为河图洛书、太极八卦，原本一理，皆是天地人三才大道信息统一体，即太极八卦先天图不仅是宇宙模式（天体星座模式），还是人类模式（个体和群体模式）、社会模式和万物模式。太极图中联结阴阳两极（两仪）的是太极共和曲线（三或中，"在太极图中，三是太极 S 曲线，为万有合力，为纽带，为中介，为中和，为基键，为中心。"[3]），对于人类社会，这个太极曲线就是社会管理体制。"太极图表明了宇宙的动态生化模式是'一分为三，涵三为一'，而不是对立斗争。"[3]

所谓天人关系，就是一分为三，三而合一。我们看到，没有自然规律与社会规律的分别，只有以自然现象解释社会现象，以天道定人道。"中国古代哲学的词语，都是'一身而二任焉'的复意体，它包含了自然，也包含了社会。"[9]例如，以道言太阳，还可以以太阳之道比附圣人、民心、大同社会，使天人合一成为中华先人世界观、价值观的内在特征。

以天道定人道包含两个方面，一方面人顺应自然规律而行为，人与自然的关系上，"天人合一"是中华传统文化的传续基因（否定主客两分的路径），并长期作为推动科技进步的主导思想。这样发展出的一套中国独特的科学技术体系，迥异于西方的科技，天文学、农学、中医学、制器之学，无不如此。另一方面，社会的发展和内在矛盾，也用天道决定来解释。在阴阳、太极的思维路径中解释阶级社会中的各种关系，遮蔽了真实的阶级矛盾。中国古代的先贤们没有区分"人与自然"和"人与人""人与社会"，用天道来解释社会现象（人道），显示出其局限的一面。

应当指出，人顺应自然规律，是被实践所验证的，以天道揭示和解释人与自然的关系是合理的、科学的。但"人们总是按照一定的社会方式处理人与自然的关系，人与自然的关系是受到人与人、人与社会关系的制约和影响"，[10]这种制约和影响根本上是通过劳动实践实现的。在人（社会形态）—自然这个复合系统中，自然规律与社会规律同时起作用，而以天道、天人合一来解释社会现象，往往带有主观臆断或比附（如用天体之间的围绕关系解释自然的或血缘的等差关系，进而被转变为社会的等级差），甚至人为以此掩盖阶级矛盾、麻痹劳动人民。今天，建设社会主义新文化，整理、研究古代典籍，应当予以取舍，继承好以遵循自然规律、天人合一为特征的优秀文化。

四、主体际倾向：中华传统文化中优秀文化的特征之二

（一）中国先秦儒道墨家文化具有浓郁的"主体—主体"交往关系的指向性

中国自从夏、商、周至中华人民共和国成立，长期处于农业文明状态，国家内部长期存在胞族共同体。夏、商、周是政教合一的奴隶制社会。春秋战国，是

从奴隶制下的宗法制向封建制（去神权）的宗法制过渡的时期，历经300多年的动荡期，统一天下成为时人的共识。这一时期，因为中国经历了大同社会，也经历了以"家天下"为特征的贵族专制的奴隶制社会，所以恢复"大道之行，天下为公"的王道大同社会是道家、儒家、墨家的追求，他们代表全体人民利益，主张重回大同社会的天人合一状态，或尧舜时代或周公时代，褒贬霸道、否定亡道。*"儒学、道学、墨学等之所以大化流行，皆是因为适应了向封建制下胞族社会为根基的国家统一的需要。"[1]

先秦儒学理论源于周初文明，"而'以人为本'是周文明的思想内核，周代思想甚至认为，国家将要兴盛的时候都是听从人民的，快灭亡了才会求神问鬼，而且无济于事"。[1]当然，这里的"人"指的是奴隶主阶级和平民阶层。先秦儒学是对周礼的改造和创新，"以仁为本，将'忠孝'对应，以'修身、齐家、治国、平天下'为策略，将家国统一的政治奠定在伦理政治基础上，这是胞族社会的国家化政治之道。"[1]这里的伦理政治是去神权观念的重人事的制度。先秦儒学思想体系体现在以下五个范畴中：

其一，仁。仁者，爱人，是人之为人的内在准则。从人从二，体现了主体际交往之义。

其二，义。自己不仁要羞愧，他人不仁要憎恶，维护仁的交往取向。

其三，礼。谦恭待人，尊卑有序，就是礼。仁贯穿于礼之中，礼是仁的文化载体，是人际间交往实践的外在规范、礼仪。

其四，智。知仁之道，明辨是非，不受蛊惑，是行仁者的存在方式。

其五，信。信守交往规则的承诺。

先秦道家理论，"以'阴阳'生殖性交往为本，来辩证地透析人生、政治、社会交往方式的选择，决定运用何种中介手段和怎样运用中介手段，决定对中介客体的解释方式。"[1]道，原本是血缘共同体的'公道'——交往规范。"大道废，有仁义。"大道当指部族社会中"天下为公"的规则。仁义，是"天下为私"社会中通行的交往规则。《庄子》是天下为公的局面消解后，恋旧的士人渴望"逍遥"处事，内心想回归交往共同体的写照。

---

* 亡道，指不行王道之道，包含霸道。

墨学，主张"兼相爱""交相利""尚同""尚贤"，这些概念中贯穿着主体际倾向的哲学范式，反映和代表了私有化小农和手工业者的社会实践要求，即私有者之间平等、自由交往的要求。

先秦显学儒、道、墨皆具有行王道的主体际倾向，是天下为公思想的内核。在阶级社会，这样的理想是难以实现的，但对后世知识分子的影响却是深远的，不断涌现出为行王道而不懈努力的优秀人物，尤其在朝代更迭时期更为突出。

（二）中华文化二元三相基本结构中，平民文化也具有主体际倾向

人类交往最初以自然交往方式存在（繁殖、生存为目的的交往），是血缘关系为基础的群体内的共同协作。人不是孤立的个体，是生活于社会组织中的人，处于天人合一、主客相融的状态。随着生产工具的发展，不断地社会分工，有了剩余产品，产生了私有制，共同体内部分化出异质性的个体主体，产生了"主体—主体"的分化。胞族内部"主体—主体"的分化是导致"主体—客体"分化的前提。

夏代之后，中国进入了维护奴隶制的邦国体制，西周则建立了奴隶制与宗法制结合的邦国体制。宗法制就是天子分封土地和子民给诸侯，谓之国；诸侯分封土地和子民给大夫，谓之家；大夫可以继续分封。受封者多为有血缘关系的胞族，且实行嫡长子继承制，从而血缘关系等级化。夏、商、周奴隶社会宗法制下，奴隶主阶级和奴隶阶级是主客对立的，但在天人合一的观念下，君与民、君与臣，没有阶级、阶层的对立，都如同父与子般的自然等差，是天道自然。同时，由于宗法制的存在，奴隶主阶级内部存在等差的主体际倾向的关系，自由民中也保留等差的主体际倾向的关系，商代的"徒"，周代的"庶民"，都是下层胞族中有一定自由的劳动者。

春秋战国时期，奴隶制向封建经济过渡时期，统治者与被统治者的主客两分，以主导的形态客观存在，主要集中于政治压迫和经济剥削的制度层面。统治者与被统治者内部胞族共同体的主体际倾向，处于从属地位。这一时期，平民利益的代表——墨家崛起。

秦统一天下，郡县制的封建帝国制度建立起来，但乡村基层的胞族宗法制却长期保留下来，一直延续到民国时期，由于个体小农经济的存在，在农民阶级内部长期存在着自然等差的主体际倾向。但是，在长达两千多年的封建制中，帝国统治的集中与分散的小农经济要求相对自由形成对立,始终是各个朝代的主要矛盾。在意识形态上,西汉董仲舒将儒家学说改造为国家学说,成为中国封建文化的代表、正统文化的象征以后,形成"外儒内法"的官方意识形态,各朝代通过科举制度,强化了这种意识形态和政治制度。这使胞族内部的主体际倾向必然受到限制和弱化,墨家绝传即与之有关。明清专制时期,理学兴盛,胞族内部的主体际倾向进一步被弱化,等级差别愈发被强化,表现为皇帝是唯一主体。由于封建王朝的思想家并没有将儒家思想的前提——天人合一做根本的反思,必然导致:一方面天人合一长期作为推动科技进步的主导思想,另一方面阶级对立不被视为主客两分,而是天道阴阳之必然。也可以说,这是中国封建专制统治者强化专制、打压反思的必然结果。

在中国封建社会,统治者与农民阶级是压迫与被压迫、剥削与被剥削的主客体关系,农民阶级处于客体地位。晁福林专门研究了农民战争中是否反对皇权的问题,结论是农民战争在政治上是奉行皇权主义的。从秦朝陈胜、吴广到东汉黄巾起义、唐末黄巢起义、北宋方腊起义、明末李自成起义、清末太平天国运动,无一例外。也就是说,封建统治下阶级对立的主客两分是客观存在的,也是被各个阶级所认同的。

个体小农经济的大量存在,是我国封建经济结构的显著特点。各行各业的手工业者,如锻磨、制坯烧窑、打铁、制酒、屠宰、木工、泥瓦工、织布等,涉及社会生活的方方面面,是个体小农经济发展所离不开的。"在肯定个体小农经济应当存在和发展这一点上,封建统治者和农民阶级是有共同之处的。"[12]具有主体际倾向的平均主义是个体小农经济和手工业的产物,也是农民阶级借以确立"主体"地位的价值观。尽管如此,农民阶级期望的不过是适度的主客两分状态,均等化只是理想状态而已,这是农民阶级价值观的体现。

代表平民利益的系统化的理论是墨家学说,由于不利于封建统治,西汉开启重农抑商政策,墨学长期被禁。有学者认为,墨家所代表的文化倾向为革命,其理想通过历代底层农民起义反复呈现出来。这应当理解为没有墨家理论指导的不自觉的革命呈现。但不可否认,儒释道中主体际倾向被广泛认同,也往往成为发动和维持农民起义的思想武器。在每个朝代,阶级矛盾最为突出的时候,在农民起义的旗帜上表现得最为典型（历代农民起义的领袖都没有自己系统化的理论）。

秦朝，陈胜、吴广在大泽乡（今安徽宿县境内）起义。提出"伐无道，诛暴秦"的政治口号，动员被压迫者，推翻残暴压迫和剥削百姓的秦朝统治者。无道，就是不遵循"天下为公"之道。

唐末农民战争中，裘甫在浙东领导农民起义，铸印曰"天平"；王仙芝自称"天补平均大将军"，黄巢代王仙芝成为起义的主要领袖后，自称"天补大将军"。天补者，代天行损有余以补不足也。这是把"均产"的要求写在造反的大旗上。

北宋王小波、李顺起义，提出"均贫富"。南宋初年，钟相、杨么（yāo）在洞庭湖周边地区起义，口号就是"等贵贱、均贫富"；提出"法分贵贱贫富，非善法也，我行法，当等贵贱、均贫富"，即不分贵贱贫富，在"法"的面前一律平等。当然，这个法是在封建制度下，保护士农工商利益的法。

明末农民起义提出了"均田""免粮"，老百姓传唱歌谣"闯王来了不纳粮"。

太平天国运动提出"概免租赋三年""薄赋税、均贫富"。

这些口号渗透着主体际倾向，充分表达了农民阶级的价值观和渴望。上述多数起义，在起义军内部都倡导父子、兄弟、姐妹般的关系，为凝聚人心和团结一致提供情感和文化的支撑。

可以说，在中国长达两千年的封建社会中，统治集团与被统治阶级之间事实上存在着主客矛盾，各阶级内部的胞族内又存在着主体际倾向的关系，形成了既有阶级矛盾又有内在张力的社会结构。在阶级矛盾缓和时期，小农经济和手工业得以发展，主体际倾向的关系是维系阶级矛盾的润滑剂。而当阶级矛盾尖锐时期，主体际倾向的关系则成为打破阶级矛盾的精神动力。这类似于西方现代主义与后现代主义之间的关系。

总之，中华传统文化二元三相结构中，平民文化和先秦儒、道、墨推崇王道，具有天人合一形态的主体际倾向。而天人合一、以天道定人道贯穿于秦朝以来的中国阶级社会，有其促进社会进步的一面，也有阻碍社会发展的一面，前者将会为社会主义文化的开拓提供丰厚的文化历史资源。

五、"主体—客体—主体"哲学范式与优秀传统文化的两大特征的继承

从人道顺行（太极→万物），从单一物种的"进化论"看，文化、文明是人类的专利。

就文化本质而言，中华文明是无神论为前提的太极和合的和文明，是道器整合互动的文明。在上古部族联盟的原始社会，智者们认为，异质的天、地、自然、万物与人合在一起构成一个有节律地运行的宇宙，就是和。"人法地，地法天，天法道，道法自然"，人效法自然节奏，与自然和合，以求得生存与发展，即天人合一。进入阶级社会，由于人性具有慈内残外、自爱自卫的两重性，由慈内而自爱无私，由残外而自卫自私，这种兽性与人性混合的善恶交变，也开始了自身异化的过程。"损有余补不足"的天道被"损不足奉有余"的人道取代，"天道逆行，人道顺行"，"人道"顺着统治者的欲望顺行，欲生私，私生妄，妄则掠，掠必然打破平衡与和谐，人们心目中的大同世界日益分裂为两个世界。在社会总体上，统治阶级与被统治阶级的"主体—客体"关系成为主要矛盾，而胞族和宗法制下的主体际倾向与之并存，且从属于社会主要矛盾。

但是，无论先秦儒家思想体系，还是董仲舒顺应帝制统治的需要改造的儒家思想，都是以自我封闭和内循环的天人合一为前提，以天道定人道。社会的发展和内在矛盾，用天道决定来解释。在阴阳、太极的思维路径中解释阶级社会中的各种关系，遮蔽了真实的阶级矛盾。统治者是不能容忍主客两分思想存在的。以阴阳、太极为前提的董仲舒、朱熹之流的学说有利于麻痹被统治者，有利于维护各民族的大一统，是维护统治者利益所需要的。中国古代的先贤们没有区分"人与自然"和"人与人""人与社会"，用天道来解释社会现象（人道），显示出其局限的一面。

就文化本质而言，西方文明在主流上是天道、地道、人道相分离的，以有神论为前提的，以人欲为中心的利益驱动文化。西方文明发展史中，西方统治者不断使用工具（包括他者，以制度为保障）这一文明成果延长其官能，扩张其索取欲，使得这种文明成果逐渐强化为使西方人和大自然隔离的藩篱，西方社会日益

成为和自然界相对抗的力量，于是天人分离，霸权者利用一切可以利用的工具（包括他者，即他人也变为工具、客体。）征服一切，成为主客两分。西方人用主客两分发展出包括科学技术在内的西方文明，但西方文明和科技的发展和使用，破坏了天地万物自然循环的生命链结构，破坏了"天道无为""大道至公""损有余补不足"的法则，必然使人类遭受其害。从当前全球来看，主要资本主义国家，利用资本和科技，以全球化为名义将广大发展中国家纳入他们的"游戏规则"，在"太极→万物"方向上奔跑，制造出的商品客体越来越多，而且不断创造出新的替代旧的，人占有商品客体的欲望被资本所左右的媒体所激发，人为过程和自然过程的对抗愈来愈强。西方统治者对全球的金融霸权掠夺，对自然环境的大肆破坏，如农药、抗生素等化工产品的大量制造和使用，已经成为广大发展中国家及全球有识之士的共识。这是当代西方资本主义世界主导的"单一主体—客体"实践及其全球化的结果。

资本主义私有制下，存在个别利益与公共利益、短期利益与长远利益的分裂，存在无止境地追逐个别利益、短期利益的冲动，存在以公共利益为代价换取个别利益，以长远利益为代价换取短期利益，以自然利益为代价换取个人利益、社会利益的动机，从而相应地存在着把这种动机付诸行动的社会机制。[13] 在资本主义社会机制下（无产阶级与资产阶级的阶级对立），借助资本的力量，使用最先进的生产工具，战天斗地，向自然索取、向他人索取，维护少数人利益。资本主义制度，一方面"提升了人与自然之间的物质交换水平。但是，这种对自然的更为深入和广阔地占有，不是也不可能是全人类的占有，而只能是资本的占有。……另一方面，自然界在资本的眼中，不过是有用物，不过是人的对象。尤其随着资本对物质财富的贪婪，对高额利润的贪婪，人与自然的物质交换被严重'断裂'……形成严重的生态危机。在资本主义社会，一切关系都被异化为物的关系，人与人的关系被颠倒地表现为物与物之间的社会关系。这就是资本逻辑主导下的人与自然关系、人与人（社会）关系的真实面貌"。[10] 就目前的生产力状况看，二三十年间，我们将面临更严重的全球环境问题，如：珍稀动物濒临灭绝、森林锐减、土地荒漠化、水土和大气污染，还有医疗和教育最大利益化引发的社会问题，等等。

我们看到，私有制下的"主体—客体"哲学范式与中华传统文化中的合理的、科学的特征之间，二者是不相融的。

公有制下（包含原始公有制），这种追求个人利益、短期利益的行为会受到抑制，不利于社会整体利益和长远利益的社会机制会被否定或修正。社会机制的建立和调整要顺应自然规律，"将人从其社会关系中提升出来，实现生产资料所有制的革命变革，使人成为自己的社会结合的主人，联合起来的生产者才会合理地调节他们和自然之间的物质变换，把它置于他们的共同控制之下，而不让它作为盲目的力量统治自己，靠消耗最小的力量，在无愧于和最适合于人类本性的条件下进行人与自然的物质交换。"[10]

人与自然的关系本质上是人与人关系的体现，能否天人合一，还要看社会形态和社会制度，这是孔子时代局限于用自然规律的"天人合一"来比附社会现象所不能认识到的。

从天人合一到天人两分，再到更高级的天人合一，是一个螺旋上升的社会形态发展的历史循环。中国共产党人走出了一条社会主义替代半封建半殖民主义的道路（当封建制度阻碍生产的社会化时，社会化大生产可以采取资本主义的组织方式，也可以采取社会主义的组织方式），建设中国特色社会主义，就是要通过市场经济这个手段，重建天人合一的"人—社会—自然"相协调的大环境，在"太极→万物"（物化规律）方向上奔跑的同时回归"万物→太极"，使人与自然的对抗趋向最小，文明的异化过程虽不会消失，但可以控制在适度的范围内。

以"主体—客体—主体"为哲学范式的马克思主义哲学是中国共产党领导的社会主义中国的意识形态。马克思主义哲学的这一哲学范式内含着"主体—客体"与主体际的双重关系，需要特别强调的是，主体是心物一体的主体，不是心物两分的主体。在这里，"中介客体"向多极主体开放，与多极主体同时构成"主体—客体"关系；此"主体—客体"关系，既包含了主客相容，即遵循自然规律的天人合一，又包含了主客相对（包括直接对抗和非直接对抗）。作为异质主体的主体际关系，是建立在"主体—客体"关系上的，通过"中介客体"而相关和交往，并相互建立为主体的关系。以中介客体为纽带的主客合一、相融并不否定主客对立，而是一种极高明的智慧。中华传统文化中优秀文化的两大特征均可以在这一哲学范式下被转化继承。

"主体—客体—主体"哲学范式打破了单一主体对他者的社会统治的哲学范式（即"主体—客体"），这样的交往实践图景寻求弱化或消除资本所有者对消费者的控制之道，引导人们与自然和谐发展，走向利益共同体。遵循自然规律的天人合一成为"主体—客体—主体"哲学范式的内在特征，也是超越资本主义的社会主义社会形态的内在要求。如果否定遵循自然规律的天人合一、主客相容，经济和社会的发展就会仍然处在满足人欲为中心的有限度的利益驱动的圈内，随着科技的进步，向自然索取会越来越有效率，与自然对抗愈来愈有力量，同时对他者的统治手段愈来愈多，愈来愈隐蔽，强度愈来愈大，在意识形态上仍然会停留在旧的哲学范式上。这样，经过上古天人合一的等差主体际→等级制度下的主客两分→社会主义新形态中遵循自然规律的天人合一为内在特征的"主体—客体—主体"哲学范式，社会形态和哲学范式的更迭，正是一个否定之否定的过程，"主体—客体—主体"哲学范式正是更高级的遵循自然规律的天人合一的一般形式。

"认识的过程开始时是整体的、概括的、笼统的认识，经过逐步展开分析，深入到局部的、微观的、具体的研究，再上升到新的综合，这也是否定之否定的过程"。[14]从科技创新史上看，对于整体的、概括性的知识，中国古代很有优势。而封建统治的束缚和天人合一的文化特征长期占据主导地位，使局部的、微观的、具体的研究，处于劣势。在社会主义事业的发展过程中，在"主体—客体—主体"哲学范式中，既会运用主客两分的方法，又会运用"天人合一"整体观的方法，必然会爆发知识体系和文化体系的新的综合，进而不断推动生产力的发展，使人类命运共同体与自然保持动态和谐，并育而不相害。

重建遵循自然规律的天人合一的"人—社会—自然"相协调的大环境系统，不是回到先秦文化所导向的社会，而是立足现实，用"主体—客体—主体"哲学范式继承中华传统文化中优秀文化的两大特征，开创社会主义新文化、推进"五位一体"的社会主义形态的不断完善。

参考文献

[1] 任平. 走向交往实践的唯物主义[M]. 北京：人民出版社，2003：144-145.

[2] 王大有. 三皇五帝时代 [M]. 北京：中国社会出版社，2000：16-30.

[3] 王大有. 宇宙全息自律（修订本）[M]. 北京：中国时代经济出版社，2006：1-206.

[4] 刘明武. 打扫孔家殿 [M]. 成都：四川人民出版社，2012：15.

[5] 王大有. 上古中华文明 [M]. 北京：中国社会出版社，2000：191-201.

[6] 江晓原. 中国古代技术文化 [M]. 北京：中华书局，2018：6.

[7] 王大有. 昆仑文明播化 [M]. 北京：中国时代经济出版社，2006：119-198.

[8] 王大有. 中华龙种文化 [M]. 北京：中国社会出版社，2000：80-82.

[9] 张汉. 道论 [M]. 重庆：西南交通大学出版社，1989.

[10] 张云飞. 唯物史观视野中的生态文明 [M]. 北京：中国人民大学出版社，2018：113-114.

[11] 易中天. 命运和选择 [M]. 杭州：浙江文艺出版社，2021：142.

[12] 晁福林. 农民起义第一王——《陈涉世家》与上古社会底层劳动者研究 [M]. 郑州：河南人民出版社，2019：48.

[13] 王伟光. 反对主观唯心主义 [M]. 北京：人民出版社，中国社会科学出版社，2014：175.

[14] 任继愈. 任继愈谈易经 [M]. 北京：石油工业出版社，2018：169.

注：王大有依据各地考古发现的文物上的河图、洛书的演变，结合地质演变，推断出中华上古文化源于甘青地区。这一论断有秦安大地湾遗址考古的支撑。这一论断如今又有了新的证据，就是彩陶文化的传播。考古学家王仁湘指出："7000年前，甘青地区彩陶文化堪称仰韶文化正源，具有完整的起源与发展序列而一脉相承。""彩陶不存在由中原出发到甘青地区的传播途径，而这种传播正好是反向途径，是由陇原进入陕豫晋鄂，再向东进入鲁南、苏北，向北入辽西，向南过两湖。""甘青地区从前仰韶文化、仰韶文化到马家窑文化、齐家文化，始终处在一个文化高地，是黄河流域彩陶文化的源泉。"（源自中新网，北京2022年4月11日电）

第二章
马克思主义哲学及其交往实践观具体化的中介哲学理论

哲学向市场营销学或其他经济类学科具体化，需要经过中介理论群。原因如下：其一，哲学的语言具体化到营销类、经济类学科，就需要用表达经济关系的一般性语言——商品经济哲学来表述，只有先转换为表达一般性商品经济关系的经济哲学，才能进一步具体化为特殊（或具体）学科中去。其二，一些日常的具体的经济类问题，必须用多个具有经济哲学性质的中介理论来解决，如解决马克思主义哲学视阈下的品牌问题，需要劳动价值论、消费者利益和消费（社会）价值论、广义社会符号化理论同时运用才能给出合理的揭示。其三，通过对人的教化，社会核心价值观（意识形态）对商品经济活动产生影响，这在具体学科中体现出来，就是具有政治哲学性质的中介理论的具体化，如社会核心价值观赋予商品的品牌，使得品牌具有了承载社会核心价值观的功能和意义。

马克思主义哲学及其交往实践观向市场营销学（或其他学科）具体化，需要经过三个具有中介性质的马克思主义商品经济哲学理论和一个具有政治哲学性质的社会主义核心价值观。这三个商品经济哲学中介理论，有主次，相互补充、相互制约。消费者利益和价值论是目的性理论，居于主导地位；广义社会符号化理论，更多凸显意义结构；劳动价值论也贯穿于广义社会符号化理论中，由消费者利益和消费（社会）价值论统领。

第二章 马克思主义哲学及其交往实践观具体化的中介哲学理论

第一节 马克思主义哲学的两个商品经济哲学理论

如绪论中所述,钱学森指出过马克思主义哲学与现代科学技术之间有内在关联,但是内在关联的具体路径,仍然需要我们独立去探索。《资本论》给我们以重大启示:马克思主义哲学及其交往实践观经"劳动价值论"这一商品经济哲学理论为中介,逐步具体化于资本理论中。为我们今天把马克思主义哲学融入各类科学、各门学科,进行理论创新提供了可借鉴的思路。

依据钱学森对现代科学技术的分类,建立在经济学、社会学、商品学、心理学、数学等基础学科上的市场营销学属于应用层次的社会科学,而哲学的一般原理与市场营销理论的内在关联需要经济哲学作为桥梁。在西方现代主义("主体—客体"哲学范式)市场营销理论体系中,菲利普·科特勒的营销理论体系做到了这一点,他以营销哲学为中介理论,将实用主义的哲学思想(刺激—反应)贯穿到其营销理论体系中(见第四篇)。在西方后现代主义(主体际哲学范式)营销理论体系中唐·舒尔茨也做到了这一点,他以营销传播哲学思维为中介理论,将后现代主义主体际哲学贯穿于营销传播理论体系中。

马克思主义哲学及其交往实践观与市场营销理论的联结,需要通过马克思主义商品经济哲学的具体理论形式作为桥梁。其往往不是以一个中介理论作为桥梁,而是中介理论群。本专著中用社会主义市场经济下的劳动价值论、广义社会符号化理论、消费者利益和消费(社会)价值中心目的论,组成贯联马克思主义哲学及其交往实践观与市场营销理论的中介理论群。本节主要简单介绍社会主义市场经济下的劳动价值论和广义社会符号化理论,消费者利益和消费(社会)价值中心目的论在第二篇中详述。

一、社会主义市场经济下的劳动价值论

《资本论》内在逻辑中内涵着走向交往实践的思想。"马克思从1844年—1846年间,从《1844年经济学哲学手稿》《关于费尔巴哈的提纲》和《德意志意识形态》往后延伸到《资本论》时期,发生了一个哲学视野的大转折:即从

"'实践的唯物主义'向以真实的社会实践、社会关系研究为主线的交往实践观的转变"。[1]"在《德意志意识形态》中马克思系统地提出了交往实践的思想,进而在《资本论》中系统地提出劳动二重性的经济学原理,为马克思的哲学和经济学奠定了基础。马克思特别强调以交往实践观为核心、以经济关系和社会关系决定人的本质、形成生产方式、市民社会和世界历史为理论表征的新历史观。"[1]"《资本论》中'大写的逻辑',正是对商品、货币、资本等一系列具有物的外表的社会存在背后的人与人之间交往关系的逻辑的深刻分析"。[1]任平先生在《交往实践与主体际》《交往实践的哲学——全球化语境中的哲学视域》《走向交往实践的唯物主义》等著作中所做系统深刻的论述,为深入理解《资本论》中资本主义制度下"劳动价值论"所内含的"主体—客体"哲学范式,提供了理论依据。同时,为社会主义制度下,劳动价值论应具备"主体—客体—主体"哲学范式指明了方向。

(一)《资本论》开篇所阐述的劳动价值论具有商品经济哲学和中介理论性质

《资本论》开篇指出,商品有使用价值和价值两个基本属性,劳动有具体劳动和抽象劳动二重性,具体劳动创造商品的使用价值,抽象劳动创造商品的价值。以上揭示了商品经济交往中"商品与劳动"的内在关系。陈俊明在《〈资本论〉劳动价值论的具体化》一书中提出"劳动价值论是一种特殊的理论"。[2]其理由有二:一是"从劳动价值论的提出和发展来看,它总是为先进阶级服务的。"在资产阶级上升期,为资产阶级追求财富服务,同时为资产阶级反对封建地主阶级提供理论武器。无产阶级寻求自身解放时期,它代表无产阶级利益,"成了批判资本主义的强大理论武器。"[2]二是"劳动价值论作为一种理论的特殊之处,还在于它不是单独存在和发展的,而是与其他以其为基础的理论共同依存、共同发展的。"[2]以其为基础的理论包括资本理论、工业化和社会化理论、全球化理论等,因为劳动价值的创造伴随着资本的运动、工业化、社会化、全球化的发展过程而变化(具体化)。在笔者看来,劳动价值论的特殊之处,还在于它具有商品经济哲学的基本特征。

商品经济是跨几种社会形态的经济过程,商品经济交往中存在着人与商品之间物化(包括物化效率)关系及其背后的人与人之间最一般的的利益关系,即什么社会形态中的具体的人与人之间的利益关系被暂时撇开,或者说人与人之间是"主体—客体"关系还是主体际关系是存而不论的,商品经济哲学要反映的正是这最一般的利益关系,这也是商品经济哲学的基本特征。《资本论》开篇提出的"商品与劳动"的内在关系,一方面指出具体劳动(没有指出所有者)与商品使用价值有关系,这种使用价值是指向他者的,用于同需求者交换的,因为只有交换,商品才能被称为商品,只有交换,商品的有用性才具有使用价值;另一方面指出抽象劳动(没有指出所有者)——无差别的人类劳动凝结于商品中,是商品价值的来源,这种凝结于商品中的劳动是指向他者的,因为只有交换,商品才能被称为商品,只有交换,商品中凝结的劳动才有价值。所以,《资本论》开篇提出的"劳动价值论"符合商品经济哲学的一般特征。这个结论与"简单商品生产过程中包含着复杂商品生产的最基本关系"是一致的。

进一步看,"马克思从 1844 年—1846 年间,从《1844 年经济学哲学手稿》、《关于费尔巴哈的提纲》和《德意志意识形态》往后延伸到《资本论》时期,发生了一个哲学视野的大转折:即从"'实践的唯物主义'向以真实的社会实践、社会关系研究为主线的交往实践观的转变"。[1]这种转变使马克思从"物的外表的社会存在背后的人与人之间交往关系"作为哲学前提来认识劳动价值论,即人与人的利益关系不仅是社会发展的基础、前提和动力因素,还体现于生产中的地位如何和分配中是否公平,人与商品的关系体现生产力发展状况和水平,实质上就是社会生产力和生产关系的矛盾运动。作为商品经济哲学的劳动价值论是从历史唯物主义原理认识"劳动与商品价值"关系的必然结果。

劳动不仅创造普通商品,还在商品经济的资本主义阶段创造资本、劳动力这样的特殊商品(当然,资本主义社会中,随着生产力发展和生产关系的变化,资本运动出现了不同阶段,还创造出垄断资本、国家垄断资本、人力资本、品牌这样的特殊商品)。《资本论》中,对商品、劳动力、资本一系列范畴所具有的物的外表的社会存在背后的人与人之间交往关系的逻辑的深刻分析过程,正是作为商品经济哲学的劳动价值论融入、具体化于这些范畴的过程。故而,《资本论》开篇所阐述的劳动价值论具有历史唯物主义利益观和资本理论之间的中介理论性质。

总之,《资本论》开篇所阐述的劳动价值论具有商品经济哲学和中介理论性质。

（二）资本主义劳动价值论内涵的哲学范式

资本主义制度下的劳动价值论，有着"主体—客体"的哲学范式。

"在《资本论》中，马克思区分并分别研究了商品经济发展的三个阶段：简单的商品生产、资本主义商品经济较不发达阶段、资本主义商品经济较为发达阶段"。[2]列宁比较充分地研究了资本主义商品经济垄断阶段，资本主义商品经济的现代市场经济阶段则是当下正在发展的阶段。上述各阶段的划分不是随意的，而是随着生产力的进步（工业革命）和生产形式、需求的不断扩大化，生产关系随之变化的必然结果，也是马克思、列宁运用历史唯物主义原理敏锐认识到的结果。陈俊明在《〈资本论〉劳动价值论的具体化》一书中揭示了资本主义制度下在资本运动不同阶段，劳动价值论有着不同的表现形式。如，资本主义商品经济较不发达阶段表现为"集体的或结合的雇佣劳动与价值结构（c+v+m）的关系"；在资本主义商品经济较为发达阶段，价值转化为生产价格，表现为社会总劳动与社会总剩余价值之间关系，同产业部门内形成相同的市场价格，不同产业部门之间形成"利润率平均化的市场价格"[2]。但是，不论处于哪一阶段，资本主义劳动价值论的"主体—客体"的哲学范式是不变的，是资产阶级与无产阶级之间矛盾、资本主义基本矛盾在劳动价值理论上的反映。

《资本论》认为，在资本主义大生产过程中，劳动有具体劳动和抽象劳动二重性。一方面，商品的使用价值，是生产过程中具体劳动创造的，是在资本家（主体）及其代理人的组织下，劳动者（客体）使用生产工具（客体），依据设计要求或需求状况，对材料、加工对象（客体）进行加工，对商品进行运输、储存的结果。具体劳动表明资本主义劳动过程中作为客体的劳动者与作为客体的物（半成品、各类工具、材料）的关系，劳动者在其中起着决定作用，同时表明物的有用性使物对需求者（客体）具有使用价值。另一方面，劳动创造价值，劳动价值是劳动者的劳动凝结到商品中的结果，并在流通过程中实现价值，而不管采取什么样的表现形式。只不过，在资本主义商品经济的不同阶段，劳动者在社会中的地位（角色）、掌握的技能状况、总体素质是有所差别的。在卖方市场条件下，劳动者无论在生产、流通还是消费领域，地位都是低下的。在买方市场条件下，劳动者在消费领域成了中心（手段）。抽象劳动体现了作为特殊商品的劳动者

（客体）的劳动价值在生产和流通过程中凝结于作为物的商品（客体）中的关系。资本主义劳动价值论体现了资本所有者（主体）与劳动者（客体）、商品（客体）、消费者（客体）之间的"主体—客体"的实践关系，是"主体—客体"的实践场域的反映。

资本主义大生产过程中的"主体—客体"的实践场域，在实体结构上表现为单一主体对客体的关系，即资本所有者（单一主体）及其代理人依据消费者（客体）需求，按照工艺流程把各类客体（包括劳动者、工具、原材料等）组织起来、协调起来共同作用，然后通过流通领域的位移、劳动价值转移和竞争，最终实现商品价值的增值。在意义结构上，商品价值增值的意义指向单一主体——资本所有者，尤其是垄断资本；而消费者在受控过程中实现消费的最终意义也是指向单一主体——资本所有者，尤其是垄断资本。这样的实践场域只能在"主体—客体"框架的辩证法中去认识，才能得出符合实际的认识。

资本主义大生产过程中的"主体—客体"的实践场域，是随着生产力的进步（工业革命）和生产形式、需求的不断扩大化，进而引发生产关系的变化而发生具体的场域变化，故而，"主体—客体"的实践场域于资本主义发展的各阶段中表现形式的不同，体现在主体范围与客体范围发生着不断的变化。

首先，主体的变化呈现为：生产者与所有者合一状态→产业资本家主导→垄断产业资本家主导（股份制）→垄断产业和金融组织主导→资本主义国家主导→全球资本主义发达国家联盟主导。主体范围呈现不断扩大趋势，除了私人资本家、股份公司、垄断组织外，还扩大到"国家"这一资本家阶级的总代表、国家联盟这一全球发达资本主义国家资本家阶级的总代表。

其次，与主体变化同步，商品（客体）资本化呈现为：生产工具、劳动对象→扩大至劳动力、消费者→扩大至所有权→扩大至品牌（意识形态）和各类媒体→扩大至各种衍生金融工具。这个过程中，还伴随着威胁、控制、残杀他者的武器的不断升级迭代。商品范围随着历史条件的变化，不断地扩大化、复杂化，一切都商品化、资本化了。

在资本主义上述各阶段中，"主体—客体"的实践场域是常态的，劳动价值论内涵的"主体—客体"哲学范式自然也是与之适应的。但是，当社会主义制度代替资本主义制度，或采取社会主义制度组织商品经济的社会化大生产；由于生产关系的质变，劳动者不再是客体，或创造条件，使劳动者不再成为客体——劳动价值论的内在哲学范式必然发生质的变化。

（三）社会主义市场经济下的劳动价值论的哲学范式走向

社会主义劳动价值论，是对商品经济的交往实践"主体—客体—主体"场域的反映。在此交往实践场域中，在实体结构上表现为"劳动实践的双重结构，正是'主体—客体、主体—主体'关系的统一"。[1] 具体地，主体（劳动者、管理者、所有者、消费者）的作用很关键，供方主体依据消费者主体的需求，按照工艺流程、物流流程把各主体、客体组织起来、协调起来共同作用，以满足目标市场。在意义结构上，商品使用价值（包括品牌）的意义指向消费者的同时指向供方主体，商品价值的意义指向供需双方的"公平"交换。这样的实践场域只能在"主体—客体—主体"框架的辩证法中去理解。

但是，社会主义初级阶段的市场经济，处于西方垄断资本主导的全球市场经济条件下，这样的市场经济是"升级的、转型的商品经济，它建立在现代生产力基础上，反映了较高级的工业化要求，生产和流通的规模巨大"。[2] 在垄断资本和西方国家联盟的控制下，处于社会主义初级阶段和改革开放之中的中国，也是西方发达国家主导的全球"资本局"中的"客体"。采取社会主义制度组织商品经济的社会化大生产，是社会主义初级阶段经济发展的重要内容。只有顺应商品经济的发展要求，社会主义初级阶段的中国才能在国际、国内事务中，在反霸权过程中不断抓住机遇，获得长足发展，最终摆脱西方"资本局"，掌控国内外资本。

中国特色社会主义初级阶段，是一个逐渐走向"主体—客体—主体"交往实践场域的过程。这个交往实践场域中，主体不是单一主体，而是生产制造者、消费者等都是主体，是多主体。当我们说主客体关系时，是指"主体—客体—主体"交往实践场域中的特定部分，或同一客体面向多极主体。社会主义初级阶段的经济和社会，是一个在中华民族复兴过程中创造条件使全体劳动者主体地位确立的过程；社会主义初级阶段的文化是一个以从"主体—客体"哲学范式逐渐走向"主体—客体—主体"哲学范式为内在硬核的过程，走向贯穿着"主体—客体—主体"哲学范式的意识形态制度化的过程；也是一个中华民族走向世界文明发展中心，并改变400多年来西方文明（"主体—客体"范式）统治秩序，建立世界共同体的过程。

经过改革开放40年，中国特色社会主义初级阶段市场经济的发展呈现以下特点：其一，当前可以称得上主体的有：国有资本主导的基础产业、支柱产业、关键行业中的国有企业及其劳动者；城乡集体经济中的劳动者；个体经营者；私营企业和各种混合所有制中遵纪守法的资本所有者；消费者（在法权上是主体）。代表全体人民利益的国有资本仍然占据主导地位，在与西方垄断资本竞争中起着中流砥柱的作用。主体间的矛盾是人民内部矛盾，没有单一主体，只有多主体。虽然私营经济、一些混合经济中存在对剩余价值的榨取，但是通过各种手段的限制，资本极端异化已经没有存在条件，一般异化仍然不可避免。其二，市场经济运行的宏观计划——国民经济和社会发展的五年计划和年度计划，是经济、社会、生态协调发展，城乡协调发展的计划。各级政府有与之相应的具体规划。其三，所有权、使用权成为商品，如果作为资本，所有权、使用权就要参与剩余价值的分配和占有。其四，品牌成为独立的商品，具有承载社会价值观的功能。

社会主义初级阶段市场经济下的劳动价值论，即商品经济哲学的一般理论在社会主义初级阶段市场经济下的具体展现，必然受到上述特点的限制。一方面坚持劳动是价值的源泉，以劳动为本、以人为本，另一方面实现价值向价格转型，随着社会需要结构的变化，进行供给侧改革。

社会主义市场经济下，私有制企业中的劳动者免不了处于打工的状态，仍然摆脱不了客体地位的命运，仍然是特殊的商品。通过社会制度和体制不断完善和创新，不断创造条件，使全社会的各类劳动者的主体性越来越彰显，主体地位得以确立，是总的趋势。同时，劳动者作为消费者，整个社会通过法律的、意识形态的手段，创造条件，使其在流通中处于中心目的地位，是完全可以达成的。海尔制度能够保证人人都成为CEO，说明可以通过企业制度、体制的创新，保障劳动者主体地位的实现。社会主义初级阶段，要创造条件，逐渐克服"主体—客体"框架的辩证法的束缚，在制度建设上不断实现创新。

总体上，依照"主体—客体—主体"哲学范式的劳动价值论，在社会主义初级阶段，劳动价值论已经呈现出"主体—客体—主体"哲学范式倾向，并将在不断具体化过程中呈现出作为客体的劳动者越来越少的趋势。

（四）社会主义市场经济条件下的劳动价值论与市场营销的内在关联

社会主义市场经济条件下的劳动价值论作为中介理论，与市场营销理论（或市场营销学）的内在关联表现在如下过程中。

社会主义市场经济条件下，市场营销的基本过程就是消费者（主体）的利益和价值的商品（客体）化，商品客体的消费者（主体）化，整个过程由劳动者主体、商品所有者主体、消费者主体共同推动实现的。在这个过程中，所有者的投资、劳动者的劳动要客体化到商品中去，要使商品的使用价值通过流通和消费发挥作用，要使商品的价值通过流通得以实现。

市场经济条件下的劳动价值论具体化到市场营销过程，有三个方面：一是在衡量目标市场需求和竞争的基础上，制定合理的价格策略，以使劳动在商品中的凝结能顺利地在流通中达成价值实现（横向）。二是随着商品（品牌）生命周期阶段的变换，价差体系随着调整（纵向）。三是在新品开发和迭代中不断实现与消费者真实的价值关系的延续，而不是利用左右他者的能力，创造虚假的需求、虚假的消费、虚假的价值转移和实现。在社会需要结构中，区分出真实的市场需求，选定真实的市场需求中的特定市场需求作为目标市场，并制定符合形势的目标市场战略。

社会主义初级阶段市场经济的劳动价值论内含着"主体—客体—主体"交往实践观的趋向，具有贯通市场营销理论的中介作用，使得走出西方营销理论体系的中国营销理论创新有了基础和保障。

二、广义社会符号化理论作为市场营销理论（品牌理论）的中介

广义社会符号化理论是张天勇依据著名哲学家任平先生首创的交往实践理论（马克思主义哲学在当代新全球化语境下的出场学）基础上提出的，是符号学视阈上对交往实践理论的具体化，具有"主体—客体—主体"哲学范式。张天勇在《社会符号化——马克思主义视阈中的鲍德里亚后期思想研究》一书中

论证了货币、语言都是劳动实践中产生并随劳动实践的发展而演变的符号,由于货币、品牌同为特殊商品,以广义社会符号化理论作为马克思主义哲学与营销理论的中介理论来解释品牌符号化现象,可以从符号化的视角深化对品牌本质的理解。

在《资本论》的逻辑中,品牌本质上不过是特殊商品而已,具有商品的使用价值与价值二重属性。在使用价值与价值的矛盾运动中,品牌的特殊之处在于具有通过承载目标市场消费价值观,捆绑和促使目标消费者定向选择特定标志商品的功能。

下面,首先对广义社会符号化理论进行简介和归纳。

(一)广义社会符号化理论是马克思主义哲学及其交往实践观的具体化

1. 狭义"社会符号—意义观"[3]

狭义"社会符号—意义观"指从"主体—客体"或"主体—主体"的两极出发来界定符号的意义,前者倾向于实体作用,后者倾向于心理作用。

从"主体—客体"两极出发的传统符号意义观有两种向度:客体向度和主体向度。客体向度的"社会符号—意义观"主张从人之外的世界本体中寻找意义,即把人之外的客体变为一种特殊指向(某种意义)的符号,人们从中获得符号所指向的意义,古代的一切神学无不如此。从主体向度来说,"社会符号—意义观"是指人自身是意义的源泉,不是人被给予意义,而是人给予了自身以意义,主体取代客体成为意义的源泉。事实上,是人扳倒了神之后,自己立即坐上了神这个宝座,人不再是人,而是统治世界的神,人把自己符号化并加以崇拜了。

从"主体—主体"两极结构出发界定符号的意义,是由后现代强调的多元异质主体造就的,是由"主体—客体"理性观向后现代主义"主体—主体"理性观转变的结果。后现代主义看到了不同主体间的异质性、多元性,但忽略了客体底板,即在克服传统"主体—客体"理性观(单一主体)的缺点时,把其优点(客体底板)也一同丢失了。失去了客体底板,充当主体间交往手段的符号就失去了底板这一基础,也就无法从根本上理解符号。

2. 广义"社会符号—意义观"[3]

广义"社会符号—意义观"是相对于狭义"社会符号—意义观"而言的,立足于"主体—客体—主体"的新理性观基础上,是对狭义符号理论缺陷的克服。广义"社会符号—意义观"认为狭义"社会符号—意义观"的实体作风倾向、心理倾向,都是一种作用和影响,重要的都是对人的作用,这两个向度共在,而且作为指向意义的符号是以社会活动(交往实践)为根基的。

广义"社会符号—意义观"的理论关键点有三点。

第一,任何符号都产生于实践的需要,并由交往实践本身逐渐"提炼"而成,即交往实践是符号产生和变化的基础。任何"社会符号—意义观"都有有机统一的两个向度:客体向度和主体向度,这两个向度有机统一在交往实践观内,交往实践是符号的基础和源泉,是其变化的内在根源。货币符号、语言符号、品牌符号不仅产生于交往实践的需要,而且其符号代表什么意义,在符号体系中的地位,都是劳动实践的结果。

第二,任何符号最终都是为交往实践服务的,这是其目的和归宿。交往实践符号化形成了交往实践场,在这个过程中,交往实践需要决定着符号的出场与退场。

第三,符号依赖于交往实践,但又不断远离交往实践,而且交往实践水平越高,这种远离就越明显。符号为什么会远离交往实践?产生于交往实践的符号指向了某种意义,物一旦变成符号,就是作为它指向的意义而存在,或者说意义是符号的功能,符号作为意义功能的存在超越了符号本身。例如金戒指作为指向爱情长久意义的符号,是因其价值贵重、特定的造型这些劳动中产生的属性而具有象征意义。但爱情长久作为金戒指的意义一旦形成,爱情长久便成了主导意义,金戒指的其他意义则退居次席了,镀金的假金戒指同样具有爱情长久的意义。归根结底,取决于男女之间表达爱意的交往需要。

当商品经济逐渐进入买方市场阶段,一切被商品化和符号化,符号化逐渐成为社会的特征、样式的主导,这是生产力进步和交往实践的必然结果。但是,无论符号远离具体的交往实践活动有多远,它仍发挥基础性制约作用。当今信息技术条件下符号远离了具体的交往实践活动,成为社会特征和样式的突出形式和主导因素。

(二）广义社会符号化理论在市场营销理论（品牌理论）中的具体化

首先，在目标市场（或消费者主体）利益和价值商品（客体）化过程中，广义社会符号化理论内化到商品意义、品牌承载意义的设计中。在广义社会化符号理论视阈中，商品、品牌是生产者、所有者、中间商、消费者等多极主体的中介客体和交往纽带，其意义就是多极主体之间、多极主体与商品体之间，诸要素间的相互所指性。再者，依据"商品属性—商品功能—消费者利益—消费者价值观"之间的关系，商品体的内外属性特征、功能也是指向主体际的，最终顺应消费者的消费（社会）价值评价。在商品生命周期的导入期和上升期的前期，以商品推广为主导，商品的属性和功能往往就是指向主体际的意义。

品牌符号是符号与意义的有机组合，意义是以品牌为载体，既指向多极主体（利益、价值），同时又指向商品体。价值（观）指有用的意义，它分为代表社会价值取向的主导价值和代表边缘意义的顺从价值。社会主义核心价值观就是主导价值，消费者的消费价值观属于边缘价值，社会主义核心价值观与边缘价值共同构成社会主义价值体系。赋予品牌以有用的意义——社会价值取向、社会主义核心价值观、消费者消费价值观，将品牌意义与社会主义价值观、消费者消费价值观内在关联，这是品牌意义直接指向多极主体的原理。

品牌指向商品的有用性，商品的有用性是指向目标市场的，最终还是要指向目标消费者、目标市场的利益和消费（社会）价值观。在商品生命周期的上升期的后期和成熟期，以品牌推广为主导，品牌承载的消费价值观往往就是指向主体际的意义。

相比之下，狭义"社会符号—意义观"中的商品、品牌意义域为：西方现代主义价值观和后现代主义价值观及其边缘的消费价值观。其全球化往往带着隐蔽的文化渗透、意识形态的同化为目的，应予以审查和坚决回击。

其次，广义社会符号化理论通过商品、品牌概念的营销传播与目标市场（主体）发生关联。在现代主义营销理论体系中，营销传播反映的是商品、品牌的消费者（客体）化过程。买方市场条件下，资本为谋求利润、实现剩余价值，首要的问题是如何激发消费，把商品卖出去。因此，资本要引导消费、创造市场：通过电视广告、平面广告、包装、销售人员推广、公关活动、销售促进措施、移动终端广告等各种手段实施单向、高强度的传播,把人们变成感性地跟着广告、追求非理性欲望满足的麻木的大众——甚至把虚假需求当作自己真实的愿望。这就需要把作为客体的商品(包括品牌)变成象征意义的符号,生产出来,并通过传媒传播出去,象征意义的符号只不过是促进消费的手段而已。营销传播理论正是反映这一传播过程的理论,其核心是营销传播范畴。而在后现代营销理论中,营销传播则反映营销的全过程。上述两类理论体系中,符号处于主动的、显性的地位,似乎消费者都处于符号的控制之下。当然,这两类理论就是要用符号这一手段控制人们的意识,只有这样,人们才会主动产生购买动机和行动,在习惯中产生对这种手段的崇拜和路径依赖。

在电子信息时代,西方垄断资本参与生产的路径发生了变化,参与瓜分利润的方式也发生了新变化,其牢牢控制了物质生产、积累了雄厚的资金和技术的垄断资本掌控了能带来颇丰利润的核心部件、材料、技术、品牌,而将消耗较多材料、能源、涉及污染的生产环节转移到发展中国家。品牌不仅通过电视、报刊等传统媒体传播,影响消费者,而且更借助互联网、移动互联网快速扩散,通过事件引爆、红包放送等多种方式吸引人们的眼球,培养新生代消费力量。垄断资本利用电子信息类高新技术传媒,依据现代主义营销理论、品牌理论、传播理论,通过掌控品牌符号意义的传播来掌控世界,虽然新媒体中存在所谓的互动,但真正的操纵者并不是消费者。在垄断资本强大的操控力下,人们在不知不觉中加入了电子符号的拜物教。

品牌符号,是社会大生产过程中的产物,因社会大生产的需要而产生,在营销传播过程中发挥作用。在社会主义市场经济条件下,资本仍然是不可能被取消的客观存在,资本对消费者的捆绑和控制仍然不可避免,尤其改革开放后国际垄断资本在很多行业已经深度介入。广义社会符号化理论视阈中,营销传播的意义和指向发生了根本变化。掌控资本,趋利避害,使作为资本表现形式的商品、品牌能够在消除商品异化、弘扬社会主义核心价值观上发挥作用。

广义社会符号化理论,具有贯通、联结马克思主义哲学及其交往实践观和市场营销理论的中介作用,使得走出西方营销理论体系的中国营销理论创新有了基础和保障。

第二节 社会主义核心价值观作为理论中介

哲学向市场营销学（或其他学科）具体化，还需要经过社会核心价值观作为理论中介。在中国特色社会主义初级阶段，创建市场营销理论体系，需要把社会主义核心价值观融入此营销理论体系中。

一、社会主义核心价值观的内在哲学范式

社会主义核心价值观作为新时代的道心，其内核是马克思主义哲学及其交往实践观的"主体—客体—主体"哲学范式。

（一）社会主义核心价值观贯穿着"主体—客体—主体"的哲学范式

社会主义核心价值观包括富强、民主、文明、和谐；自由、平等、公正、法制；爱国、敬业、诚信、友善，涵盖国家、社会、公民三个层面的24字内容。而社会主义核心价值体系基本内容包括：马克思主义的指导思想，中国特色的社会主义共同理想，以爱国主义为核心的民族精神和以改革创新为核心的时代精神，社会主义荣辱观。两者关系是社会主义核心价值观与价值体系的内核与精髓，是对社会主义核心价值体系的凝练与升华。

马克思主义指导思想是社会主义核心价值体系的灵魂，而马克思主义哲学的基本范式是"主体—客体—主体"，这一哲学范式是主体际关系与主客体关系的合晶，主客体关系中既包含了主客相融的天人合一，又不排斥主客两分的存在。这一范式贯穿于马克思主义的各具体理论中，社会主义核心价值体系和社会主义核心价值观必然贯穿着这一哲学范式。

在哲学思维中，价值是客体对主体的意义。价值观是对价值的看法和根本态度，表现为人们对某类事物的意义的相对稳定的理解、信念和信仰，用以评价事物之意义，是衡量得失之标准、决定褒贬之尺度。在"主体—客体—主体"的哲学范式中，价值是各主体与中介客体关系中的范畴，它不仅反映中介客体满足各个主体需要的关系，而且反映中介客体为纽带的主体际间的其他关系。社会主义核心价值观，总体上看，具有主体指向的人本性，即主体指向是人民，"以人为本"

是科学发展观的核心，也是构建社会主义核心价值体系的核心。它代表广大人民的根本利益，促进人的全面发展，是社会主义核心价值体系的基本内容。从经济交往上看，具有人民内部以商品为纽带的供需主体间的主体际关系，是以消费者利益和消费（社会）价值为中心目的的。

（二）以诚信与和谐内涵的转变为例来看社会主义核心价值观的哲学范式

诚信与和谐是中华文化自古就有的两个范畴，新时代下其内涵发生了变化。

1. 诚信

中国古代，诚与信是两个范畴。典籍中，最早的"诚"出现于《尚书·舜典》，含有诚实之意。"诚者，天之道也；思诚者，人之道也"（《孟子·离娄上》），孟子将"诚"视为天道，视"思诚"为人道的源头。"诚者物之始终，不诚无物"（《中庸》）。周敦颐认为"元亨，诚之通；利贞，诚之复"。"大哉乾元，万物资始，诚之源也"[4]，把乾元看做诚的本源。王阳明"诚是心之本体，求复其本体，便是思诚的工夫"[5]。在王阳明这里，诚就是良知。总之，诚，体现了以天道定人道的古代哲人的大思路。

信，"人言也，人言则无不信者"（《说文》）。就是说，人言必信，凡是人就应该讲诚信，人失信而难为人。信更强调人与人之间关系。在《尚书》中有不少关于"信"的记载，如"允执厥中"，"允"就是诚信的意思。孔子把信看做人际交往应该遵循的准则，如"人而无信，不知其可也"（《论语·为政》）；其学生也有不少相关言论，在《论语》中有不少记载，如有子曰"信近于义，言可复也"（《论语·学而》），等等。孟子提出五伦思想，即"父子有亲，君臣有义，夫妇有别，长幼有序，朋友有信"，信是五伦中朋友一伦必须遵循的道德准则，有着天人合一为前提的主体际倾向。在汉武帝时期，董仲舒将信列为五常之一，以维护封建纲常为目的，去主体际，信成为等级关系下的范畴。但在胞族内部关系上，信的本意还有保留。

诚注重内在规定性，信注重外在表现，信建立于"诚"的天道与"思诚"的人道基础之上。诚与信合在一起，主要含义是真实无欺（不欺人，也不自欺），遵守诺言，即诚实、守信。仁是孔、孟思想体系中的最高道德原则，信是具体的道德规范。封建统治和小农经济下，诚信不仅是个人立身处世的前提、交朋友的基本准则、社会和谐的条件，还是治国为政的根本前提，统治者取信于民的根本原则。

当代，由于建设中国特色社会主义的需要，诚信成为社会公共交往领域的交往规则和各类主体的行事准则，即强调良好的社会风气、和谐的人际关系由诚信作为衡量的标准，传统的"诚信"观必须转化为"主体—客体—主体"哲学范式中的范畴，才能作为核心价值观念之一。即新时代下，其内涵须发生改变。

历史上，诚信的内涵曾经发生过变迁，从遵循天人合一的诚信为社会规范（人道），逐渐演变为封建制度下维护等级关系的诚信。进而在当代，成为社会主义核心价值观的核心价值之一。在当代，揭示诚信的本意及其含义变化，旨在强调遵循自然规律的"天人合一"不能丢，要遵循自然规律与社会规律的统一。弘扬作为社会主义核心价值观的诚信，不仅要为建设和谐的社会关系提供条件，还要为建立在人际关系和谐之上的人与自然和谐的生态文明提供条件，这有重要的现实意义。

2. 和谐

和睦融洽或配合的适当、协调，重点在和。

"和，是中国传统文化中的重要概念。《国语·郑语》有'和实生物，同则不继'。意思是和能产生新的生命，同就难以为继。和，指异性相交，而且是远亲繁殖，或没有亲缘的繁殖。同，指近亲繁殖。和，引申为有差异、不单一、多样统一，是不同事物的相互结合。"[6]

"喜怒哀乐之未发，谓之中，发而皆中节，谓之和。中也者，天下之大本也。和也者，天下之达道也。致中和，天地位焉，万物育焉。"（《中庸》）中是一种淡然虚静的状态，和是一种疏通畅达的状态。

和，描绘的是"万物并育而不相害，道并行而不相悖"的共生图景。

先秦儒家讲人际和谐。孔子说："君子和而不同，小人同而不和"（《论语·子路》）。意即君子用不同的意见补充别人的意见，帮助他人纠正错误；小人则有意附和别人的意见，助长他人的错误。这是孔子提出的一个很重要的处理人际关系和交友的重要原则。和，讲原则；同，附和，不讲原则。孔子学生进一步把和概括为"礼之用，和为贵"（《论语·学而》），明确把"和"视为全部社会的价值轴心。孟子讲人和，"天时不如地利，地利不如人和"（《孟子·公孙丑下》）。这些概括具有明显的主体际倾向。

先秦道家讲天人和谐。老子主张"无为而不为"，即在小国寡民社会中，统治者、管理者对社会不加干涉，各按其性，显现出来的便是社会的井井有条。庄子主张"逍遥游"，即要摆脱现实世界的尔虞我诈，走上纯粹的天人合一的精神路径。禅宗主张和谐世界，从心开始。即通过改变人的观念，影响人的外在行为，逐渐改变外在客观世界，使个体与外界和谐，实现天人合一。

和的思想，既承认并正视事物间的差异和分歧，又提倡实现事物整体的和谐发展，成为中华民族的重要生存智慧。

孔孟所讲的和谐，是胞族内部的和谐，即包括统治阶级胞族和平民胞族内部主体际倾向的和谐。这种和谐，在汉武帝时期被改造，胞族内部被注入等级关系，到明清实行国家专制体制，人际、社会和谐畸变，农民起义也越来越频繁，清代几乎每一位皇帝在位期间都有农民起义。

人类社会从低级向高级过渡的过程，就是从相对和谐（包含主体际倾向）到不和谐再到更高级和谐的过程。社会主义初级阶段多种经济形式的存在，必然存在利益的多元化、价值观念的多元化、矛盾的复杂化，这是建立和谐社会、和谐观念的现实必要。建立一个人与自然和谐相处，人与人、人与社会也和谐相处的社会，这是社会主义的本质属性，也是从不和谐社会向更高级的和谐社会发展的过渡。

和谐是对立事物之间在一定条件下，具体、动态、相对、辩证的统一，是不同事物之间相辅相成、互相合作、互惠互利、共同发展的关系，是社会主义社会建设和生态文明建设过程中要坚持的价值观，贯穿着"主体—客体—主体"的哲学范式。在社会主义社会建设中，社会主义和谐文化是与社会主义和谐社会相适应的思想文化体系，包括人自身和谐、人际关系和谐、人与社会和谐、人与自然关系和谐等方面。以和谐为思想内涵和价值取向能造就和谐文化形态，体现在思想观念、行为规范、社会风尚、文化产品、制度体制等形式上。建设和谐社会就是要在全社会倡导和谐思想观念，使崇尚和谐、维护和谐成为全社会的共同追求；注重人的全面自由发展，转变资源开发观念，形成开发人自身资源为主的发展思路；正确处理好人民群众与其他阶层的利益关系；处理好改革、发展、稳定的关系，纠正单纯追求经济增长的思路，形成经济和社会全面协调发展、城乡一体发展；推动形成诚信友爱、融洽和睦的人际关系，促进人自身、人与人、人与社会的和谐发展。[7] 在社会主义生态文明建设中，要在实现生产发展、促进生活富裕的过程中更加注重保护生态环境，实现人与自然的和谐相处。既尊重自然规律又遵循社会规律，在人与自然、人与社会、人与人之间造就以商品为纽带的主体际间的和谐关系。

诚信、和谐是社会主义核心价值观之两个范畴，必然要贯穿"主体—客体—主体"的哲学范式。

二、中华文化密码与弘扬社会主义核心价值观这一新时代道心 *

（一）中华传统文化密码

中华传统文化中有十六个字核心精髓，指的是"人心惟危，道心惟微；惟精惟一，允执厥中"。这四句话、十六个字核心精髓正是中国文化的典籍，包括四书五经、老子、庄子、佛经，等等，贯穿的一个密码，也是历代圣贤、大德、智者共同宣说的一个秘密。

中国文化把人"心"分为人心和道心两部分。人心就是人性中的贪欲，称为弱点；道心就是良知，或称作良心（天下为公的王道之心）。"人心惟危，道心惟微"，粗浅的意思是人心很危险，道心很微弱。对一个人而言，良心与欲望常常相遇，败下阵来的往往是良心；对整个社会而言，则是天下为公之心微弱，家天下之心兴盛。这是"道心惟微"的原因。

"惟精惟一"，重点在精和一，两者都是复意体的字。对自然界而言，以谷物之"精"比喻太阳，以"一"指太阳及其统摄功能；对人类社会而言，"精"代表一个社会（人）"精、气、神"中精神世界的良知、天下为公的王道之心，

---

* 本节内容参考郭继承的中国传统文化微信讲座。

"一"指王道起主导作用的政权。惟精惟一，意味着把自己的心神念兹在兹集中在道心。我们知道，凸透镜中间厚两边薄。当把凸透镜放在阳光下，阳光集中在一点上，把火柴放在该点上，可能不用等很长时间，就点着了。但如果把火柴放在太阳底下，晒一天也着不了。惟精惟一，就是把心神集中在弘扬道心上，像凸透镜一样。如果一个人内心各种念头、各种想法非常杂乱，意味着心神像阳光一样散掉了。如果一个社会各种观念自由泛滥，没有主导观念，就意味着一盘散沙。

"允执厥中"。允，指诚信、公正。厥，小木棒。中，指太阳。讲拿捏小木棒的重心所在，就是平衡点，这个平衡点犹如太阳系中太阳的统摄功能（处于中央，被其他星球所环绕，泽被万物），即中道。中道应该是人类管理学上最高妙的管理智慧，只有掌握了中道，才能在各种非常复杂的关系和要素中间游刃有余、处理得当。

当把心神都放在道心的弘扬上，专注于此累积而非急功近利，做出一番成就以后的状态就是"允执厥中"。任何一个累积都需要长期的浸润、投入和念兹在兹，在这个地方去钻研，假以时日就可以有所成就，才能有智慧把握中道。把弘扬道心作为专注对象，依据道心（天下为公之道）处理各种关系，达到和谐，这就是"惟精惟一"与"允执厥中"的逻辑关系。

这十六个字的核心精髓出自四书五经之一的《尚书》中的《大禹谟》。《尚书》是上古之书，是记载夏商周历史的书。《大禹谟》是《尚书》中一篇，谟是一种文体，指领导人讲话，大禹谟就是大禹的讲话。南宋思想家朱熹把这四句话、十六个字称为儒家文化的心传家法，即核心秘密。这实际上也是整个中华文化乃至中华历代圣贤、智者的心传家法。

"人心惟危，道心惟微；惟精惟一，允执厥中"，是观天道以立人道的结果。

天道指天体运行和时序变化规律，即古人认为"天球"之中时空的变换的规律。大地随着太阳一年四时消长变化，四季轮回，直接决定着万物生长、壮大、衰老和死亡，使万物变化按照同一节奏进行，表现出与天道相应的运动周期和节奏性。"天道代表宇宙大自然的规则，人道就是人的世界应如何适应生存的道理……如何观天道以安排人道？使用象征符号，《易经》就是一套象征符号体系"。[8] 八卦与六十四卦都具有五行结构，五行学说包括五行相生、五行相克、五行相乘、五行相侮、五行胜复和五行制化，是对五行结构及其内在运动变化关系的反映。六十四卦的循环反映了五行的内在关联。五行、八卦是对天道、地道、人道的反映。那么，这与"人心惟危，道心惟微，惟精惟一，允执厥中"怎么关联上的？

"若要安排'人之道'，就要明白自然界有它的规则。而人的世界，身体方面属于大自然"，一定要了解这个自然世界，了解之后才能选择一种更好的方式，配合天时、地利，好好生存下来。谓之"人法地，地法天，天法道，道法自然"。如，住在山区、平原、海边的人群分别有着适应山区、平原和海边特性的生活，依据白天、黑夜起居，依据四时耕作、获取与季节相适应的食物。这样顺应自然，践行五行关系而生存就是人道。"另外还有特别属人的部分……人之所以为人，是因为有自由可以选择，但选择的标准何在？……人一旦朝着本能及欲望发展，想怎么发展就怎么发展，最后的结果就是恶"。[8] 这种属人的部分，是通过社会形态中的体制、机制来实现的。为了自己过得好，就采取手段"劫掠"他人，这是一类人的选择。若要使人向善，有几条路：一是外在约束；二是自我约束，自己由真诚引发自我要求；三是上述两条兼而有之。外在约束的成本很高，内在约束则社会稳定，儒家和道家走的都是自我约束的道路。"人心惟危，道心惟微，惟精惟一，允执厥中"，就是既要弘扬遵循自然规律的天下为公的道心，又要弘扬向善的王道之心，依五行自我约束而执中。这是先贤们的逻辑思维，也是孔子时期在自然规律的认识基础上，回望原始公有制，对春秋时期社会问题探索并给出的解决方案。

五行是具有复意体的范畴。"人心惟危，道心惟微，惟精惟一，允执厥中"，正是在人的社会中，天下为公之人道体现了五行胜复、五行制化和五行互藏，是五行、八卦自然之道在人的社会中的具体化的表现。践行道心、弘扬道心，是十六字精髓的根本目的，是中华文化的密码。理解了"人心惟危，道心惟微；惟精惟一，允执厥中"这四句话、十六字，尤其前两句话，历代圣贤想说什么、干什么，就非常清楚了。社会主义核心价值观就是新时代的道心，由此，新时代下，怎样弘扬这一新时代的道心也就有了历史视野。

（二）中华传统文化密码对弘扬新时代道心的启示

中华文化没有说人性恶，也没有简单地说人性善，人性是复杂的。中华文化把人"心"分为人心和道心两部分，指出人性既有人心，也有道心。

从"太极→万物"转化方向看，欲望、人心构成阴阳相对的一面。人心一"动"，往往会出问题。对个人而言，倒了霉，几乎都是人心招的。比如，被骗了，就控诉骗子太可恶、谴责骗子的狡猾，但扪心自问，不贪心、不想占便宜，骗子就没机会。贪官权钱交易，直至身陷囹圄，叫利令智昏。如果是一身正气，心不动，就不会走到这一步。从人类文明、人类整个社会历史来看，人类的战争、血泪、苦难，都是人心招来的。嫌官太小，就弑君弑父；有的野心家制造战争、内乱，是人心动了；某些国家为了霸权、为了狭隘的民族利益，制造各种战争，都是因为贪欲的膨胀。所以，无论个人还是人类社会的所有血泪、波折、苦难，根源在于人心的贪婪与自私。

道心构成阴阳相对的另一面。道心，儒家在宋朝之前叫良知，后来宋明儒学叫本心；在道家叫真心，修炼得道的人叫真人；在佛家则叫佛性。

孔子是弘扬道心的典范。孔子生活的时代，礼崩乐坏，各国诸侯王称王称霸，战争频发，老百姓流离失所，背井离乡。弑君弑父的、称王称霸的、追逐名利的……各种恶劣风气比较普遍，人心堕落，国家的希望何在。孔子的解决方案是"道心的教化"，将"仁义礼智信"作为天下为公之道，这也是孔子的道心。孔子看到各诸侯国的情况，放下个人优越的生活（当时是鲁国大司寇），离开自己的父母之邦——鲁国，去周游列国，去宣传仁义道德，立人伦、振纲常，孔子这么做就是给中华民族树一个道心，给中华民族在春秋战国乱世纷纭中安一个道心，留下一个文明的火种。孔门后人将大学之道、中庸之道作为修己之道，安立道心的经典教材，不懈地沿着孔子开创的道路前行。

良心与欲望常常相遇，败下阵来的往往是良心，明知不该做却选择做了，失了道心。所以，中国历史上，儒家、道家、佛家，以及国外很多大智者，历代圣贤就干一件事，即护养道心。护就是保护，不被侵蚀。孔子说"非礼勿视、非礼勿言、非礼勿动"，一个人本来正派，却有一群狐朋狗友在一起经常谈钱、谈利益，可能就会堕落。护还不够，内心里还有诱惑，还有弱点，所以还要养，让道心越来越丰盈起来。这样对道心又护又养，当道心起来的时候，人心就弱了，弱点就少了。如此道心越来越强大，人心越来越小，甚至修到一个非常理想境界，道心完全充满自己的内心，人心没有了。这就是《大学》所讲的，"大学之道在明明德，在亲民，在止于至善"。孔子讲的"七十从心所欲，而不逾矩"。

历代圣贤践行和开启的都是怎么样超越人心、对治人心，解决人心的道路，不要使人心成为欲望的奴隶。《中庸》"天命之谓性，率性之谓道；修道之谓教，率性之为教"，率性，就是找道心。大学之道，在明明德，是立道心；孟子"吾善养吾浩然之气"，也是立道心。常养自己的道心，启迪自己的道心，然后让道性光芒照亮自己的人生，让自己做一个堂堂正正没有私欲和奴性的人。儒家讲仁义道德、浩然之气，"富贵不能淫，贫贱不能移，威武不能屈"，都是让人们立道心。而道家和庄子讽刺某些世俗的人和事，引导人们看破人心、超越人心，都是为了启发道心。儒家养道心也是超越人心，和道家殊途同归。佛教里有修道心。修道心之后，把人心超越了，不做欲望的奴隶叫看破、放下，得自在。佛家偈子"身是菩提树，心如明镜台，时时勤拂拭，勿使惹尘埃（《六祖坛经》）"。勤拂拭是养护道心，不要被干扰；尘埃指人心，不要被人心沾染。莫使惹尘埃，要养护心中浩然之气和明明净净的智慧。历代圣贤都启迪道心而超越人心，不是当知识教育，而是当修行。历史上，中华民族有很多令人仰慕和肃然起敬的人物，谭嗣同"我自横刀向天笑，去留肝胆两昆仑"，岳飞"仰天长啸，壮怀激烈"，周恩来"为中华之崛起而读书"，这些英雄、圣贤能让人肃然起敬，都是立道心的结果。

儒释道各家目的都是不断克服人性弱点，实现人性的超越。提高人的修养就是不断提升自己的道心，养护自己的道心，克服自己的人心，一句话，由道心超越人心。反过来一个人的人心成长、私欲成长，道心被泯灭了，就是人性堕落了，有万劫不复的可能。如果人类没有了历代圣贤的启发，欲望越来越膨胀、越来越泛滥，就会走向自我毁灭。在日常交往中，常提醒自己不做欲望的奴隶。小人对人使坏，就是抓住人有欲望的弱点，激发并利用人的弱点予以控制。孔子说"无欲则刚"，一个没有私欲的人，没有弱点被人抓住，才活的自在、自足和洒脱。

每个人内心有好多念头，都是散乱的，可以通过主观的努力，修己。开始时人心不断地妄想，不断有各种想法，会很艰难，但是我们把注意力收回来，慢慢地就会养成习惯，专注在一个点上（人道、道心），矢志不移、心无旁骛，假以时日，就可以有所成就。惟精惟一，是成功的要诀或秘密。

社会主义核心价值观是新时代的道心，新时代下，仍然面临着践行和弘扬这一道心的问题。为什么要弘扬道心、怎样弘扬道心，"人心惟危，道心惟微，惟精惟一，允执厥中"，就是中华先贤们给出的答案，因而是中国文化经典中的密码和方法。这给社会主义核心价值观的弘扬提供了方法，就是把社会主义核心价值观作为密码融入各门类的理论中、各门学科中，开创出新时代的《大学》《中庸》，开创出新时代的经典。这样对全社会各个主体的教育，以及在各类交往实践的交流互动中，就有了具体化的获得认同的理论依托，同时在解决问题过程中主动践行。这样，社会主义核心价值观就起到了中介理论的作用。

我们已经知道，社会主义核心价值观融入法律条文，融入法治建设，已经在不断推进。这一要诀还可以放在学术的研讨上，放在营销理论体系的建设上，放在新文科教材的建设上，放在课程思政的建设上，就是要把新时代的道心内核——社会主义核心价值观，作为一条主线，贯穿到营销理论体系中，贯穿到各门教材体系中去，这也是惟精惟一的体现。而不是在一个理论体系中有各种哲学范式的理论混杂，不是在一门学科的教材中中西混杂（除了比较类）。混杂就是散乱，就会导致不切实际、不接地气。把握十六字精髓，把社会主义核心价值观等中介理论融入营销理论体系的创新上，融入新文科的创新上，就能开创解决实践问题、推进经济和社会发展的新理论体系。新时代下，这也是弘扬社会主义核心价值观的途径之一。

今天，要把社会主义核心价值观用于开创新理论，解决交往实践中的矛盾，使法治文化、行政文化、民主文化等社会主义新文化的建设越来越有利于不把人视为客体，有利于化解矛盾，推进生态化的科技、生态化的经济和生态化社会的发展，越来越有利于走向共同富裕。在社会主义建设和改革的新征程中，让当代人的人格、德行、智慧提高和完善，越来越成为自觉、自律和自由的人。

三、社会主义核心价值观融入市场营销理论

社会主义核心价值观融入市场营销理论体系的关键，是如何融入市场营销理论的范畴中，这里以"市场营销观念"和"品牌"为例，加以说明。

首先，社会主义核心价值观融入市场营销观念中。西方市场营销观念，是"企业为从顾客处获得利益回报而为顾客创造价值并与之建立稳固关系的过程。"[9] "市场营销观念是以顾客为中心的'感知—反应'哲学。"[9] 这是营销理论集大成者、"现代营销学之父"菲利普·科特勒等遵循的营销观念。这一观念是实用主义（强调有用的目的性，忽视正当性、合规律性）的"主体—客体"哲学范式下的观念，本质上把消费者（顾客）当做中心手段，当做实现资本增值、企业利润的中心手段，而不是当做中心目的。创建中国特色社会主义的市场营销理论体系，需要"主体—客体—主体"哲学范式的市场营销观念，这样的营销观念须以社会主义核心价值观为基因，是把消费者（顾客）利益和消费（社会）价值观当做中心目的的观念。同样的"市场营销观念"的概念形式，因为作为中介的价值观不同，故而其内涵不同。

其次，品牌作为独立商品或作为资本，是商品经济发展到市场经济阶段的必然产物。它具有承载消费者消费（社会）价值观的职能，是目标消费者消费（社会）价值观的载体。而消费者消费价值观虽然是品牌所有者所赋予的，但最终受到社会核心价值观的制约。不同的社会制度和社会核心价值观造就不同的品牌内涵，我国社会主义市场经济体制下，社会主义核心价值观必然影响和制约品牌的内涵，指导品牌的塑造。

参考文献

[1] 任平. 走向交往实践的唯物主义 [M]. 北京：人民出版社，2003：4，5，44，52.
[2] 陈俊明. 政治经济学批判——从《资本论》到《帝国主义》[M]. 北京：中央编译出版社，2007：8，32，225，274.
[3] 张天勇. 社会符号化——马克思主义视阈中的鲍德里亚后期思想研究 [M]. 北京：人民出版社，2008：239.

[4] 黄延敏.中国共产党继承弘扬中华传统文化的理论与实践[M].北京：学习出版社，2015：259.

[5] 王阳明.传习录[M].张怀承，注.长沙：岳麓出版社，2004：109.

[6] 易中天.中国智慧[M].上海：上海文艺出版社，2017：10，59.

[7] 大连市老年学会.源远流长的中华孝文化[M].大连：大连出版社，2012：99.

[8] 傅佩荣.易经与人生[M].北京：东方出版社，2012：5，8.

[9] 菲利普·科特勒，加里·阿姆斯特朗.市场营销原理[M].13版.楼尊，译.北京：中国人民大学出版社，2010：11.

第二篇
消费者利益和消费价值观实现的中心目的论

　　消费者利益和消费（社会）价值观实现的中心目的论，是马克思主义哲学及其交往实践观视阈中的经济哲学理论，是马克思主义哲学及其交往实践观与市场营销理论体系之间的中介理论。

第三章
以商品为纽带的消费者利益和消费价值中心目的理论

本章立足于买方市场下，市场营销渠道中以商品为纽带的渠道成员（主体）间的交往实践关系，解析消费者的利益和消费价值观，阐述以消费者的利益和消费价值观的实现为中心目的的经济哲学理论。

第一节 作为主体的消费者的利益和消费价值观

一、消费者的需要和需求

（一）人的需要与社会劳动

人的需要是强烈追求对象性事物的愿望或要求。作为物质世界发展的一部分，作为最高的物质存在物，人首先具有物质需要，即他必须吃喝，以实现生命的新陈代谢。同时，人又是自然界演化的有意识、情感、意志的精神存在物，因而他又具有精神需要，如在意识方面有求知的需要，在情感方面有爱与被爱的需要，在意志方面有自由的需要，等等。所以，人的需要有物质的需要和精神的需要。

这是人作为一种对象性社会存在物，为维持自己的生存和发展，为了使自己得到满足的与生俱来的必然结果。这种强烈愿望是人强烈追求自己的对象性事物的本质力量，而人本质力量的确证就是人的需要的满足。

但是，人的需要是建立在社会生产劳动基础之上的，且人们总是结成一定的社会生产方式从事生产劳动、处理人与自然的关系，社会劳动本身也是人的根本需要。社会生产劳动的过程是人表现一切体力和智力的过程，也是人的本质力量发展的过程。社会生产劳动的结果能使人的需要满足、人的本质力量得以确证。因而，需要是人的生存发展状态。由于人的需要以及由需要而引起的社会生产劳动是一切人类历史的基本前提和基本因素，因而，需要也是社会发展状况的一种体现，受到社会形态的限定。

在这样视阈中的马克思需要理论，将需要划分为生存需要、享受需要、发展需要三个层次。生存需要是一种低层次的最基本的需要；享受需要是在生存需要基础上产生的一种旨在提高生活质量、改善生存条件的需要（包括在生存活动中产生的享受要求，及与生存需要活动及其对象没有直接联系的需要，即马克思所说的"奢侈需要"）；发展需要是人们为了自身完善和文明程度的提高、为了增强自己的自由个性而产生的需要（表现为在诸如科技文化、思想道德等精神领域的自由发展的需要，及在物质领域内自由从事劳动的需要）。[1]

需要意味着人存在着社会矛盾性，即需要在其自身层面上确立了需要的社会承担者（主体，包括个人、群体、社会）与需要的社会对象（客体）的结构关系。人的需要主体与客体之间矛盾的解决途径通过社会实践这个手段，创造出需要客体，使需要客体满足需要主体的需要。不同的社会形态下，需要的主体与客体在内容和形式上存在差异。在"主体—客体"为意识形态核心范式的资本主义社会形态中，主体是单一的主体，他人和商品、非商品"物"皆为客体。在"主体—客体—主体"为意识形态核心范式的社会形态中，主体不再是单一主体，而是多极主体，常人皆不为客体，人们生产劳动所创造的商品、提供的服务是人与人之间的中介客体和纽带。所以谈需要，一定要明确其主体与客体，明确处于什么哲学范式的语境中。马克思需要理论是"主体—客体—主体"哲学范式视阈中的理论。

（二）消费者的需要和需求

接下来在"主体—客体—主体"哲学范式视阈中界定消费者的需要和需求。

商品经济条件下，消费者或目标市场是需要主体的具体形式。供方的生产实践创造出需要的商品（客体），然后通过交换劳动成果——商品，进入消费领域，满足目标市场（目标消费者）的需要。消费者的需要，就是对特定商品的愿望和要求。这里，商品（需要客体）是多极主体（生产者、中间商、消费者）的纽带和中介。

需求指需求者对具体商品对象的获得（占有）或享用（消费）的愿望，是由需要而产生的要求。在商品经济条件下，需求指消费者对商品/服务有支付能力的需要。这个概念有几个要点：需求由消费者、需求者产生和发出；需求有明确的需求对象；需求是需求者的一种主观愿望，是后天主观意志的表现；需求受到环境因素和需求者内在素质相互作用形成的。

对消费者的需要和需求的理解，还须把握如下几点。

（1）消费者需要与需求上升规律。马克思需要理论，将需要划分为生存需要、享受需要、发展需要三个层次。消费者需求作为主体需求的一种形式，符合马克思的需要层次理论。商品经济的发展，生产力水平提高，分工越来越细，交换越来越频繁，消费需要不断扩大，需要满足程度不断提高，形成了消费需要和需求的不断上升和高级化趋势。需要的不同层次之间，低层次需要满足之后，随着收入提高，自然上升到对高层次需要的追求，即从生存需要的满足为主导，向享受需要和发展需要的满足为主导的发展。这就是消费者主导需要和需求的上升规律。

例如：首先，人必须运动才能生存和发展，这种生存需要无不时刻追随着我们。对大多数人来说，并不觉得是生存需要。一旦发觉自己处于亚健康状态，就有了要追求健康的动机，追求生存需要就产生了。然后，体育锻炼往往要参与到群体中，希望被群体接纳和认同，这就上升到对满足归属感需要的享受型或发展型追求。最后，从事体育锻炼的人，希望通过竞技比赛获得名次，从而受到他人尊敬；追求竞技比赛结果，不仅是为了满足了生存需要，而且是追求实现自我价值的发展需要。

（2）同层次需要中，消费者在不同的消费领域有不同的具体表现形式。例如：生存需要，在吃方面表现为满足饥饿和最基本的营养需要，在穿的方面表现为保暖，在住的方面表现为遮风避雨，而在保险类商品方面没有追求（除非强制险）。享受型需要，在吃的方面追求高质量，品尝山珍海味，甚至求新求奇作为畸形消费；在穿的方面追求审美与实用的统一；在住的方面求住房的面积大、追求装修的美观甚至豪华；追求社交的归属感，对保险类商品主动作为等。

（3）从商品客体对消费者主体效用角度出发，不同的目标市场（需要层次不同，或虽然处于同一消费层次，但是消费的兴趣点不同）用不同的商品来满足。

（4）同一类商品可以满足目标消费者的多重需求，多重需求之间，主导需求与非主导需求并存，主导需求与非主导需求可能不在同一需求层次。例如：购买足够的含有分红和养老的健康类保险商品。确保有重大疾病时有钱医治，是一种满足身体健康的安全需求；可以获得分红，是财富需求；可以为养老作一些储备，以便老有所养，是对生存安全的需求；不用向子女伸手要钱，可以获得人格的尊重；如果储备更多的保险，可以在退休后四处旅游，自我实现。这就是同一类商品提供了多重需求。显然，对处于没有进入小康状态的群体而言，确保获得治疗疾病的资金的生存型需求是主导需求，而分红、养老的享受型需求则属于非主要需求。

二、消费者利益及其变动

利益概念是在"主体—客体—主体"哲学范式中的界定，反映的是主体之间因对需求对象的依赖而产生的相互关系。

（一）消费者利益

消费者利益指消费者通过商品交换获得商品或服务，并得到的需求的满足，是消费者本质力量的确证。可以从以下三个方面把握这个概念。

（1）与消费者需要的区别。需要反映消费者与需求对象的直接关系；而消费者利益反映具体社会形态中特定社会关系中的需要。

（2）消费者利益的实现，是供方主体在市场竞争过程中，以商品或服务为中介，满足消费者（主体）的营销活动过程。作为客体的商品是满足供需双方（利益主体）的对象，包括物质财富和精神财富（主要以他人、社会存储为主，存于他人心灵上、档案及书籍中等）。

（3）消费者利益是物质利益和精神利益的双重利益的对立统一。与马克思需要层次理论一致，消费者（或目标市场）利益也有三个层次，即生存利益、享受利益和发展利益。

（二）消费者利益作用于消费者消费行为的机制

消费者对利益的追求引起的社会实践活动，是通过思想动机引发的。思想动机有三种形式：利益欲望、利益兴趣或关心、利益认识。利益欲望是利益激发起来的心理动机的初级主观形式，表现为具有目的性的意向、愿望、念头等强烈意图，有暂时性、阵发性特点。利益兴趣或关心是在利益欲望基础上产生的持久的意愿，它是同一定的需要形象和观念相联系的持久的思想动机。利益认识则是在利益基础上产生的比"利益关心"更高级的思想动机。消费者对利益的追求就是在利益刺激下，从利益欲望的产生，上升到利益兴趣或关心，再上升到利益认识，由此引导其去展开满足需求的社会实践活动。"利益认识一旦产生，就会反作用于利益欲望和利益关心，校正或强化动机，去从事长期的、坚定的旨在达到根本目的的得利活动。"[2]

（三）消费者利益追求的变动趋势

消费者利益追求与实现的矛盾是社会发展的内在动因。依据马克思主义唯物史观，商品经济条件下，消费者对利益的追求，把体现在消费者与商品/服务矛盾关系上的作用力，传递到供需双方的矛盾关系上。又通过供需双方之间的矛盾冲突，再把利益动力传递给生产力与生产关系的矛盾运动。就是说，消费需要促进生产供给，生产供给引起新的消费需要，新的消费需要推动生产的进一步发展，利益的动力——消费需要与生产供给的矛盾成为生产力发展的内因。

消费者优势利益追求与实现的矛盾是消费者生活质量不断提升的动力。社会主义市场经济下，消费者对利益尤其是优势利益的追求有如下变动趋势。

（1）在交往实践中，消费者主体利益与商品客体相互转化。二者相互转化表现为：消费者主体利益的客体（商品）化和商品客体的主体（消费者）化。消费者主体利益的客体（商品）化，是指供方主体在实践活动中，把自己本质力量及消费者的本质力量赋予商品客体，并使之凝结和保存于商品中，从而成为商品的属性。商品客体的主体（消费者）化，是消费者在实践活动中不断得到满足、丰富和提高，使商品的某些特征转化为消费者的特征。

（2）消费者优势利益追求和利益追求的高层次趋向。优势利益追求是指在一定时间内或一定场合下，目标消费者（目标市场）较重要、较强烈的利益追求（较次要、较微弱的利益追求，称作弱势利益追求）。在一定条件下，消费者都有其强烈的、头等重要的需要，满足这种优势需要的活动就成为其主要的活动，消费者会调动一切有利因素，采取各种手段，创造各种条件，以实现优势需要的满足。

目标消费者（目标市场）优势利益追求和弱势利益追求在一定条件下可以相互转化。当优势需要被满足，实现了优势利益后，原来处于优势的需要并没有消失，而是转化为弱势需要；而原来被压抑的某些弱势需要就成为优势需要了。当生存需求未满足时，生存需求就是优势需求，其他需求都是弱势需求，生存利益的实现是首要任务；当生存需求被满足后，较高一级的享受型需要就成为优势需要，追求享受型需要的满足就成为优势利益追求；此时生存需求并没有消失，而是成为弱势需求，生存利益的追求变为弱势利益追求。不同阶级和同一阶级的不同阶层，有着不同的优势利益追求。消费者利益追求的高层次趋向，就是在优势利益与弱势利益的转化中，沿着马克思需要层次理论的上升次序展开。

（3）消费者优势利益追求的趋同化。消费者对利益追求，因种种原因会采取相同或相近的行为方式，称之为利益追求的趋同化。个体因受共同的生理、心理结构，相同或相近的文化及生活环境等因素影响，而产生趋同行为。发生趋同行为的不同个体消费者，一方面有共性利益，另一方面又有个性利益。如果在若干消费者中，强度最高的需要集中在某一方面，同时又有适当的外部环境，那么就会在他们中间产生趋同行为。只有相同的利益追求才能引发趋同行为。例如"平板彩电热"现象：由于受到示范作用及其他因素制约，以平板彩电替代老式凸面彩电，不同消费层次及不同文化素质的消费者都介入了。

三、消费价值

（一）价值评价

价值是有用的意义。价值评价是消费者依据利益、需要等尺度对商品有用的意义的评价。价值评价指哲学价值观所研究的，与人们的行为选择的规律紧密相关。价值评价与利益是密切相关的。消费者在追求利益的时候就包含着对追求的社会对象的价值评价，利益是价值评价的基础和核心，价值评价是利益的观念表现形式。价值评价越好,说明商品越能满足人们的需要、越符合人们的利益,反之亦然。

按照主体划分,价值评价有个人价值评价与社会价值评价之分。"人的主观性,无论是自我意识、自由自觉的能动性还是主体图式,都是交往实践基础上的精神的和认识的交往关系的结果"[3]。因而,个人价值评价不能脱离社会价值评价,受到后者影响,尤其社会核心价值的制约。

在"主体—客体"哲学范式下,价值评价是指单一主体在实践活动中,通过主客体相互作用的关系,作为商品客体的属性,对于作为中心手段的消费者(客体)的需要的适应与满足所表现出来的效用、意义。

商品经济下,在"主体—客体—主体"哲学范式中,消费者在需要与需要的满足这一社会生存活动层面上形成对象性关系。需方主体、商品客体、供给主体之间的关系包含了价值关系:消费者要求自己的需要获得满足,供给主体通过商品对消费者主体的需要的满足,形成了对商品与需方主体、需方主体与供给主体之间的价值评价。价值评价的本质存在于:市场经济中因生存活动所必然形成的以商品(客体)为纽带的主体际中,其中消费者作为主动主体,其生存和要求是主动的,而作为受动主体的是满足消费者(目标市场)的供方。消费者处于主导的方面,是价值评价的重心、出发点和落脚点。也就是说,在商品客体为纽带的供需主体际中,供给主体提供的商品是否按目标消费者(目标市场)需要的尺度来提供,是否对消费者合理的满足具有肯定作用,这种作用或关系的表现就是价值评价。例如:商品使用价值的价值评价和商品价值的价值评价。

在"主体—客体—主体"哲学范式中,消费者消费价值和消费价值观对消费者行为的导引机理是首先需要研究清楚的。

(二)把握消费者消费价值的概念

消费价值是指消费者(主体)对供方(主体)所提供的商品(客体)作出的是否能满足自身需求、多大程度上能够满足、是否对自身发展具有作用、多大程度上有作用的评估,也称为消费者的满足价值。消费价值概念,须从以下几点把握。

(1)消费者消费价值或消费者满足价值的参照系是"主体—客体—主体"

哲学范式。一般情况下，消费者很难意识到自己的消费价值评价是处于什么语境中的。

（2）消费价值与消费者的利益密切相关，消费者在追求利益的时候，必然要对商品满足消费者的程度进行消费价值评价，即以需求的满足（利益）为参照系进行价值判断。价值越大，说明其越能满足消费者需要，越符合消费者利益，反之亦然。由于消费者的利益是双重利益，所以消费价值也是双重价值，价值工程中的价值显然是对物质性使用价值的价值评价，是消费价值的一部分。

（3）按照购买或使用商品前后的评价划分，消费价值有消费者期望价值和消费者实际行为价值。消费者期望价值是消费者判断商品能否满足自身及满足程度大小的判断，是消费者在购买和享用前的消费价值的估计。消费者实际行为价值是消费者在购买和享用后的价值判断。当消费者期望价值与消费者实际行为价值之间有差距时，消费者实际行为价值会影响和修正消费者期望价值的大小，对重复购买和口碑有或正或负的影响。[4]

（4）按照主体划分，消费价值有个体消费价值与目标市场（群体）消费价值、社会消费价值之分。在特定的消费环境中，有相同需求的目标市场（群体）有相同的满足价值或总是形成特定的消费价值，构成共同消费价值观的基础。社会消费价值也是以需求满足为标准来衡量的，特定时期，多数消费者的消费习惯、消费生活方式体现了社会消费观念。在社会价值体系中，社会价值尤其是社会核心价值是主导价值，各类消费价值均为顺从价值，社会核心价值观对个体消费价值、目标市场（群体）消费价值评价有导向、制约作用。个体消费价值往往被目标市场（群体）消费价值和社会消费价值观所导引，供方在设定目标市场消费价值时，要自觉服从社会主义核心价值观，并以之为最终评判依据。

（5）企业价值和消费价值。人的价值实现有两个缺一不可的条件，一是个体对社会（指家庭及其成员、他人、单位及组织）的贡献，二是社会对个体的回报。做贡献是目的，回报不求自来。作为供给方的企业（主体）的价值的实现，也要有两个条件，一是在竞争中，企业经营的商品或从事的服务满足了消费者的需要，使消费者的利益实现，即做出了贡献；二是消费者对商品的供给方以回报，即对供方商品或服务给予赞誉，做出肯定的、积极的评价，并重复购买，等等。供方企业以消费者利益实现为中心目的，重复的购买行为和正面评价（消费价值），就是不求自来的回报。这里，消费价值是目的性价值。从供方视角看，消费价值就是供方所能提供的商品，其存在和属性对于消费者需要的适应与满足所表现出来的效用、意义。市场营销渠道上，供方企业站在消费者视角，对消费者消费价值进行调查研究，找出商品满足消费者需求的消费价值、目标市场消费价值、社会消费价值观，是市场营销、新品研发的必要步骤。

四、目标消费者消费价值及社会消费价值观作用于消费行为的导引机制

消费者消费价值作为高级意识形态，引导着消费者对特定商品的购买决策和购买行为。在特定的社会环境中，总是形成对该类商品的消费价值观念（价值的精神存在方式），对什么是有用的、什么是无用的，对什么是有价值的、什么是无价值的作出评判。这种评判如果形成目标市场的共同意识，就会对消费实践形成强有力的引导作用。经过20余年思考，石明写成的《价值意识》一书，论述了价值意识与人的行为之间的内在机理。据此，梳理并概括、归纳出目标消费者消费价值及社会价值观在目标消费者（目标市场、群体）利益实现过程中的作用机理。

目标消费者价值意识，是一种主体性的意识，体现着目标消费者主体的内在尺度。"价值意识是人意识的一部分，但又独立于其他意识形态，它是人与生活的环境中相互关系等次的反映，是人在环境中为了更好选择最佳行为的意识成分，它并不是人的主观随意想象的产物，而是在实践中逐渐形成的。"[4]目标消费者个体的价值意识产生，由其需求引起。

目标消费者个体需求产生有三种途径：一是由目标消费者先天本能欲望和后天环境因素共同作用，产生特定感受，进而产生需求与否的价值判断。"任何本能的欲望当它和环境中具体对象发生作用时就可能形成一个具体的需求"。二是由目标消费者对商品／服务的感觉引起感受（一种内心体验，对客观事物的必然反映），目标消费者依据感受做出正向的或负向的价值判断。三是需求的产生还

可以通过间接的方式，这就是通过理性思维判断，对没有直接使用过、接受过的商品/服务产生正感受或消除负感受。"需求的基础是建立在被需求的商品/服务可以使需求者产生正感受"，目标消费者需求的并不是作为需求对象本身的商品/服务，而是由这些商品/服务所产生的正感受。

但目标消费者利益追求的行动是否会发生，又是由目标消费者依据"需求的满足"为价值参照系做出消费价值判断为前提的。换句话说，促使目标消费者采取购买行动的消费价值判断是目标消费者利益追求的行动是否会发生的必要条件。消费价值"正是那可以决定人的行为的价值意识，是构成价值观念的重要内容。"[4] 目标消费者的消费价值的形成有两个途径，一是感性形成，就是通过对商品/服务实际感受到其能给自己带来满足度的评价，上述目标消费者需求产生的前两种途径与感性形成消费价值有关。二是理性形成，就是通过目标消费者对商品/服务的研究（概念、判断、推理），认识到其对自己的需求满足的程度大小，上述目标消费者需求产生的第三种途径与之有关。消费价值判断一定有价值参照系，虽然目标消费者常常意识不到。由于目标消费者对商品/服务的质和量都要评价，且受到多种因素的制约，使价值判断处于复杂的价值参照系中。

由于价值参照系是通过每个消费者的主观意识来确定的，在不同的价值参照系上产生的价值评价，其性质是不同的。这样价值判断的标准不是唯一的。所有这些构成了价值判断系统。

目标消费者在购买商品前，判断出商品/服务对自身需要满足的程度和意义，这就是目标消费者期望价值。但是有了期望价值，不一定会产生购买行为，还要看目标消费者的行为价值。目标消费者的满足价值是衡量其行为价值的基础，目标消费者的行为价值大小取决于其行为的所得价值和其行为的所付价值两个因素，行为价值与目标消费者的满足价值的比较结果将影响目标消费者的行为态度。预期行为价值是目标消费者在购买行为发生前对该行为进行的满足价值的估计，评价价值高，会对购买行为有强烈促进作用。实际行为价值是对已经实现的行为的满足价值的判断。预期行为价值与实际行为价值的差异，会影响目标消费者个体是否重复购买的决策。

"人与人之间有着许多相同的需求基础和经验，所以人们之间也就存在很多的满足价值,并构成了我们许多共同价值观的基础,这就是我们能够共同在一起生活交流的基础。"[4] 所有社会成员对商品/服务的共同需求的作用形成社会需求,进一步促使社会价值观的形成。从行为来看,一种购买、消费行为,总要引起其他关注者、消费者的评价,社会多数人对该行为的价值评价就是这一行为的社会行为价值,是对一个发生过的行为的评价。社会行为价值观念一旦形成,将对每个消费者行为价值产生导向作用。消费者在消费价值观念引导下,对不同的价值目标(商品/服务)进行利弊的权衡,进行取舍,即价值选择。愿望和动机在价值取向(有用意义向度)、价值选择共同作用下,产生了行为态度,就有了利益追求的行动。

除了价值意识对目标消费者行为选择产生作用外,还有一种基于目标消费者的认识和实践基础上形成的有着特定价值意识的经验意识。实际上,目标消费者的行为更多的是不知不觉地受着环境因素的控制,环境正是通过目标消费者的经验意识来支配其行为选择和进行。价值意识和经验意识有机地共同作用于目标消费者的行为。

五、消费生活方式

消费生活方式是人们在日常生活中为满足需要而消费各种商品、享受各种服务的活动方式总和。消费生活方式与消费者消费行为之间的关系为:消费者"在自己的消费意识指导下,根据自己的消费能力,通过一定的性质和一定方式,消费一定结构、一定数量水平的商品或服务,并逐渐形成一定的消费生活习惯,构成自己的消费生活方式的特征。"[5]

消费者受消费意识支配,而消费意识存在两种形式,其高级形式是消费价值观,低级形式是消费心理。消费价值观是与人生观、价值观密切相关的,是价值观的表现,是相对稳定的消费意识。消费心理指在一定条件下,由自身感觉体验的心理活动所形成的消费动机、态度、意志、兴趣等。一般情况下,前者为消费活动定方向,后者直接影响消费者的具体消费活动。把握不同目标消费者(目标市场)的消费活动、消费生活方式、消费意识,必须把不同目标消费者的消费价值观与消费心理联系起来综合考虑。

消费能力是指目标消费者满足消费需要而进行消费活动的能力。消费能力包含两个方面，一方面是目标消费者生理上的消费能力，表现为能够衣、食、住、行；另一方面是目标消费者取得消费商品或劳务时，在经济和文化上的消费能力，即目标消费者具有一定的经济和文化条件。两者缺一不可。消费能力归根结底是社会经济、文化发达程度与消费者自身发展水平的表现。不同历史阶段，不同的目标消费群体和个体，消费能力各异。不同生理条件、不同经济收入、不同文化水平的目标消费者有不同的消费能力。当消费能力不同，消费生活方式也不同。一定的消费意识总是与一定的消费能力相联系的，不具有某种消费能力就很难具有某种消费意识，就不会产生相应的消费活动。具有某种消费意识，但不具有某种消费能力，也不会产生相应的消费活动。

消费结构是指目标消费者在一定时间内的消费对象中各类商品或服务之间的数量比例和相互关系。消费对象可分为满足生存需要的消费资料、满足享乐需要的消费资料、满足自身发展需要的消费资料三大类。消费结构反映消费水平，表明消费生活方式的基本特征。消费水平从数量上表明消费者物质、文化的需要及其满足程度。

消费方式指目标消费者在日常生活中对消费品如何消费。如用刀叉叉肉吃和用筷子夹肉吃，是不同的消费方式；穿西服打领带与穿西服不打领带，也是不同的消费方式。个人独具特色的消费方式，由于在较长时间内不断重复，从而形成自己的消费生活习惯。在一定的经济、文化条件下，不同目标市场会形成其消费方式的特有习惯，并逐渐凝结成一种社会心理，它们是构成不同目标市场风俗上的重要影响因素。

消费生活方式是社会生产方式的产物，不同社会阶级、同一社会阶级不同社会阶层的人群存在着不同的消费意识和消费生活习惯，从而使不同的阶级、同一阶级不同的阶层，有着不同的消费生活方式。在当代，用社会主义核心价值观中的正义原则来评价消费意识和消费行为、消费生活方式，推动建设和谐社会是应有之义。

总之，消费意识对消费习惯、消费生活方式的形成具有引导作用，一定的消费习惯、消费生活方式促成一定的消费行为。建立在共同富裕基础上的生态化的消费生活方式，是社会主义建设的要求。

六、目标消费者利益和消费价值观的实现

目标消费者利益和价值的实现是目标消费者主体寻求需求满足的过程，同时也是客体（商品）的主体（消费者）化的过程，实质是目标消费者利益与消费价值观、消费生活方式共同作用机制下的目标消费者行为。也就是说，目标消费者利益和价值的实现包括两方面：一方面，目标消费者在外界环境作用下如何通过自己的能力主动寻求商品的行为；另一方面，在寻求满足的过程中，目标消费者受到来自生产者或经销者的影响。

从前一方面看，目标消费者利益和消费价值的实现，是一个从产生购买动机到决策执行的过程。在这个过程中，消费者行为受到多种外部因素的影响，包括消费文化、目标市场消费规范和习俗、消费态势（消费习惯、流行消费、感情消费、畸形消费）、商品因素（品牌、包装、价格、商品创新）、营销沟通（人员推销、广告、公关、促销）等。

这个过程的实质是目标消费者的需求到利益的转化，是商品的主体（消费者）化的过程，也是目标消费者如何选择和使用商品的过程。促使这一转化过程为：购买动机→认识时期→信息收集→评价选择→购买→购后评价。其中内因是消费者的购买动机和购买决策。在动机的形成过程和购买决策的形成过程中，上述诸多外因作用于全过程，起到积极或消极的作用。后一方面将在第三篇中阐述。

第二节　作为中介客体的商品属性和功能

商品是消费者与经销者、生产者之间关系的纽带，具有使用价值和价值两个因素。商品学研究商品是为了揭示使用价值规律，侧重其自然属性及其功能方面；而市场营销研究商品是为了揭示消费者利益主体商品（客体）化、消费者利益商

品（客体）主体化过程中，商品客体在主体际之间的多重交往实践建构，不仅从自然属性方面进行考察，还要从社会属性方面考察，如商品的价值、品牌承载着社会价值观。

商品所有权在买方市场营销渠道转移过程中，作为中介客体的商品属性、功能与目标市场存在对应关系，是本章的主要考察方向。

一、商品属性

（一）商品的概念

马克思主义哲学及其交往实践观视阈中，商品是用来交换的劳动产品，是渠道主体间构建社会主义和合的关系纽带和中介客体。

商品作为中介客体，其"存在形式随交往活动的多层次而多样化。从物质人工制品到精神、语言客体，呈现出一个庞大的然而是有序的客体世界。其基础是物质制品层，然后是精神—语言层，精神—语言制品通过全球互联网、多媒体及其他大众传播网络"[3] 对社会各主体产生影响。

把握商品概念，有三个要点，第一，它是劳动产品；第二，它是用于交换的产品，作为用于交换的产品，必须以自己的有用性满足需求者，指向有需求的目标消费者；第三，作为中介客体，其意义同时指向渠道各主体。

商品与产品有如下区别。①产品是生产出来的任何事物，只体现"物"的使用价值，即"物"的有用性没有指向，是自然存在。②在西方的市场营销学教材中，只有与产品的相关概念，没有商品的概念，如产品生命周期、产品线、产品质量、产品属性等提法。而且，这些概念都是在使用价值的自然属性范畴内的界定，从商品（客体）对消费者的作用角度做出的界定，体现的是一种单向的"主体—客体"实践建构，即"供方（主体）—产品（客体）—消费者（客体）单向作用关系"。③商品的使用价值有指向性，指向他者。"如果具体劳动不是在社会有用的形式上进行，它所生产的使用价值就只能是具有自然属性的物质使用价值，不是社会使用价值。只是一般产品，不是商品。"[6] 产品概念的界定，是把商品的使用价值等同于物的使用价值。使用价值，如果仅被限定于物的有用性，即便是事实上具体劳动在社会有用的形式上进行，但否定了商品的指向性，也就遮蔽了物的社会性。

（二）商品的基本属性和结构性属性

属性是事物所具有的某种不可缺少的性质，性质是一种事物区别于其他事物的特征。商品属性是商品所具有的某种不可缺少的区别于其他事物的特征。

马克思主义政治经济学认为，商品具有使用价值和价值两个因素或两种基本属性。商品使用价值既有自然属性又有社会属性。自然属性包括商品本身所具有的物理、化学、生物等方面属性；社会属性，即商品的自然属性对社会消费需要的关系，包含着社会消费需要的规定性。如人们将意义赋予商品、品牌，使得商品成为意义的载体，反映了商品在交换和消费过程中相关主体之间的供求关系。价值作为商品的社会属性，一方面反映劳动者劳动的凝聚，另一方面反映的是商品生产者、中间商、消费者之间的价值实现关系。

商品具有使用价值和价值两种基本属性，是从品项、商品线、商品组合、商品品类整体上的抽象，具有一般性。商品的使用价值，"从质的方面看，每一个商品都是许多属性的总和，可以有不同的效用。"[7] 从单个商品内外结构上来看，有内在属性、外在属性、质量属性、社会属性。[8] 这些结构性属性称为个别属性。

内在属性，指商品的物理、化学、生物组成。包括原材料、制造工艺属性、内在结构关系属性、形态属性。

外在属性，包括包装、附加属性（培训、运输、安装、客服、维修等）、价格。

商品的质量属性，是指商品的优劣程度或完善程度，或者说在一定使用条件下，适合与其用途所具备的各种内在属性和外在属性的综合。商品的使用价值从其自然属性方面说，有一定的工艺标准；从其有用性方面说，有一定的以社会需要为尺度的社会标准。商品的质量特性是区别各种商品的不同自然属性及用途，以及商品满足用户需要的不同程度的标志。[9]

商品的社会属性可以分为如下几类。

（1）劳动价值属性。商品对于消费者而言，是包含了劳动价值的商品，商品的劳动价值不仅是商品的基本属性之一，而且是社会属性。在现代主义的西方经济学中，商品的劳动价值属性是被模糊、混淆乃至抹杀的，是不予承认的。

（2）商品（包括品牌）的所有者属性，以商标形式表现。

（3）商品的消费者属性，具体包括四种形式。品牌（商标）的消费者属性：表明社会生产者与消费者之间交换和消费的利益关系，品牌是消费者利益和消费价值观的天然代表；使用条件属性；使用者属性：能表明身份、地位等；商品的消费价值属性：消费者对商品的有益程度的评价尺度。

（三）商品品类和商品组合中的共有属性

商品线是指同一商品类别中具有相同的分销渠道和目标市场、同一价格区间的一组有差异的商品。

商品项目，是指某一品牌或商品线内由尺码、价格、外观及其他属性来区别的具体商品，简称"单品"或"品项"。

商品组合，是指某一企业所生产或销售的全部商品线、商品项目的组合。

商品组合的深度，是指"商品线"中每种商品有多少花色、品种、规格等。

从包含的单品数量多少来看，商品组合、商品大类、商品品种之间存在这样的关系：商品项目∈商品品种∈商品大类∈商品组合。这种从属于的关系中，本身就包含着共有结构性属性。

这里，商品品类指按某种相同特征划分的商品群体，或指具有某种（某些）共同属性和特征的商品群体。它是反映指向目标市场的商品群体的共有使用价值。在一些市场营销学教材中往往忽视对商品品种（类）下定义，而对产品组合、产品线、产品项目则分别清晰定义，就是因为对"共有属性"的忽视。

（四）商品属性是"主体—客体—主体"交往实践关系中的属性

日常生活中，人们习惯于把商品的属性看成是依附于商品所固有的东西。例如一支钢笔，它有重量、形状、颜色、用途等诸多属性，根据日常经验，这些属性是这只钢笔所固有的。日常经验往往与事实不一致。事物的属性往往依赖于人的感觉、依赖他事物为参照的，也就是说事物的属性是关系中的属性。尤其营销渠道中各个主体间交往实践关系中作为中介客体的商品，它们或是主体活动的产物或是主体活动的对象，与"人与人、主体际"的关系共同存在。

正确理解商品的属性，要立足于商品客体为纽带的主体（生产者、中间商、消费者等）间的交往实践关系，并在这种关系中思考。

二、商品使用价值和商品生命周期理论

任何产品都有使用价值，只有用于交换的劳动产品才是商品的使用价值。商品的使用价值是商品必须具有的一种基本属性。

（一）商品使用价值

商品使用价值是指商品对其消费者（使用者）的意义、有用性或效用总和，即商品所具有的能够满足消费者需要的属性。一方面，它是物品的自然属性，由物品的物理的、化学的、生物的属性决定；另一方面，它又是一定社会关系的反映，商品交换和商品的使用（消费）表明了商品为纽带的供需方的关系、商品属性与消费者需求或社会需求之间的满足关系。深入理解商品使用价值，可从以下几个方面展开。

（1）与物（产品）使用价值的区别。①物（产品）的使用价值，没有对象性，仅仅指物（产品）的有用性。不论对物（产品）的所有者，还是对使用者、消费者、其他相关者，只要有用，就是使用价值。②物（产品）的使用价值没有历时态性，即无论过去、现在还是将来，只要对人有用，就是使用价值。

（2）商品使用价值具有交换使用价值和消费使用价值两重性。消费使用价值即商品的有用性在实际消费中所表现出来的满足目标消费者需要的作用，反映了商品有关属性与目标消费者的消费需求之间的满足关系。交换使用价值，反映了商品有关属性与中间商的交换需要之间的满足关系。交换使用价值往往被称为狭义的商品使用价值。

（3）同一商品可以有多种使用价值，某种使用价值可由单一或多种自然属性带来，也可以是自然属性与社会属性的组合带来。

（二）商品使用价值的动态系统及其运行轨迹[10]

商品潜在的使用价值是目标消费者（主体）需求的客体化的结果，只有商品及其属性用于满足目标消费者的需求时，才转化为现实使用价值。商品使用价值的实现，要经历一个过程，即由潜在使用价值向现实使用价值转化的过程，该过程称为商品使用价值的动态系统。这个过程是分两个阶段完成的，第一阶段首先在交换过程中实现商品的交换使用价值；第二阶段最终在消费过程中实现商品的

消费使用价值。

商品使用价值的动态系统包含三个基本要素：需要、商品、效用。需要通过物的使用价值（有用性）的选择与定向以及创造而过渡到商品，由此形成潜在的商品使用价值；商品再通过被交换或消费实践转化为现实的交换或消费使用价值即产生预定效用，实现了使用价值；然后再过渡到新的需要，如此循环往复。将使用价值的动态系统三个基本要素间内在联系的理论归纳为：目标消费者需求可以被商品化，继而商品消费化，循环不断。当商品因某种原因，如未能实现交换而导致动态系统故障，潜在的商品使用价值就无法转化为现实的使用价值。

商品经济条件下，这个动态系统要良性循环，生产和交换是关键环节，生产和交换遵循商品使用价值规律、商品的价值规律、商品经济竞争规律。

由商品交换而产生的存在于同类商品使用价值间的社会必要标准及其对生产者的反作用，就是商品使用价值规律。它的内容和基本要求是：商品交换使各部门的商品使用价值间存在着一个客观社会标准，各商品生产者必须根据这个社会必要标准制造和销售商品。商品的价值规律基本内容和客观要求是商品的价值由生产商品的社会必要劳动时间决定，商品交换依据价值来进行。也就是说，商品交换依据社会必要劳动时间决定的价值来进行。在上述规律的作用下，某类商品的市场竞争大致经历三个阶段：第一阶段以商品数量销售为主的市场竞争；第二阶段，在市场被分割完毕的情况下，为巩固市场占有率和扩大销售额，企业往往开展以降价为主要内容的价格竞争；第三阶段是使用价值方面的竞争。当降价达到极限时，企业开展质量竞争；当质量竞争及其提高达到极限时，企业开展品种、花色、式样、包装、规格、品牌等方面的竞争；当这些改进达到极限时，企业就会开发新产品，进行商品的升级换代；最后，引发国民经济新行业、新部门分化和创立。这是使用价值的运行轨迹，也是生产力发展的次序。

（三）商品品种新陈代谢规律和商品／市场生命周期理论

商品学揭示了商品品种的新陈代谢的规律。随着消费者购买力水平的分化，原本适应市场需要的品种不能满足购买力水平较高消费者的新需求，一些新的品种被开发出来，并投放市场，消费需求结构的改变导致商品品种的新陈代谢。商品品种的新陈代谢表明商品品种存在着生命周期。一般地，商品上市后，在导入期后进入到上升增长期，然后进入兴旺乃至萎缩期，最后退出市场。

商品品种新陈代谢规律和商品／市场生命周期理论，是消费者优势利益追求高层级化的必然结果。随着消费者优势利益追求的变化，消费需求结构发生改变，供给方适应新需求研发新产品是大趋势。商品供给与需求之间的矛盾，随着消费者需求和消费价值观的变化而表现不同的形态。从商品客体对消费者主体作用的角度来看，商品／市场生命周期理论就是商品使用价值动态运行规律的体现，商品使用价值动态运行规律是商品／市场生命周期理论的内在原因。商品／市场生命周期理论本质上是消费者长期利益实现过程中，供求主体之间利益关系的发展变化。

国外市场营销学中的产品生命周期理论，只看到了产品（客体）的发展变化，忽视了与主体需求的发展变化之间的内在关联。如：导入期的表征是：销量小，促销费用高，制造成本高；成长期的表征是：销售量迅速增长，促销费用降低，重复购买率高；成熟期的表征是：销售量增长缓慢，同类商品竞争激烈，利润达到最高后反而下降；衰退期的表征是：销售量开始迅速下降。而在"主体—客体—主体"范式中，商品／市场生命周期各阶段的特征是在商品和目标市场关系变动中、在商品为纽带的主体际中去理解，不仅包含上述表征，还有着供求方主体际同步的变动趋势。

（四）商品使用价值和审美价值的统一

一般商品（艺术品和特种工艺品除外）都是使用价值和审美价值的统一。20世纪90年代，内地国营棉纺织业遭遇寒冬，就是人们的消费观念发生了从重视商品使用价值、注重遮体御寒向既美观又实用的转变，而国营纺织企业跟不上形势，商品的使用价值和审美价值不统一导致的结果。而沿海开放早的地区，一些纺织企业由于根据消费者美化住宅、美化生活的要求，大力发展装饰用品的生产，使企业走出困境。这是商品使用价值和审美价值统一的结果。

在商品设计、生产和销售过程中，要按照需求的变化，遵循使用价值规律和价值规律，遵循商品品种新陈代谢规律和商品生命周期理论，遵循商品／市场使用价值和审美价值的统一。这些规律是"商品客体的主体化"过程必须遵循的，也是"消费者主体的客体化"过程所必须遵循的。

三、商品功能及分析

（一）商品功能与商品使用价值、属性的关系

功能就是事物或方法发挥有利的作用或功效。一般意义上的商品的功能，是指商品所发挥的有利的作用或功效。这里，把商品的功能定义为：满足目标消费者（目标市场）所需的必要的使用价值。商品的功能与商品的使用价值的关系如下。

（1）商品的使用价值可能很多，面对的消费群可能不止一个，但只有满足目标消费群（目标市场）所需的使用价值，才是商品的功能。对于特定的目标市场而言，商品的使用价值包括商品的必要功能和不必要功能。如果商品的功能用 F 表示，商品的使用价值用 P 表示，则二者关系可以表述为 $F \in P$。

（2）商品功能遵循商品使用价值的运行规律。商品功能由商品的形态、结构及属性决定的；在商品使用价值的动态系统中，当因满足目标市场的需求时，潜在的商品使用价值就转化为商品功能。这个动态系统，正是消费者（顾客）主体不断寻求满足的过程。

（3）由于商品的使用价值与商品的审美价值的统一性，商品的功能与商品的审美价值就不可分割地联结在一起了。

商品功能与属性的内在关系。商品属性是需方、供方主体与商品（客体）关系中的属性，商品的功能自然也是基于这种主客体关系的功能。从单个品项来看，商品属性包含着商品功能，商品功能是目标消费群直接需求的基本功能性属性。商品属性与功能的区别为：商品功能是目标消费群直接需求在商品客体的直接外化或存在；商品功能属于商品使用价值范畴，是直接满足目标消费群需求的必要的属性，商品属性如果是目标消费群需求中不必要的功能，也不属于商品功能的范畴。商品的内在属性、外在属性、社会属性，尤其是消费者属性在一定条件下都有可能是商品的功能。当商品属性成为商品的功能，就称之为功能

性属性。

从商品属性、商品功能、目标消费者需求三者关系上看，商品功能就是能直接满足目标消费者需求的商品的基本属性。从商品功能和目标消费者需求关系的角度，把目标消费者优势利益与满足目标消费者优势的商品功能之间的对立统一关系界定为商品概念。将功能从属性中划分出来，目的是区分哪些属性与目标消费者（目标市场）需求直接相关。商品的形态、结构及其他属性决定商品的功能，前者是后者的物质基础和手段；后者是前者的目的和结果。这就是商品属性与功能间的关系。可以依据功能来设计商品的形态、结构及属性，也可以依据商品的形态、结构及属性分析商品功能。

马克·E.佩里在《战略营销管理》中，重视产品属性与目标消费者价值观的关系，忽视了功能的客观存在，将功能与属性混为一谈，没有区分哪些属性与目标消费者需求直接相关。表现属性和抽象属性属于商品的功能范畴，不应划为属性范畴。另外，商品的内在属性和外在属性在一定的条件下，也会成为目标消费群直接的必要的需求，这种情况属性就变为功能，如品牌。

商品属性、商品功能、商品使用价值，是描述商品客体的三个基本概念，他们之间的内在联系是："商品属性决定商品功能的种类，根据商品功能取舍商品属性，商品功能包含于商品使用价值。"

（二）商品功能分析

商品的内在属性、外在属性、社会属性，尤其是消费者属性在一定条件下都有可能是商品的功能。所以，商品的属性可能成为商品功能上述某种分类中的某一类。功能性属性不仅直接针对消费者的需求，而且也针对生产资料使用过程或服务中的需求。目标消费群所需的商品不同，其生产过程不同，商品的形态、结构及属性就不同，功能自然不同。即便同一商品也会因原料及工艺的差异，商品的形态、结构及属性就有差异，功能自然有差异。

1. 商品功能分析的目的

目标消费者（顾客）购买商品，是为了获得这种商品所提供的功能，而不是商品的具体结构。企业生产商品，也是通过生产活动获得用户所期望的功能，而结构、材质或合同化的条文，是实现这些功能的手段。目的是主要的，而手段则可以广泛选择。生产企业研究消费者或顾客的需求，分析商品的使用价值，就是为了实现满足目标消费者要求的必不可少的功能，将藏于商品结构或服务内容背后的本质——直接满足目标消费者的功能揭示出来。作为目标消费者（顾客）需求的商品，其功能的多少、功能的高低、功能的完善程度由设计和生产决定的；"从目标消费者（顾客）需求的功能出发去研究功能、设计和生产商品，以避免商品的先天不足。"[9]

2. 商品功能分析的方法

价值工程这门学科中，功能是指自然属性所发挥的作用，即商品的物质形态的使用价值。此处将价值工程中功能分析的方法做转化，其中，商品功能含义与消费者需求直接相关，与原来价值工程中功能含义是不一致的。商品功能分析包含功能定义和功能整理两个步骤，从定性角度分别回答"它的功能是什么？""它的地位如何？"两个问题，从而准确掌握目标市场的功能要求。

第一，对商品各功能做出定义。商品各功能的定义就是给特定商品的每个功能下定义，限定其内容，使其区别于其他商品。商品各功能定义的方法，用动词和名词把商品的功能简洁地表达出来，主语是被定义的对象；如手表（主语）：指示（动词）时间（名词）。其注意事项为：名词要用可测量的词汇，以利于量化；动词要能使人联想到具体的动作；站在商品物的立场上，考虑商品对消费者的益处；一个功能下一个定义，一个物品有几个功能就下几个定义。商品各功能定义是对商品的功能深入理解的过程，是不断寻求现象背后的本质的过程，是创新思路的过程。

第二，对商品功能进行整理。经过定义的商品功能可能很多，它们之间不是孤立的，而是内在联系的，为了把这种内在联系表现出来就必须将其系统化。将已定义的功能加以系统化，找出各局部功能之间的逻辑联系，并用图表形式表达，以明确商品功能系统，区分属性和功能，从而为功能评价、产品方案构思提供思依据。将各部分功能按一定逻辑排列起来，使之系统化的工作过程，就是建立功能系统图的过程。图解如下：

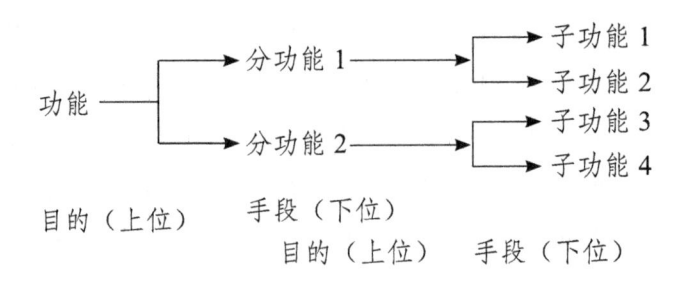

```
                        ┌──→ 子功能 1
           ┌─→ 分功能 1 ─┤
           │            └──→ 子功能 2
  功能 ────┤
           │            ┌──→ 子功能 3
           └─→ 分功能 2 ─┤
                        └──→ 子功能 4

  目的（上位）  手段（下位）
                目的（上位）  手段（下位）
```

功能系统图术语说明如下：级，每一分枝形成一级；功能域，某功能和它的分枝全体；位，同一功能域中的级别用位表示，高一级功能称为上位，低一级功能称为下位，同级功能称为同位；功能系统中不能再分的功能，称为末位。

功能整理采取的逻辑是：因果关系，即目的—手段。上位功能是目的，是果；下位功能是手段，是因。因此，上位功能也称为目的功能，下位功能称为手段功能。基本功能属于目的功能。功能系统图表明了功能系统的内在联系，更进一步阐明了分析对象"功能是什么"的问题，它反映了设计意图和构思。

功能系统图的检查须注意：功能要与实体属性相对应；下位功能的总体应能保证上位功能的实现；同位功能之间不存在"目的—手段"关系，是互相独立的。

商品功能整理也是按"目的—手段"关系进行的，方法之一是由手段寻求目的，把所有手段功能联系起来；方法之二是由目的寻找手段，将所有手段功能排列起来。

经过商品功能整理，找出目标消费者需求的主要的和次要的功能，并结合竞争者商品的功能状况，确定有足够市场容量的具有差异的商品功能，进而作为设计（商品体、品牌、营销推广）、生产的目标。

四、商品品牌的双重社会属性和功能

（一）商品品牌的双重社会属性

商品品牌是一种名称、术语、标记、符号或图案，或是它们的相互组合，用于识别生产者或供应者的商品或服务，并使之与竞争者相区别，这是从品牌的自然属性方面界定的。市场经济下，在交往实践唯物主义视阈中，品牌是特殊的商品，品牌使用价值本质是目标消费者价值观的客体化结果，品牌作为特殊商品，其价值遵循劳动价值论。品牌既有自然属性，也有社会属性。从社会属性方面看，品牌具有双重社会属性，即品牌的所有者属性和品牌的消费者属性。

品牌的所有者属性是指品牌的使用权、支配权和占有权及其与之相适应的收益权的归属关系和效益关系的总和。品牌的消费者属性是指品牌给目标消费者带来的利益、保障和消费者心理满足及消费价值观的认同关系。品牌的所有者属性的核心是品牌给所有者带来的经济利益。品牌的消费者属性的根本在于品牌能给目标市场带来心理的满足、消费价值观的认同。

品牌的消费者属性是商品经济的产物。从品牌产生和发展的历史（目前已知的研究记录）来看，品牌是从古代产品交换中产生的，在自己的交换物上加以烙印，表明归己所有。随着商品经济的发展，由于分工不断细化和商品交换的区域化、国际化，品牌作为商品所有者的标志，受法律保护，这就是商标。在现代市场环境下，消费者属性是所有者属性实现的前提和基础，消费者属性因所有者属性而有了现实的保障和动力。二者既相互区别又相互联系，既相互制约又相互促进。

（二）品牌的功能

（1）识别功能。品牌是认知和区别商品的标志，作为对消费者认知商品的感知线索，是商品质量、声望、用途和价值的反映，代表了是此类（种）商品而不是彼类（种）商品，或者该商品是此企业生产和经营的，不同于彼企业。

（2）企业形象的象征。品牌注册受法律保护，任何企业和个人不得冒用。建立品牌信誉，有利于稳定商品的市场价格、有利于带动同品牌下的其他商品进入市场，便于企业和经销商宣传推广，有助于市场竞争。

（3）消费者权益保护功能。一旦消费者权益受到损害，便于依法追究商品生产和经销者的责任。

（4）品牌增值功能。品牌是特殊商品，其买卖、所有权转移，可以获得超额利润。

（5）品牌的促销功能。由于品牌是商品质量、声望、用途和消费价值观的反映，消费者在购买商品时往往按品牌来选择，因此可拉动总销量的增长。同时，有口碑的品牌有利于目标消费者群体的扩大。

（6）品牌的核心价值功能，即品牌承载目标消费者（目标市场）消费（社会）价值观。

五、商品销售包装和装潢的功能

商品销售包装和装潢属于商品的结构性属性中的外在属性，理解它，需要在以商品为纽带的主体间关系中把握商品销售包装和装潢多样的功能。

（一）商品销售包装和装潢

商品包装是指使用适当的材料、容器用以盛放、保护商品，便于商品运输、保管、销售和使用，维护商品的使用价值，保持商品完好状态的技术和方法。按商品包装使用目的或用途，可以将其分为商品销售包装和商品运输包装两大类。

商品销售包装主要以满足销售的需要为目的，直接盛装商品，通常随同商品卖给消费者，也有很多销售包装参与商品消费。包装装潢则是对销售包装采取的美化手段。商品销售包装及其包装装潢具有从属于被包装的商品体的特性，随着被包装的商品体的发展变化而变化。商品生命周期包含包装的生命周期和包装商品生命周期两个方面，包装的生命周期与包装的商品生命周期要协调一致。

（二）商品销售包装的功能

张宏旭对商品销售包装的功能作过系统总结，主要有以下几个方面。

（1）保护商品质量的功能。主要体现在：商品销售包装隔绝或控制了商品与环境因素的接触，从而有效控制了环境因素对商品质量的影响；商品销售包装有效缓解了外力对商品体的破坏；商品销售包装上的特殊结构，可以发现商品被人为破坏、污染的痕迹。

（2）满足目标消费者需要的功能。商品销售包装材料、结构和大小不同的包装容器具有满足目标消费者使用、储存和携带商品的功能；包装装潢具有满足目标消费者审美需要的功能；对商品销售包装材料的选择，具有满足目标消费者环保需要的功能。

（3）促进商品销售的功能。商品销售包装的造型和包装装潢的各要素，可以使目标消费者在不自觉的状态下，引导其完成对商品的注意、了解、认可的过程，从而促进商品的销售。适宜的商品销售包装的造型以及包装装潢的文字、图案、色彩等要素，可以产生强烈的视觉冲击力，引起消费者的注意和兴趣。包装装潢的文字、图案、色彩等要素把商品的性质、特点、用途、规格、等级、产地等内容表达出来，方便了消费者对商品的了解。商品销售包装上的商标或质量认证标志，有利于目标消费者对商品质量的认可。具体而言：商品销售包装方便陈列展销，吸引消费者的注意，有激发其购买欲望的功能；商品销售包装具有广告宣传的作用和效果；商品销售包装具有便于消费者识别商品的作用；商品销售包装具有对消费者说服的作用。

（4）商品销售包装是企业形象的传播媒介物，具有传播企业形象的功能。

（三）商品销售包装装潢的功能

1. 满足目标消费者认同需要的功能

商品销售包装装潢设计是与商品体设计一致的，两者共同体现目标市场的消费行为、消费生活方式、审美需要、消费价值观，有助于获得消费者认同。

2. 促进商品销售的功能

获得目标消费者认同的商品销售包装装潢可以促使目标市场中的更多消费者购买商品。媒体传播中，商品销售包装装潢可以对消费者起到吸引、介绍、说服的作用。在终端零售环节，商品销售包装及装潢便于零售商陈列、导购；商品陈列作用的发挥是以商品销售包装装潢为前提的，陈列的效果很大程度上取决于销售包装装潢的主题、内容、表达方法。人员销售是重要沟通和促销手段，商品销售包装装潢通过"体现企业形象和满足审美需求"等，辅助人员销售。

3. 树立企业形象的功能

商品包装装潢的内容包括：对包装进行装饰处理；商标、品牌的设计；商标、品牌在包装上的应用。其中商标、品牌是消费价值观的凝缩。商标、品牌、色彩、文字等既是包装装潢的内容，又是企业形象识别系统的重要内容，可以增强对企业形象的认知。包装装潢与商品的造型、流行性等共同构成了商品的主观认知质量，外在属性的认知会影响内在属性、企业形象的认知。

六、售后服务的功能

售后服务是围绕着商品销售过程而开展的配套服务体系,是商品的附加属性,其功能往往不太引人重视,此处从商品为纽带的主体间关系中把握售后服务的功能。

(一)售后服务的基本内容

(1)送货服务。对于一些体积较大或重量较重、不易搬运的商品,生产商或中间商安排送货上门,免除了消费者的麻烦,能促使消费者作出购买决定。

(2)安装调试。

(3)维修服务。

(4)零配件供应。

(5)消费者或顾客教育。教育是与消费者或顾客建立长期买卖关系的有效方法。

(6)技术咨询。商品使用过程中,消费者会遇到一些技术问题,需要排忧解难。如电脑使用过程中,遇到无法开机、突然死机等情况。

(7)销售保证,包括价格保证、质量保证、服务措施保证等。

(8)商品说明书。能帮助消费者或顾客掌握商品的使用、维护方法,提高商品的使用效果。

(9)消费者或顾客跟踪。利于及时掌握消费者或顾客动态,以便针对性地解决问题。

(10)退货处理以及投诉处理。

(二)售后服务的基本功能

售后服务涉及的内容较多,每项内容都有具体的功能,最基本的功能是:①使消费者或顾客获得服务利益,提高消费者或顾客的满意度。服务利益是带给消费者或顾客的附加利益,"满意"或"不满意"是评价它的标准。服务人员的语言、行为、服饰、服务态度、专业知识、服务技能等会让消费者或顾客感觉到是否值得,是否满意。②建立关系营销的有效手段。这对于原材料和耐用消费品的营销尤为重要。

第三节　以消费者利益和消费价值观实现为中心目的

在以商品客体为纽带的各主体（消费者、生产者、中间商）间的供需系统（营销渠道）中，消费者需求和利益的发展变化与商品供给的发展变化不是并列的两条线，而是一对不断发展变化的矛盾，其中，以消费者合理利益及其消费价值为中心目的。这就是消费者利益和消费价值观实现为中心目的理论，从马克思主义哲学及其交往实践观来看，就是"主体—客体—主体"交往实践关系在经济哲学中的具体化。

一、以商品客体为纽带的营销渠道主体间的关系系统

自然经济条件下，家庭既是生产单位又是消费单位，生产者又是消费者。但是，在社会大分工和商品经济（或市场经济）的条件下，生产者与消费者是彼此分离的，无论是企业还是个体，其满足自身需求、实现自身利益，必须与其他需求者进行交换，"由于他的商品是为别人生产制作的，因而首先考虑他人需要，他人是否满意。"[11] 即商品经济和市场经济是人人为我、我为人人的供需经济结构和经济环境。由于资本主义市场经济和社会主义市场经济的制度的本质不同，在营销渠道上，消费者与商品客体、其他渠道成员间有两种营销关系：一种是资本所有者为单一主体的，资本所有者以商品左右消费者，以消费者为中心手段的"单一主体—客体"营销关系；另一种指以商品（服务）为纽带的渠道成员之间的主体际关系。

（一）"单一主体—客体"供需系统下的关系图式

在资本主义的商品经济卖方阶段，生产者为主导，消费者被视为客体，处于被动地位；进入买方阶段，似乎生产者的意志让位于消费者的意志，作为企业或个体必须依据社会需求来组织经营活动。从事生产经营（产销）活动者，以消费者需求的商品（客体）化为手段，提供商品和服务，推动商品（客体）的消费者化的实现；从事流通活动者，借助代理或经销商品，提供商品和服务，推动商品（客体）的消费者化。如果不考虑生产者与消费者之间的主次地位，则存在这样的关系

图式：

生产者（主体）→商品（手段）→经销者（手段）→商品（手段）→消费者；或生产者→商品（手段）→消费者（手段）。

这是一个单向度的营销实践图景。从世界商品经济发展史看，买方市场经济被鼓吹为消费者主导的经济，消费者似乎处于主动地位，似乎垄断资本及其控制下的生产企业居于被动地位。这只是假象，消费者处于资本的左右之下，只不过是中心手段而已。商品的设计和销售确实考虑目标消费者的需求和消费价值观的认同，但是，目的是使商品能够顺利地出售，以获取剩余价值，而不是以目标消费者合理利益的满足为中心目的。

（二）以消费者为中心目的的营销系统

在马克思主义哲学及其交往实践观视阈中，营销活动中的主体，具有能动、积极态势，具有主导性、自觉性、自主性和创造性的特点，营销渠道的成员都是主体。营销渠道中的客体是指营销活动中采取被动、消极态势，居于被动、受控地位，具有非主导性、被动性、依附性的一方，只有商品才是客体，人不为客体。主动主体是在经济活动中处于主动地位的主体，受动主体是在经济活动中处于受动地位的主体。在营销渠道中，以商品为纽带形成以消费者为中心目的的双向建构的营销系统和供需交往实践场。

这一系统可用如下图式表达：

生产者 ——商品（服务）—— 经销者 ——商品（服务）—— 消费者

从生产者（或经销者）一方来讲，存在着生产者（或经销者）主体与商品客体之间的主客体关系，从消费者一方来讲，存在着消费者主体与商品客体之间的主客体关系。供需两种主体都与商品同时发生直接的关系，即双向的交往实践建构。

在生产者（或经销者）主体与商品客体之间的主客体关系中，生产者不仅要实现消费者（主体）利益的客体（商品）化，而且要推动商品的消费者化的实现，经销者不仅要选择合适的商品，而且要推动商品的消费者化的实现，以达成交换的实现；而在消费者主体与商品客体之间的主客体关系中，消费者主动或被动地为实现自身利益而作出选择。

在买方市场条件下，目标消费者主体与商品客体之间的主客体关系是目的性关系，生产者（经销者）作为主体与商品客体之间的主客体关系是手段性关系。即生产者（经销者）、消费者两类主体之间的供需关系，被消费者与商品的主客体关系所制约，要以消费者与商品的主客体关系为依据和前提条件。在这个系统中，成员之间互为主体，消费者是处于主动地位的主体，是供方的中心目的，这也是社会主义的上层建筑和经济基础所决定的。强调目标消费者为中心目的，是克服以目标消费者为中心手段的需要。那些打着以消费者为中心的旗号，迷惑、蒙蔽消费者的理论，对于消费者处于中心手段地位还是中心目的地位是绝对避而不谈的。

以目标消费者为中心目的营销系统中，主动主体是消费者，受动主体是生产商和中间商。两者存在这样的关系：①主动主体利益（价值）通过商品或服务可以转化到"受动主体"的思维和行为上。②受动主体通过商品或服务影响和满足主动主体的需要。如：生产资料市场营销和企业内部市场营销反映了上、下环节之间的一种生产性需求的满足关系。以商品为纽带的上环节主体、下环节主体之间存在主动与受动关系，上环节人员是受动主体，下环节人员是主动主体。生产企业与经销商之间的营销关系是生产企业（主体）与经销商（主体）之间的交易性需求的满足关系，在买方市场条件下，生产性企业与经销商之间存在以商品为纽带的主动与受动关系，经销商实为主动主体、生产性企业实为受动主体。

二、目标消费者利益追求和消费价值观实现的主客体转换

消费者利益追求和消费价值实现的主客体转换是"主体—客体—主体"哲学范式的不可分割的部分。在买方市场下，生产企业（主体）首先要研究消费者（主体）需求，依据消费者需求确定目标市场（主体），进而设计和生产商品，同时要考虑如何影响目标市场的行为，以在竞争中被优先选择。这个过程包含两个

方面，一方面是供方在主（消费者）客体（商品）关系中把握目标消费者的主体需求，实现目标消费者（目标市场）主体的客体（商品）化，解决商品如何适应消费者（目标市场）需求的问题；另一方面，供方以商品客体为纽带影响目标消费者（目标市场）主体的过程，实现交换活动，实现商品客体的主体（目标消费者、目标市场）化，解决如何影响和适应目标消费者（目标市场）购买行为、选择的问题。

（一）目标消费者作为利益（价值）主体与商品客体的矛盾关系

在市场营销交往实践活动中，目标消费者作为利益（消费价值）主体与作为供方所有的商品（客体）形成矛盾关系，具体表现如下。

（1）目标消费者作为利益（消费价值）主体是需要者，利益（消费价值）客体（商品）的提供者是满足者，二者的供需矛盾是以商品为纽带的供需主体之间的交往实践活动的动力。

（2）在目标消费者主体的认识活动中表现为主观和客观的基本矛盾；目标消费者满足需求的实践活动中表现为自由与必然的基本矛盾；目标消费者主体的审美活动中表现为人性与物性的基本矛盾；矛盾只能通过供需双方的活动暂时消失，原来的需要满足了，必产生新的需要。

这对矛盾关系中矛盾双方还存在内在联系：①二者互为依存，互为前提。目标消费者是需求主体，但只有当满足目标消费者的需求对象——商品切实地满足了目标消费者需求时，目标消费者需求主体才转化为目标消费者利益主体。作为利益客体的商品是相对于目标消费者这一利益主体而言的，只有满足目标消费者的需求的商品，才是利益客体。②二者互为制约、相互作用。一方面供方利益主体通过对目标消费者需求和利益的研究，对商品进行能动认识、生产、改造，另一方面商品客体具有对消费者的制约、对消费者的满足，以及消费者进行主动选择的行为。

（二）目标消费者利益主体与商品客体关系的主客体转换过程

属性、功能是商品（利益客体）指向目标消费者的，而利益和消费价值观是目标消费者（或目标市场，利益主体）指向商品的，消费价值观是消费者（或目标市场）的高级精神利益。商品与其目标消费者（或目标市场）的需求/利益和价值观有相互转化的关系，其具体表现如下。

（1）目标消费者（或目标市场）需求／利益的客体化。对消费者主体的需求进行选择，确定竞争策略并创造性地对商品客体进行设计，将目标消费者（或目标市场）的需求定位到商品客体中，并在加工生产或服务过程中实现［就是说，交往实践活动中，供方把自己本质力量或自身属性赋予商品客体，同时也把目标消费者的需求的力量赋予商品，并使之凝结和保存在商品（对象或客体）中，从而成为商品客体的属性］，由此，目标消费者主体的需求／利益客体化到商品中。

（2）目标消费者（或目标市场）需求／利益客体（商品）的主体化。在竞争策略既定的条件下，通过目标市场营销组合设计和营销活动，促使商品被目标消费群选中的概率不断提升，以至领先，通过交换，实现商品客体的主体化。就是说，消费者主体在交往实践活动中不断得到满足，商品不断地丰富和提高，使商品的某些特征转化为消费者主体的特征。

（3）目标消费者利益实现的大循环律。在使用价值的动态系统中，目标消费者需求可以被客体（商品）化，商品可以消费者化，循环不断。商品使用价值的动态系统包含三个基本要素：需求、商品、效用。目标消费者（主体）的需求通过使用价值的选择与定向以及创造而过渡到商品（客体），由此形成潜在的商品使用价值——商品的功能；实现了目标消费者需求主体向需求客体即商品的转化。商品（需求客体）再通过交换转化为现实的交换，然后在消费实践中转化为现实的消费使用价值即产生预定效用，满足了目标消费者的需求；这样，需求主体转化为利益主体，需求客体转化为利益客体。同时也实现了利益客体（商品）向目标消费者利益主体的转化。然后再过渡到新的需求，如此循环往复、螺旋上升。

消费者利益实现的大循环过程图式如下：

消费者（需求主体）需求研究 —→（通过使用价值的选择与定向以及创造）商品功能即潜在商品使用价值 —→ 具体商品属性（需求客体） —→ 交换价值实现 —→ 消费者选择（购买动机和决策），需求客体变为利益客体 —→ 现实使用价值，利益的实现，需求主体转化为利益主体。

（4）目标消费者消费价值（观）的主客体转换。消费者主体的消费价值观可以转化到商品客体中，消费者的消费价值观的客体（商品）化实现须有一定的载体来依托，而商品品牌这一特殊的商品，具有消费者属性和功能，是消费价值观的直接载体。

品牌对目标消费者购买选择具有拉动作用，促使目标消费者对品牌的认同。在目标消费者利益实现的过程中，品牌认同和购买选择的决策是商品（客体）的主体（消费者）化的前提。市场经济条件下，企业推动或拉动目标市场的营销手段，是商品品牌、公司品牌（客体）主体（目标市场）化的外部推动力。在供方的推式和拉式促销手段的作用下，品牌价值趋向主体化。

参考文献

[1] 赵长太. 马克思的需要理论及其当代意义 [M]. 郑州：河南人民出版社，2008：87.

[2] 古杰一. 双重利益论 [M]. 开封：河南大学出版社，1995：77.

[3] 任平. 走向交往实践的唯物主义 [M]. 北京：人民出版社，2003：59，156.

[4] 石明. 价值意识 [M]. 上海：学林出版社，2005：45，57，72.

[5] 王玉波，王辉，潘允康. 生活方式 [M]. 北京：人民出版社，1987：69.

[6] 邓国春，邱丹，程镇岳.《资本论》与当代中国经济 [M]. 武汉：湖北教育出版社，1988：3.

[7] 陈征.《资本论》解说（第1卷）[M]. 福州：福建人民出版社，2017：23.

[8] 马克·E. 佩里. 战略营销管理 [M]. 李屹松，译. 北京：中国财政经济出版社，2003.

[9] 李盛昌. 技术经济与企业管理 [M]. 西安：西安交通大学出版社，1988：153，294.

[10] 万融，张万福，吴小峻. 商品学概论（修订本）[M]. 北京：中国人民大学出版社，1997.

[11] 张书琛. 探索价值产生奥秘的理论—价值发生论 [M]. 广州：广东人民出版社，2006：205.

第四章
市场营销关系分析模型及其应用案例

第一节 市场营销关系分析

为方便地进行市场营销关系分析，我们需要建构关系模型。

一、市场营销关系分析模型

根据消费者主客体转换论和消费者利益实现的循环规律，我们得出市场营销五要素分析模型。

市场营销五要素指目标消费者（主体）需要、目标消费者（主体）利益、目标消费者（主体）消费价值、商品（服务）属性、商品（服务）功能，五要素之间的关系就是消费者利益（价值）主客体之间关系的表现。市场营销五要素分析模型，即

属性≒功能≒需要≒利益≒价值观/消费生活方式

由于目标消费者消费价值观引导其消费生活方式，同时目标消费者需要与需要的满足（即利益）是利益实现过程的两个环节，所以将之简化为"属性≒功能≒利益≒价值观"，称之为市场营销关系分析模型。

这一模型相对于马克·E.佩里的"属性—利益—个人价值"分析法的优点有：①双向建构的交往实践关系。商品（服务）属性、商品（服务）功能、目

消费者利益及其消费价值观之间的关系是以商品为纽带的主体际交往实践场域中的关系。马克·E.佩里基于"手段—目的"论，认为属性和利益、个人价值三者之间是手段与目的的单向思维的关系，局限于消费者和商品关系的单向分析上。②消费价值是以社会主义核心价值观为主导的顺从价值，是必不可少的评判标准。而马克·E.佩里的个人价值指美国社会价值观主导的顺从价值，个人价值是评判"属性—利益"关系重要性的标准。③商品属性与功能有明确的界定。而马克·E.佩里将商品属性与功能混为一谈。④动态分析，循环上升分析、互动分析。而马克·E.佩里从属性到个人价值的分析是静态分析。

市场营销关系分析模型用于分析"品牌—消费者"关系时，也可以用品牌价值金字塔模型表述：塔的最底部是品牌、商品特征和属性，塔的中部是顾客利益，塔的顶端是信念和价值。这两种模型表现形式虽然不一样，但内容一致。

对商品的认识，人们总是有一个从感性认识到理性认识的过程，感性认识影响理性认识。事实上，消费者的认识更多的是经验认知，处于感性认识阶段就产生了购买行为。"消费者购买决策的根据，往往是他们自以为重要、真实、正确无误的认知，而不是来自具体的理性的思考或斤斤计较的后果。对于消费者而言，他们认知到的就是事实"。[1] "存在于消费者心智网络中的价值，才是真正的营销价值"，[1] 真正的营销价值是消费者认知到的价值，所以，存在目标消费者对商品认知的两种方向模式：一是由商品属性→商品功能→商品属性；二是由商品功能→目标消费者利益→目标消费者价值判断/消费生活方式。

二、商品属性认知的层级关系与市场营销关系分析

消费者对商品属性认知存在递进的层级关系：消费者对商品的内在属性、外在属性、质量属性、社会属性之间的认知存在着由具体到抽象、由自然属性到社会属性的层递深化关系。下一级商品属性是认知上一级商品属性的必要条件，具体表现如下。

（1）商品内在属性和外在属性（含品牌）是影响消费者对商品质量特性认知的必要条件。

（2）商品内在属性和外在属性（含品牌）是影响消费者对商品社会属性认知的必要条件。

（3）商品质量特性影响消费者对商品抽象属性认知的必要条件。

（4）商品外在属性（含品牌）是影响消费者对商品内在属性认知的必要条件。

（5）当已知某下级商品属性时，消费者往往把该商品属性当作认知上级商品属性的充要条件。

商品质量属性是一种商品内、外属性的综合属性，商品质量可分为内质量和外质量，内质量指商品的材料、结构、性状、功能等，外质量指商品的形、色、式样、平整度、精密度，乃至手感和装饰，等等。如果内质量不好，华而不实，即便外质量再好，也无济于事，外质量虽可骗取人们一时，却不可能被人们长久喜爱。所以，一切商品的外质量受内质量所决定，以内质量为基础。同时，一切商品的内质量又是显示于、表现为其外质量的某一方面，所以，对外质量的认知往往对认知内质量有影响。在日常生活中，人们通过比较容易接触和理解的外在的、简单的、具体的属性来认知和判断不易接触和不易理解的内在的、复杂的、抽象的属性，这是一种日常性的认知。

商品属性认知层级关系对"市场营销关系分析"的意义何在？在商品/市场生命周期的导入阶段，商品的属性、功能及其对消费者的利益是关注点，市场营销工作应抓住产品概念，强调商品的功能所带来的利益，加强外在属性的宣传，以增强消费者对内在属性的认知。在商品/市场生命周期的成长或成熟阶段，社会属性多为差异点，以消费价值观引领目标市场消费为主导手段，在商品设计或市场营销策划工作中，要凸显社会属性和目标市场消费价值观的推广；对于感性商品，应通过功能分析，抓住品牌概念，强化内、外属性达到消费者对抽象属性和表象属性的认知。

如一家生产某种水泥外加剂的企业，以前生产的该商品是白色的，为降低成本，将关键原料换成了一种淡黄色的可替代品，其功能没有发生变化，但事先没有通知经销商，由于该商品属粉剂，不打开包装看不到颜色，经销商将该商品卖给建筑商，作为使用者的建筑商就认为质量大不如以前了，要求换货。使用者认为白色才是优质的，颜色变了，即使实际上质量和功能没有变化，但使用者从直观上不容易探知，只能根据外部属性（颜色）的变化判断——质量下降了，这说明外部属性（颜色）成为判断内在属性的参照。这告诉我们，背离商品属性认知层级的关系，必然要影响营销关系。

三、市场营销关系分析模型的应用案例

市场营销关系分析模型可以用来分析市场营销渠道或分销渠道中的利益（或价值）关系，不仅适用于消费品的市场营销渠道，而且适用于生产资料、服务市场的营销渠道。摘取如下案例以做解析。

案例：普通脱脂大豆蛋白粉在冰制品中应用的营销分析

大豆蛋白粉作为食品工业的原料，在食品加工工业中应用十分广泛。根据蛋白质含量和加工工艺的不同，可以分为多种。本例中，应用市场营销关系分析模型，对普通脱脂大豆蛋白粉在冰制品中的应用做以分析。

普通脱脂大豆蛋白粉的基本指标体系：

蛋白质　　≥　　46%

脂肪　　　＜　　5%

水分　　　＜　　8%

粉体细度　300目筛通过率大于90%

包装　　　25千克编织袋，内外覆膜

注：在本例中，其他成分对冰制品加工及冰制品质量的影响甚微，故忽略不计。

1. 功能与属性列表

脱脂大豆蛋白粉功能与属性关系如表4-1所示。

表4-1　脱脂大豆蛋白粉功能与属性关系表

属性	乳化功能	保水功能	保油功能	代替部分动物蛋白功能
立体网状结构	+	+	+	
氨基酸组成合理（与人体所需近似）				+
价格相对低				+

表4-1第一列是脱脂大豆蛋白的属性，第一行是脱脂大豆蛋白的功能，有乳化功能、保水功能、保油功能、代替部分动物蛋白功能。表中的'+'，表明了行中的功能与列中的属性之间的内在关系。

2. 大豆蛋白的功能与冰制品消费者或生产者的利益（价值）之间的关联分析

大豆蛋白在食品工业中应用得到大力提倡，源于中国人摄取蛋白质结构的不合理，大豆蛋白的属性和优越的功能，可以改善国人膳食营养，促进全民健康（利益），从而有了大豆蛋白的被高度重视，有了20世纪90年代初的"大豆行动计划"。大豆蛋白的功能与冰制品消费者或生产者的利益（价值）之间的关联如下：

乳化功能——消费者口感好——消费者感觉不会太明显；

乳化功能/保水功能/保油功能——增强冰制品抗融性（对生产者）——消费者可以不紧不慢的品尝；

乳化功能/保水功能/保油功能——回冻不硬、存放不返砂——有利于生产者和经销商运输和存放——值得使用（对生产者）；

保水功能/保油功能——加工过程中减少损失——降低成本的财务利益——值得使用（对生产者）；

代替部分动物蛋白（如奶粉）——降低成本（对生产者），改善冰制品的口感（对消费者），补充人体必需氨基酸、强化营养，有利于肌体健康（对消费者）——更有营养价值（对消费者，认知为前提）。

脱脂大豆蛋白粉能给冰制品生产企业带来两大有价值的益处：一是降低成本，增加利润；二是改善冰制品品质，使冰制品生产企业增强市场竞争力。

大豆蛋白通过冰制品给消费者带来的最有价值的益处是：营养结构的改善。

"属性—功能—利益—价值"关系分析模型是双向的，只有双向进行分析才能做到全面认识和把握。本例中，可以先采取从"属性→功能→利益→价值"方向分析，然后再逆向分析，以辨别对应关系是否"真实"。

3. 冰制品行业何以成为脱脂大豆蛋白粉的首选目标市场

在20世纪90年代中期之前，大豆蛋白粉在食品工业中应用较少，很多食品行业中没有应用。20世纪90年代后期，普通大豆蛋白粉在食品工业的应用逐渐增多，如面制品、冰制品、肉制品、汤料制品等，在整个食品工业中处于成长初期阶段。为什么选择冰制品（冰激凌、雪糕）行业为主攻市场？为什么只有在冰制品行业获得大规模推广成功？一是冰制品行业处于快速成长阶段，每年以20%的速度在增长，民营企业数量占多，民营企业有通过技术创新降低成本的冲动，普通大豆蛋白粉适应了民营企业的这种内在需求，普通大豆蛋白粉在冰制品行业的应用处于冰制品市场成长阶段的前期。二是，当时在食品工业中的其他行业中应用普通大豆蛋白粉，要么只能提高质量、不能降低主打商品的成本（但随着需求结构的变化，商品品种趋向多元化，一些高档食品逐渐显示了发展势头，原来不能降低成本的行业就可以应用了）；要么是改制的国有企业主导某行业，通过技术创新降低成本的冲动不足。

通过对各个应用行业进行调研，用市场营销关系分析模型对各个应用行业分析，并进而比较、考察竞争情况，何以成为首选目标市场的问题就可以解决了。

第二节　市场营销关系分析模型的扩展及其应用案例

一、市场营销关系分析模型的扩展

"属性—功能—利益—价值"这一市场营销分析模型，可以帮助思考和解决有关"商品与消费者关系"的基本市场营销问题，还可以扩展，以解决市场营销渠道上主体之间的基本问题。

在模型

$$\text{主动主体（受动主体）} \xrightarrow{\text{商品（服务）}} \text{受动主体（主动主体）}$$

中将商品纽带抽去，该模型变为：

$$\text{主动主体} \xrightarrow{\text{服务}} \text{受动主体}$$

服务是中介性、纽带性客体，具有属性和功能。我们把基于商品为纽带的供方主体与消费者主体关系之中的"属性—功能—利益—价值"的分析模型，扩展成为基于服务为纽带的供方主体与需方主体关系之中的"属性—功能—利益—价值"分析模型。

二、服务营销与商品营销的关系

在一些西方市场营销理论中，把服务营销视为主体间的关系营销，把它与商品营销分割开来。而在"主体—客体—主体"哲学范式中，服务营销与商品营销不可分割。

商品是中介性、纽带性客体，具有属性、功能；服务是中介性、纽带性客体，同样也具有属性和功能。二者都是主体际交往实践的纽带。

市场营销不仅包含了商品营销，也包含着服务，服务营销与商品营销是同一营销过程的两个侧面。商品营销中包含着服务的内容，服务营销中同样包含着商品交换的内容。将服务与商品营销结合起来，是对市场营销的完整表达。

市场营销是管理过程中的基本职能，服务也是管理过程中的基本职能；市场营销和服务是同一管理过程中的两个侧面，静态地看，是手心和手背的关系。

三、以服务为纽带的营销主体间的关系分析模型与流程再造

以服务为纽带的营销主体间的关系分析模型，运用于流程再造过程中，有助于优化流程，选择新的流程。

1. 案例：W啤酒公司营销后勤服务流程的再造

中国的啤酒企业在2000年前，日子过得都还可以，因为有地方政府强制性保护，啤酒销售区域性强，形成典型的垄断性卖方市场。但随着地方垄断被打破，大的啤酒集团异地建厂、销地产战略的不断实施，啤酒市场进入买方市场。

2004年以前，和其他啤酒公司一样，W啤酒公司对经销商存在着吃、拿、卡、要的现象，客户满意度普遍较低。迫于生存的压力，W公司主动自我变革，

与客户紧密接触的营销后勤服务被首先调整,服务流程需要由过去的以"我"为中心,向以客户为中心转变。

营销后勤服务流程主要有:销售政策兑现流程,现金提货流程,预付款提货流程,等等。

营销后勤服务流程的再造前存在以下问题:

岗位服务属性:服务岗位职责与个人利益不紧密相关,服务环节被分割在不同的部门、办公分散,客户办个事跑几个地方,耗时费力,且岗位服务人员服务态度冷淡。

岗位服务功能:效率低,客户办事心情不畅,岗位服务人员与客户常有摩擦。

利益:客户进货等待时间长,成本高,旺季耽误分销,易被竞争对手钻空子;客户到处找人办事,不胜其烦,大客户只好派专人办事。

客户价值:满意度低,怨气多,合作信心不足。

新的营销后勤服务流程设计后的情形如下。

(1)需要的客户价值:有合作信心,满意度较高。

(2)新的客户价值产生的客户利益:等待时间短,办事顺利,进货成本降低,与岗位服务人员打交道心情舒畅。

(3)岗位服务功能:快捷服务、热情服务、礼貌待客。

(4)最终落实在岗位服务属性上:服务岗位职责与个人利益紧密相关;以客户需求为导向,打破部门或岗位分割,合并办公,流程化作业服务。

这样,按照"价值→利益→功能→属性"方向递推,一个以客户为中心的新的营销后勤服务机制就规划出来。

W啤酒公司实施的结果,达到了预定目的。

2. 中层管理者在企业内部营销中的作用分析

中层管理者就是组织普通员工执行公司战略的人,通常指个人价值观与企业价值观一致、个人使命与企业使命一致的中层管理者。

这个界定,规定了企业使用中层管理者的价值判断指标:①创造性地执行公司战略;②个人价值观和个人使命与企业一致,企业对中层管理者充满了期望。

中层管理者给企业带来的益处：造就和谐的、积极向上的团队；能使企业转危为安；能成就一流企业的事业。

中层管理者的基本职能：中层管理者是战略的执行者，是战术决策的制定者；是企业文化的传承者；是组织变革的推动者；是企业内部的协调者。

而要很好地发挥并实现上述职能，中层管理者必须具备一定的素质和能力，既要有良好的职业道德又要有专业技能，有诚实守信、积极的工作态度，掌握授权艺术、专业技能、沟通能力等关键能力。

参考文献

[1] 唐·舒尔兹，史丹利·田纳本，罗伯特·劳特朋. 整合营销传播——谋霸21世纪市场竞争优势[M]. 吴怡国，等译. 呼和浩特：内蒙古人民出版社，1997：37-67.

第三篇

中介理论群视阈中的市场营销过程及理论核心

本篇的重点是在马克思主义哲学及其交往实践观视阈中，运用消费者利益和消费价值论等中介理论重新阐释市场营销理论体系中的定位、品牌、营销传播、关系营销四大核心范畴，构架起交往实践观视阈中的市场营销理论体系的基本框架。

不同的哲学范式造就不同的理论形态，马克思主义哲学交往实践观及其中介理论的哲学范式决定了市场营销理论的基本哲学范式和内容。

市场营销过程图示

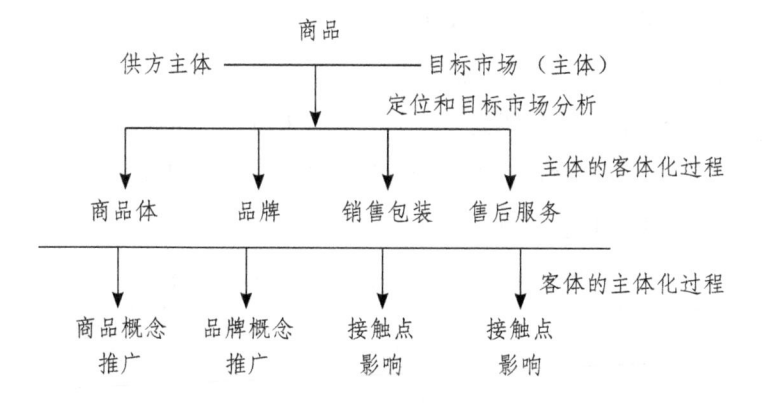

```
                      商品
     供方主体 ───────────────── 目标市场（主体）
                ↓              定位和目标市场分析
        ┌───────┼───────┬───────┐
        │       │       │       │ 主体的客体化过程
        ↓       ↓       ↓       ↓
      商品体   品牌   销售包装  售后服务
        │       │       │       │
        │       │       │       │ 客体的主体化过程
        ↓       ↓       ↓       ↓
     商品概念 品牌概念  接触点    接触点
      推广    推广    影响      影响
```

第五章
目标市场（主体）利益和消费价值的商品化

在"主体—客体—主体"哲学范式中，主客关系有两方面，一是多主体与同一客体两分，二是多主体与同一客体相融。

从主体与客体两分来看，商品客体被创造阶段就是目标消费者（主体）利益和消费价值的对象化或客体（商品）化的过程，这一过程是经营者、生产者（主体）的本质力量对象化到客体之中，经营者、生产者的肉体力量、情感意志力量不断凝结到实践过程所造成的商品中去。同时，也把目标市场（目标消费者）的需要转化为一定性质的商品，目标消费者的认识观念、智力、能力也对象化到这一商品中。这使商品客体深深打上主体的烙印，成为"似"生产者或"似"消费者。

目标消费者与商品的关系可以用概念作为代码，概念与概念之间的关系反映了目标市场（主体）利益和消费价值的商品化过程。目标市场利益和消费价值的商品化，是在新的商品开发过程中实现的，在商品开发过程中目标市场利益和消费价值的商品化的关键点，一是商品概念，二是品牌概念。

目标市场利益和消费价值的商品化的关键点来自一个重要理论的启示，这就是刘永矩先提出的"不同生命周期内的营销核心概念运用理论"，它是一个非常重要的营销基础理论。其主要内容如表 5-1 所示。

表 5-1　不同生命周期内的营销核心概念运用理论[1]

产品阶段	适宜推广的概念
产品导入期	产品共性概念的推广
产品上升阶段	产品概念和品牌认知的推广
产品成长阶段	品牌概念和产品概念的推广
产品成熟阶段	品牌和产品个性概念的推广

该理论遵循了消费者认知规律，给作者以启示：主体利益的商品化在商品/市场生命周期不同阶段的新商品开发中，主体利益的商品化的关键点是不一样的，如表5-2所示。

表 5-2 消费者利益和消费价值的客体化的关键点

商品/市场生命周期阶段	客体（商品）化的方向
导入期	商品基本概念
上升阶段	商品概念和品牌认知
成长阶段	品牌概念和商品概念
成熟阶段	品牌和商品个性概念

从主体与客体相融来看，尚象制器是中华民族固有的新品创造的系统理论，中医理论是中华民族固有的中医营销的基础理论，是中医药创造的理论基础。是中华先祖留下来的宝贵遗产。

供需主体间以商品客体为纽带和主客相融、尚象制器是发明创造的两条路径，学会运用这两种思路进行发明创造，以适应合理的消费需求的变化，是当代国人应掌握的创新之道。

第一节　新商品开发概述

新商品开发是应用研究的一种活动。把研究成果开发为适合市场销售的商品（客体），或为了抗衡竞争而必须顺应市场需求对商品推陈出新，这是新品开发的直接目的。由于需求或竞争的变化，商品在首次设计出来后，还要不断地加以改进，所以新品开发不是一次性的工作，而是一项持续不断的活动。商品开发过程，就是目标市场利益和消费价值的商品化的过程。

一、新品的定义[2]

新商品是指从消费者需求来看，商品的结构、物理性能、化学成分、功能、用途与老商品有着本质不同或显著差异的商品，一般具有以下一项或多项特点。

（1）具有新的原理、构思或设计；

（2）采用新的材料或元件；

（3）具有新的性能及特征；

（4）具有新的用途和新的功能；

（5）满足目标消费者和用户的新需要；

（6）具有先进性和实用性；

（7）能推广应用和提高经济效益。

新品是相对于老品而言的。研究与开发新品包括对原有老品的改造，也包括采用新技术、新原理、新结构而开发的新商品。因此，在开发新商品的工作中，既要不断地改进老品，又要不断地创新。

新商品是相对于特定的企业或区域市场而言的。对特定企业而言，第一次生产或销售的商品叫新商品；对特定的区域市场而言，第一次出现的商品也叫新商品。

二、新商品开发的主要模式

新商品开发有两种主要模式[2]。

（一）市场需求吸收模式

市场需求吸收模式是指按目标消费者和用户需求开发新商品。市场需求可从以下几个方面判断。

（1）现有商品的使用价值、审美价值与消费期望之间的矛盾状况。

（2）消费者潜在消费期望。

（3）从改善生活条件和环境条件及提高生活质量方面，消费者对未来商品使用价值和审美价值的期望与要求。

（4）市场结构和消费需求结构变化及消费流向所产生的要求。

（二）**新技术推动模式。新技术推动模式是指按科学技术发展的规律来组织新商品开发。**

有一种观点认为，新技术推动模式正在让位于市场需求吸收模式，主宰各企业研发中心的技术精英，正在让位于人文设计师。前文说过，商品的发展与消费者实际需求的发展不是平行的两条线，而是一对矛盾，其表现形式为：随着消费者潜在需求的显性化和技术进步而变化。尤其技术上的革新速度的加速，使商品/市场生命周期大大缩短。所以，两种模式越来越结合紧密了。

新商品开发中，新技术推动模式和市场需求吸收模式要统筹兼顾。过度重视后者，就会忽视对技术研发的投入，必然导致竞争同质化；为解决同质化问题，必然进行细分市场，掀起新一轮同质化。涉足新技术产业的企业，新品研发除了满足当前需求，还要做好技术创新的长期的战略投资，做好技术储备，以新技术、新产品引领市场。两种新品开发模式相结合，在横向思维创新的基础上，适度市场细分，以求合理。

三、新商品开发的阶段和程序

一般来讲，新商品开发过程分为商品概念开发、样品（样机）研制开发和商品化开发三个阶段。[2]

商品概念开发，是指从新商品构思到商品概念和设计方案形成的全过程。新商品开发首先要根据发现的市场机会，提出新商品的构思，并进行专利调查，在不侵害别人专利权益的前提下展开工作；然后要对市场进行研究、对技术可行性进行研究，从而对各种构思进行筛选；最后发展成为商品概念；进而形成商品设计方案，它是企业从消费者角度对商品构思做的详尽描述，以文字、图表及模型来描述的商品设计方案。

样品研制开发，指采用相应的原材料、工艺和设备，把通过论证选定的商品概念变为样品的过程，一般要经过商品原型设计、商品原型实验、小批试制这些程序。

商品化开发，是从样品试制过渡到中试生产和正式生产的过程，一般要经过市场分析、包装研制开发、品牌设计、中试生产、申请专利、市场试销、投产鉴定、营销规划、批量生产和市场拓展等环节。

上述开发阶段和程序中，属于营销管理职能的工作是：组织并参与商品概念开发，组织市场分析、包装设计、市场试销、营销规划、市场拓展。产品开发过程，就是目标市场（主体）利益和消费（社会）价值的商品（客体）化的过程。

四、新品开发要坚持生态化消费模式的要求

生态化消费模式的要求是：

（1）合理消费，符合国情；

（2）适度消费；

（3）节约型消费，降低消耗，减少废弃物排放；

（4）协调消费，把满足生存需要和发展需要结合起来，物质需要和精神需要统一起来。

新产品开发要坚持正当消费、适度消费的观念，还要用正确价值观来评判新产品开发是否符合生态化消费模式，对消费主义、异化消费保持警惕。

第二节 商品概念、商品卖点和商品定位

商品概念是目标市场利益和消费价值的商品化的关键点之一。

一、商品概念

商品概念就是目标消费者的优势利益（或消费价值）及其所对应商品功能，两者对立统一关系的语言文字表达。或者说，商品的主要功能及该主要功能所带来的利益或消费（社会）价值的语言表达，就是商品概念。在采用差异化商品策略前提下，要考虑与主要竞争者的商品所提供的满足目标消费者的需求（或商品概念）相区别。

我们从以下四点把握商品概念。

（1）目标市场的利益表现于商品功能上。

（2）在同一目标市场上区别于竞争者，是差异化的概念。

（3）商品概念是用语言文字把目标消费者的利益与商品功能的对立统一关系表达出来。这一定义表明，目标消费者的利益反映在商品客体上。有一种对商品概念的解释为"产品利益和产品利益所能产生的结果的组合"[3]，这种表述也是想表达这种矛盾关系，但表述尚需商榷。

（4）商品概念与商品的概念是不同的。商品的概念是对特定商品的定义，是对特定商品形状、功能和特性的描述。

二、商品概念是目标市场利益的商品化的关键点

新品开发，无论是市场需求吸收为主模式，还是新技术推动为主模式；无论是全新商品还是商品/市场生命周期的某一阶段中进行新商品开发，都要经过商品概念开发、样品研制开发和商品化开发三个阶段。开发新商品，商品概念是首先必须解决的，只有解决了商品概念，才能明确目标市场需求，才能明确商品应具备的功能，进而才能确定商品的结构、形态、具体属性，进行商品的定位设计；只有明确了商品的定位设计，才能进行样机研制开发。

把目标消费者需求经过概念化，再变为实体形态或具体的服务标准，是目标市场利益的商品化的关键过程，而商品概念承上启下，是新商品开发的推动力，一方面"驱动着企业进行市场创新"，对潜在需求进行发掘，另一方面"驱动着企业进行技术创新……是企业商品创新的关键"[4]。

三、商品概念的确立

（1）商品概念的确立须考虑因素如下。

①调查和分析目标市场需求。

②竞争者的商品之功能及其对应的目标市场的需求分析。

③市场容量预测。

④公司内部资源状况：包括人、财、物、技术条件等。

（2）商品概念的形成过程如下。

寻找或发现市场机会→产生构思，形成创意→筛选创意→形成概念→测试概念。

①寻找或发现市场机会。市场机会是在分析市场、开发市场、维护市场过程中被找到或发现的。在同一目标市场上，竞争者存在什么弱点、消费者还有哪些需求未被满足，一些处于空白阶段的细分市场是否有足够的市场容量可以用于开发，经过这些调查研究可以确定一些有市场开发价值的细分市场。调查研究主要包括两个方面：一是细分市场上消费者的消费需求及消费行为的调研，二是区域市场主要竞争者、行业领导者的营销战略和常用战术的调研。

②产生构思，构思的结果形成创意。通过市场机会的分析可以产生一些新商品的构思，但新商品构思来源于营销渠道的各个环节，即供应商、企业内部、中间商、消费者；及对竞争者、技术现状和发展趋势、商品开发动态及科技发展趋势等的调查。所以，还要尽可能做较全面的调研。新商品构思的主要方法有5种。

a. 商品属性排列法：依据市场营销分析模型，将属性排列，并画出与各个属性相关的商品功能和目标消费者利益，然后寻求改进每一种属性的方法，形成新的商品创意。

b. 强行关系法：把某一商品与其他若干不同的商品强行结合，依据市场营销分析模型，列出所有"属性—功能—消费者利益"关系图，形成新的商品构思。

c. 多角分析法：将商品的重要功能描述出来，再具体地分析相关属相和消费者利益，进而形成新的商品创意。

d. 聚会激励创新法：将有关专业人士召集起来讨论。

e. 德尔菲法：有关人士互不见面的情况下，被分别征求意见，然后对各种意见综合整理，形成新的商品创意。

此外，横向思维在创意中的应用是水平营销的体现。以水平营销思路指导创意，陷入困境的思维会被激发出活力，思路会更宽广。菲力普·科特勒提供了一套水平营销的方法，可供参考，具体有三个步骤。

第一步：选择一个焦点进行横向置换。

第二步：在市场层面、产品层面、营销组合层面进行横向置换以形成空白。

第三步：考虑联结该空白的办法。

③筛选创意。对各个创意进行定性和定量分析，淘汰不可行或可行性低的构思。定性分析一般用于初步筛选，定性分析时，一般考虑两个因素：一是创意是否与企业战略目标相适应；二是企业的内部资源是否适合开发新商品和新市场。定量分析一般用于再筛选，商品创意评估如表5-3所示。

表5-3 商品创意评估表[5]

评估项目内容	问题	权重（1）	本企业商品生产能力（2）	评分（1）×（2）
市场评估	创意满足了消费需求？			
	创意是否可实现经济规模？			
	创意有明显的市场优势？			
	创意能实现销售量或销售增长目标？			
技术评估	商品原料供应有优势？			
	生产设备能力			
	改进商品的技术能力			
商业评估	利用现有渠道？			
	能综合利用传播等资源？			
综合得分				

④形成概念。创意是生产者或服务者提供给顾客或消费者或中间商的商品设想，是设想一些商品，既可以生产又可以满足待定的目标消费者。商品概念是指生产者或服务者从消费者角度对商品构思或服务意向所作的详尽描述，即以文字、图表、模型描述的商品设计方案，是对消费者的哪些需要或需求转化成什么样商品或服务内容的描述。

⑤测试概念。一种创意可以转化为几种商品概念，确定哪一种或哪些商品概念作为进一步开发的依据呢？对某种特定商品概念而言：一方面要测试该概念，识别出该概念是否符合待定的目标消费者的偏好；另一方面要分析该概念所针对的目标市场状况，在差异化战略下，要抓住行业需求突变的时机，与竞争者拉大

差异，在追随战略下，还要考虑待定的目标市场容量是否适合进入。

四、商品的目标市场定位与商品概念定位的关系

商品的目标市场定位，是指目标市场的需求定位或目标市场的消费价值观的确定，它是目标市场（主体）利益的商品化的前提，也是商品概念形成的前提。

商品概念定位则是把"选定的目标市场优势利益和消费价值"与"商品主要属性、功能"连接起来，把二者的对立统一关系表述出来。一般地，目标市场优势利益和消费价值通过调查研究比较容易确定。简单地说，商品概念有多个，而选择其中一个商品概念的过程就是商品概念定位，这个过程中须先明确商品的目标市场定位。

五、商品卖点

商品卖点是指目标市场的非优势利益与其对应的商品的功能之间的对立统一关系在语言文字上的表达。

商品卖点虽然不同于商品概念，但它仍然是差异化的，即与竞争者的商品卖点相差异。

商品卖点与商品概念有明确的区别。商品概念解决或表达的是目标市场（主体）利益和消费价值与客体（商品）间的主要矛盾，而商品卖点则解决或表达的是消费者利益和消费价值与客体（商品）间的次要矛盾。

商品卖点的设计过程与商品概念是一样的，应该说是同一过程的两个结果，为了便于清晰地说明形成过程，本节只突出了商品概念的形成过程。

六、商品定位

（一）商品定位的思路

商品定位是指商品属于什么类型、什么品种，产品有何特色、用途、何时使

用、处于什么档次。商品定位包括消费者乐于接受而企业又能满足其需求的一切属性，但一定要分清哪些与商品概念相关，哪些与商品卖点相关，哪些是除此之外的与竞品相同之处。

商品概念的确定表明：适应目标市场主要需求的商品的主要功能或属性被明确下来了；商品卖点则表明：适应目标市场次要需求的商品的其他必要功能或属性被明确下来了。根据功能分析的方法，设计功能系统图，并且沿着末位功能向属性延伸，即找出能体现末位功能的属性和结构，并依次类推，形成在功能引导下的"功能→属性关系图"。这一过程就是商品定位的过程，可以为样品的研制提供指导。

（二）商品定位、商品目标市场定位、商品概念定位、商品卖点之间的关系

商品概念、商品卖点是新品开发和推广中的具有战略意义的关键点。用"属性≒功能≒利益≒价值"关系模式来分析商品定位、商品目标市场定位、商品概念定位、商品卖点4个关键概念之间的关系如下：

    商品定位 ------------------------------ 商品目标市场定位
（主要属性、结构、主要功能） （目标市场优势利益和价值）
 （其他必要属性、功能）   （目标市场其他必要利益和价值）

商品概念定位是把"目标市场优势利益和价值"与"商品主要属性、功能"连接起来，把二者的对立统一关系表述出来。商品卖点则是把"目标市场其他必要利益和价值"与"其他必要属性、功能"连接起来，把二者的对立统一关系表述出来。这里，运用商品概念和商品卖点的目的是指导"商品目标市场定位"向"商品定位"的转化，商品概念和商品卖点在这个转化过程中缺一不可。同时，为营销传播和推广提供依据，在后两章中将阐述。

商品定位的过程，是综合消费者需求并考虑商品客体（包括竞争对手的）状况，对商品客体进行设计的过程。在这个过程中，要把握商品概念、商品卖点，还要考虑竞品的"属性≒功能≒利益≒价值"关系链。在这个过程中，明确了上述4个概念及其之间的关系，商品定位的设计就可以得到明晰。

案例：皇明太阳能把商品功能与消费者感觉及经历捆绑在一起。[6]

皇明太阳能公司在推广新品"36支冬冠210"（一种大容量的太阳能热水器）时，曾出现放在专卖店中卖不动的现象，原因是推销员不敢卖，认为18支管或20支管容量已经够大了，"36支冬冠210"没有市场。这些推销人员不知道还有一群人不在乎多花一些钱，却在乎洗澡时的感觉怎么样。当把大容量、盛热水多的功能与家中泡澡堂的感觉联系起来（中老年消费者泡集体澡堂的感觉，是其已经有的体验），明确了目标市场及其利益点，再进行推广，结果销量呈现上升势头，这个新品在推销员的心目中也成了明星商品。

（三）理性商品和感性商品定位

理性商品是指目标消费者易从性价比角度考虑商品所带来的意义，并从此角度体验和认知商品与自身利益、自身价值观关系的商品，如目标消费者对生产资料类商品、处于导入期或成长前期的全新消费型商品的认知态度。感性商品是目标消费者较注重商品所带来的社会意义，包括心理和思想两方面的社会意义，并从此角度来体验和认知商品与自身利益、消费价值观的关系的商品。

理性商品和感性商品是从目标消费群认知方式的角度来区分的。已知商品概念或商品/市场生命周期的前提下，就很容易辨别哪是理性商品、哪是感性商品，这可用市场营销关系分析模型进行分析。

在电视广告中，常见宝洁公司有四大类商品：第一类是化妆品；第二类是洗发水；第三类是牙膏；第四类是洗衣粉。按这样的排列顺序，会发现一个有趣的现象：跟个人最有关系、感到最迫切需要的是化妆品，尤其是对女士而言。第二个人们常听到的是秀发如云的洗发水，而不是牙齿洁白之类。相比洗发水，牙膏不够个性化，一家人买一支就够了，洗衣粉用什么牌子关注度不是很高。在此排列顺序中，越往化妆品方向靠，越需要感觉，越往洗衣粉方向靠，越需要功能与价格的配合。越需要感觉的，自然是感性商品；越需要功能与价格配合的，自然是理性商品。这种排列顺序与"属性≒功能≒利益≒价值"关系分析模型，存在着对应关系。[7]

从这个案例可以看到，用市场营销关系分析模型对产品进行定位时，理性商品和感性商品是产品定位过程的结果。

第三节　商品销售包装和包装装潢设计

商品销售包装和包装装潢设计是目标消费者利益和消费价值的商品化中的重要内容之一。

一、商品销售包装设计的关键点

商品销售包装这一属性对应着特定功能，包括内在功能和外在功能。内在功能用于保护商品体；外在功能用于促进商品销售。所以，商品销售包装设计，既是消费者的某些附加利益的商品（客体）化设计，又是商品传播（包括品牌）设计的一部分。

商品销售包装设计的关键点包括：首先确定目标市场的利益对商品销售包装提出什么要求，或找出商品销售包装能够提供给目标市场的附加利益；然后确定商品销售包装的卖点，并按照"利益→功能→属性"的方向或"属性→功能→利益→功能→属性"的方向确定属性。

商品销售包装的卖点可能不止一个，而且都是商品整体诸多卖点中的组成部分；商品销售包装所提供的附加利益是目标市场的非优势利益。

商品销售包装的设计思路与商品体的设计思路是一致的，可运用"属性≒功能≒利益≒价值"关系分析法。

二、商品销售包装设计的具体方法

商品销售包装设计的具体方法，张宏旭系统总结了13种[8]。

（1）系列法。是在形态、品名、色彩、形体、材料、组合方式上，对同一商品作出不同的包装处理，形成系列状态，满足不同消费者的需要。

（2）仿生法。依照生物的形象、结构、功能、色彩、材料、质地、效果来设计包装，从而给消费者以生命、活力、生机等感受，激发购买欲望。

（3）仿古法。将一些古老的，有一定代表意义的，在当代仍有一定价值的事物，在包装上再现出来，以引起人们对先祖的思念，对往昔生活的眷恋。

（4）对应法。采用与商品的特征相同或相似或模拟的方法，来构思商品包装设计，使消费者看到商品包装就联想到商品本身的特征、形象的方法。

（5）简化法。对原包装不必要、不完善、不合理的部分进行简化，而又确保功能不变的方法。

（6）优化法。同一种商品可以采用不同的包装形式，究竟采用哪一种形式取决于商品概念、卖点，甚至品牌概念。

（7）逆反法。利用逆反心理进行的设计方法。

（8）组合法。着眼于消费者的需求和使用方便，将原来分件销售的商品，组合成一组或一套的包装。

（9）改良法。对原包装商品进行改良，需要调整包装。

（10）交叉法。将不同的包装系列进行交叉组合，形成新的包装形态。

（11）附丽法。在一般的包装形态上附加一些新的属性和功能，使之更具价值。

（12）放射法。以包装的形态、色彩、形体、材料、结构、功能、质地、趣味为轴心，向外扩展，从而产生无数的包装的形态。总有某些包装的形态可以满足目标市场，或更能促进商品体的销售。

（13）任意法。随意对包装的形态、色彩、形体、材料、结构、功能、质地等按照意想去发挥，然后进行评估，找到最佳。

三、商品包装装潢的构成要素

商品包装装潢是指商品销售包装的表面设计。它的构成要素可以分为三大部分：外形要素、构图要素、材料要素。

（1）外形要素是指销售包装展示面的外形，包括展示面的大小、尺寸和形状，或指装潢纸的外形。

（2）构图要素是指销售包装装潢饰表面的图形、文字、色彩和纹样组合排列在一起所形成的一个完整的画面。

(3) 材料要素是指销售包装所用材料的材质、纹理和质感，它往往影响销售包装的视觉效果。

三大要素相互制约又紧密联系，形成一个整体。其中构图要素是商品包装装潢的主体，但它本身必须有一定的外形，同时外形要素和构图要素又不能离开材料的限制范围去表现。

四、商品/市场生命周期不同阶段商品包装装潢的表达

商品/市场生命周期特定阶段，商品对消费者具有较强刺激的或在消费者心目中最与众不同的，往往只有一两点。如果在一张包装画面上，商标醒目、产品清楚、特点清晰、销售对象明确，画面往往显得非常拥挤，不知道哪是重点，要传达什么。所以商品包装装潢要突出重点。

商品/市场生命周期不同阶段，商品包装装潢表达的重点不同，在导入阶段，商品包装装潢"可以使商品概念更突出，品牌更弱化；到了成长阶段……要使商品包装装潢设计以品牌为依据"，[9] 如表 5-4 所示。

表 5-4　商品/市场生命周期不同阶段包装装潢表达的重点

商品（品牌）生命周期阶段	商品包装装潢表达的重点
导入期	商品基本概念
上升阶段	商品概念和商品品牌认知
成长阶段	商品品牌概念和商品概念
成熟阶段	品牌和商品个性概念、商品卖点

五、商品包装装潢的视觉信息传递

商品包装装潢是信息传递的媒介，其信息传递是以艺术形式出现，它包括事实传递和体验传递两种方式，通常两种形式同时存在，以其中一种为主。

商品包装装潢是按照符合人的认识过程的心理顺序和思维发展的逻辑顺序，运用视觉语言来捕捉人的视觉注意力，加强人的视觉好感，加深人的视觉记忆，形成人的视觉心理联想，最后形成最佳视觉效果的。商品包装装潢的视觉信息传

递分为三个阶段：感觉阶段、感知阶段和印象留存阶段。

设计商品包装装潢的视觉信息传递内容，要考虑以下因素：目标市场的基本状况；包装要适合目标市场的接受习惯和方式；竞争者的商品的包装装潢情况；包装的大小；识别系统的要求；陈列展示的要求；法律方面的要求，等等。

第四节　以制器者尚其象：发明创造的系统哲理 [10]

目标消费者利益和消费价值的商品（客体）化，不仅包含主客两分，而且还包含主客相融这种情形，中国古代尚象制器就是这种情形下的创新路径。

一、道、象、器的关系

《周易·系辞上》曰"以制器者尚其象"，要理解其含义，须先明确道、象、器之间的关系。

（1）道与器。《系辞上》曰："形而上者谓之道，形而下者谓之器"。这是《周易》给"道"下的定义。形，是自然界和社会界各种事物和各种事物的表象。讲统，整个宇宙是形；讲分，一草一木皆为形。形可大可小。每一个形，又分为"形而上"和"形而下"两个部分。前者是中心，是道，是纲，在自然天体表现为中心地位的制约体或其功能，在人类社会表现为中央统摄体（政权）或其功能；后者是外围，在自然界表现为围绕中心运转的天体，在人类社会表现有二：一是人造之物及其功能，二是围绕中央政权的民众或其作用。在中央政权的统摄下，民众进行人造物的创造、生产，以满足整个社会的需要和运转。可见，道器是形不可分割的，且器受道的制约。这里，要讲的是作为人造物的器，即中介客体。

（2）道与象。《系辞下》曰"象也者，像也"。像是比譬（pi），用小的事物比譬大的事物，用浅显的事物比譬深奥的事物。如：以谷物称名，以太阳喻"精"；以鸟卵称名，太阳喻"黄"；以社会称名，社会之上层建筑为正，正之一义喻太阳；等等。可见，象表达的是道的某一或某些侧面。

（3）象与器。《系辞上》曰"在天成象，在地成形，变化见矣。"又曰："成象之谓乾，效法之谓坤"。又曰："见乃谓之象，形乃谓之器"。这里，天、象、乾、见、变，是形而上，地、形、坤、器、化，是形而下。地、形、坤、器将成为什么模样，以天、象、乾、见为转移。道、象、器，都是复意体（中国古代哲学的词语，都是'一身而二任焉'的复意体，它包含了自然，也包含了社会），这里，我们只取其与生产工具和生活器具等器物发明创造相关的意思。

"以制器者尚其象"，其中对"象"与"器"的理解很关键。发明创造人们需要的"器"，就必须找到并认识"象"。象者，既包含形象又包含抽象，二者融于形（器物）之中，因为道器不分离。《系辞上》："圣人有以见天下之赜（zé，深奥），而拟诸其形容，象其物宜，是故谓之象。"创制卦爻的圣人因为看到天下万事万物复杂多样，而用卦爻的方式模拟（比拟、比喻）出他们的形态（形状、容貌），象征具体事物的意义，因此称为表面形容物象、背后反映事物本质的六爻或八卦之象。天下之赜是指自然景象，包括天地日月、山川河流、风霜雪雨、花草树木、所有的动物等，这是象的基础；象则是对"天下之赜"的归纳和概括。象，存在于宇宙之内、天地之间、万物之中，是形象之源。抽象之象，源于自然形象之象，把宇宙间的万事万物的规律浓缩在一目了然的简单的图像里，八卦、六十四卦就是这样的浓缩和抽象之象。中华上古先人，人更三圣、世历三古，先归纳出阴阳两种具有一般性概括和具有原动力特点的符号，然后演化出了八卦和六十四卦，完成了一幅"宇宙与人"发生与演化的抽象图。用简单的符号来反映天地万物的起源与进化规律，来反映天地人之间的和合关系，来反映人与人之间的"礼仪"关系。抽象之象，皆在八卦和六十四卦的符号里。

二、尚象制器

"以制器者尚其象"。制者，制造和创造也；器者，是人效法象创造，利用第一自然物，设计、生产出来的第二自然物体，是作为器用的器物。特别是能促进社会进步的先进生产工具、生活器具，以及先进的自卫武器。尚者，崇尚与效法也；象者，既包含形象又包含抽象。制器尚象就是用小的事物比譬大的事物的方法，按照象所揭示出来的道理，去创造出人们在生产和生活中所需要的工具与器具。

中华先贤把一切先进的生产工具、生活用具、自卫武器称为器。上古时代的发明创造主要集中在生产和生活两大领域。

作为生产工具之器，伏羲发明的网罟（gǔ），用于捕鱼和狩猎。神农发明的耒耜（lěi sì，原始的犁），用于耕地用。

交通运输之器。黄帝、尧、舜发明车马舟楫，用于陆地和水上交通，运输人、财、物。

生活之器。上古之人发明房屋，摆脱了穴居，利于遮风挡雨。黄帝、尧、舜发明臼（jiù）与杵（chǔ），用于粮食脱皮。

防内贼外盗之器。黄帝、尧、舜发明重门与击柝（tuò，打更用的梆子），夜间打更巡逻以防贼；黄帝、尧、舜还发明了弧矢（弓箭），以防御外来侵略。

文明之器。衣裳，上衣下裳，不仅遮体而且御寒。发明书契，告别结绳记事，使得历史事件得以流传后世。改革丧葬制度，柴草裹尸野埋改为棺椁盛殓、深埋地下。

象，当面有其形，背后有其意，之中有其理。那么，尚象何以制器？

象里有发明创造哲理，效法形象之象与抽象之象进行发明创造，是中华民族祖先对人类的独特贡献。

天地之间形象之象种类繁多，且日日更新，能给人无穷的启迪。鲁班发明的木工用的锯子，就是取法一种带刺的草。这与现代的仿生学相似。唐宋八大家的散文、齐白石的虾、徐悲鸿的马，皆来源于形象之象。

抽象之象的阴阳八卦、六十四卦，更是创新源泉。《周易》记载的发明成果，都用"盖取诸某"来解释。舟楫的发明"盖取诸《涣》"，臼与杵的发明"盖取诸《小过》"，说明舟楫与臼杵的发明取法了《涣》卦与《小过》两卦的卦象。那么《涣》卦与《小过》两卦中包含着怎样的制造舟楫与臼杵的哲理呢？

《涣》卦由坎、巽两卦组成，下坎上巽，坎象征水，巽象征木，木可以行于水上。木行水上，就是制造舟楫的秘密。《小过》卦由震、艮两卦组成，上震下艮，震象征震动的雷，艮象征稳定的山，下面稳定而上面震动。制造臼杵的道理就在于下面稳定而上面震动的结合中。

此外，网罟的发明参照的是《离》卦；耒耜的发明参照的是《益》卦；衣裳的发明参照的是《乾》《坤》两卦；马车的发明参照的是《随》卦；弓箭的发明参照的是《睽》卦；宫室的发明参照的是《大壮》卦；棺椁的发明参照的是《大过》卦；书契的发明参照的是《夬》卦。

中国古代的历法、中医的《黄帝内经》、古代长安城、明清北京城的布局都是取法"三易"。

东汉武帝时期，董仲舒将"一阴一阳谓之道"变为"阳为阴纲谓之道"，使得"道"的内涵发生了质变。从此，道器分离，重道轻器或谈道不谈器，中华民族创新的理论被肢解。"尚象制器"不再是圣人之事，被降格为工匠维持生计的手艺，制作"器"之技艺也被污蔑为"淫巧"小技，严重阻碍了生产力的发展。

能够创造器具的人，在《周易》中被称为圣人。圣人制器尚象的最终目的，在《周易》中有四种说法："教万民"与"济万民"，"利天下"与"威天下"。"济万民""利天下"，放在当代，就是发明创中心目的是造福消费者，在天人合一前提下，满足消费者对商品的需求。

这里，理解"制器尚象"，不仅在天人合一的传统实践观中去审视，更要在马克思主义哲学及其交往实践观的新视阈中审视，把它作为"主体—客体—主体"哲学范式中的主客合一、主客相融这种特殊情景来对待。今天，进行发明创造，既要会运用"主体—客体"两分的方法，还要传承老祖宗留下的珍贵的系统哲理和方法（如传统手工技艺中的方法），为创建美好生活服务。

参考文献

[1] 刘永炬. 推广 [M]. 北京：中国工人出版社，2003：166，172.
[2] 万融，张万福，吴小峻. 商品学概论（修订本）[M]. 北京：中国人民大学出版社，1997：306，318，324.
[3] 刘永炬. 产品上市 [M]. 北京：京华出版社，2004.
[4] 杨德林. 新产品概念开发 [M]. 北京：清华大学出版社，2006：9.
[5] 李玉萍. 新产品上市营销管理技巧 [M]. 北京：北京大学出版社，2005：63.
[6] 黄鸣，程洪智. 皇明商道 [M]. 哈尔滨：黑龙江人民出版社，2005.
[7] 郎咸平. 郎咸平说：公司的秘密 [M]. 北京：东方出版社，2008.

[8] 张宏旭.商品包装与装潢[M].北京：中国商业出版社，1996：277.
[9] 刘永炬.实战在中国[M].北京：京华出版社，2005：19.
[10] 刘明武.寻找元文化[M].成都：四川人民出版社，2012.

第六章
目标市场（主体）利益和消费价值观的品牌化

在专著《品牌理论与哲学范式——交往实践唯物主义与哲学比较视阈》第三章"马克思主义哲学交往实践观中的品牌观（上）"论述了如下观点。

（1）品牌理论是资本运动在垄断资本全球化阶段的必然产物，是品牌拜物教的理论形态。品牌是意识形态、社会（消费）价值观商品化的载体。

（2）品牌是特殊商品，具有使用价值和价值两种基本属性。品牌的使用价值本质上就是消费者消费（社会）价值观的客体化载体。

（3）社会主义市场经济条件下，品牌具有承载社会主义核心价值观及其引领的目标市场消费价值观的职能。

在此基础上，本章在消费者利益和消费价值论视阈中，运用市场营销关系分析模型，解析目标市场利益和消费价值的产品化的另一个关键点——品牌概念。

第一节　商品品牌的核心价值功能和商品品牌概念

一、商品品牌——"消费者消费价值观的客体化"的天然载体和集中体现

商品品牌是消费者消费（社会）价值观的客体化的天然载体，正如马克思评价金、银是天然的一般等价交换物一样。作为消费者消费（社会）价值观的客体化的天然载体，必须是独立于普通商品的特殊商品。

运用市场营销关系分析模型，沿着"消费生活方式→消费者消费（社会）价值观→消费者利益→商品功能"方向看，目标消费者（主体）利益、消费（社会）价值观、消费心理要被客体化到商品上，必须有载体，最终载体只能是商品的属性。整体商品的形态、包装、色彩、品牌、服务（人对人服务过程中传递）等属性中只有同时具备以下两点的才是天然载体：①承载目标市场的物质的、精神的、心理的需求的客体化的属性；②从普通商品中分离出来的独特商品。

广告、促销、推销等作为商品的附加属性，是通过传播品牌意义而影响目标消费者（主体），从而促进目标消费者的购买行为，而品牌意义的预先设定是独立的，它们只是促使商品（客体）主体（消费者）化的必要手段，不具有直接承担意义——消费（社会）价值观载体的角色。

商品的形态、包装、服务都是无声的语言，这种表达不易被最大范围地传播，只有当商品被呈现于消费者眼前时才能被感知。商品的形态、包装、服务等具体形式，它们可以通过品牌作为中介体现消费者消费（社会）价值观，但不是消费（社会）价值观客体化的对象。

在买方市场下品牌从普通商品中独立出来，可以作为精神的、心理的因素的商品化的载体。品牌是特殊商品，是资本运动在买方市场和垄断资本全球化阶段的必然产物，品牌承载社会核心价值观及其引领的消费者消费价值观的职能。

商品品牌作为目标市场消费（社会）价值观的客体化的载体，有如下几种情况。

（1）商品品牌可以是目标市场的利益点的客体化的载体。

（2）商品品牌可以是目标市场的消费（社会）价值观的客体化的载体。

（3）商品品牌可以是商品功能的客体化的载体。

由于消费者优势利益追求在变动，随着消费者优势利益追求的变动，商品的品种和功能也在发生变动，品牌如果作为商品功能或消费者利益点客体化的承载，这种变化不利于品牌代表的产品线的扩展，不利于品牌的延伸，不利于长期形成竞争差异。只有目标市场的消费（社会）价值观和消费生活方式是相对稳定的，而目标市场的消费（社会）价值观是其消费生活方式的核心，品牌作为目标市场的消费（社会）价值观的商品（客体）化的载体是必然选择。

商品品牌是"消费者消费（社会）价值观的客体化的天然载体"，使如下现象得到合理解释。

第一，使商品品牌具有消费者属性的原因得到合理解释。

第二，因为消费者主体利益或消费（社会）价值观的客体化，使得商品品牌作为商品的属性不是虚拟的。

第三，商品品牌是消费者消费（社会）价值观客体化的集中体现，目标市场的价值评价，最终都反映于品牌这一代表（被符号化的代表）上，其代表性的强弱随着商品生命周期变化而变化。

第四，商品品牌具有促销、形象、价值识别功能。一方面根据属性层级关系，整体商品外在属性是影响消费者对内在属性、质量属性、社会属性认知的必要条件，品牌属于整体商品的外在属性。另一方面商品品牌的价值功能可以影响消费者对能否满足自身需求的判断。

二、商品品牌的核心价值功能的层级

消费者消费（社会）价值观的客体化，使商品品牌具有了承载消费（社会）价值观的功能，而商品品牌的核心价值功能是有层级的。

关于商品品牌的核心价值，斯科特·戴维斯有一个"品牌价值金字塔"模型。在"品牌价值金字塔"的最下面，是商品品牌特征和属性，最易表述但也最易被模仿；中间是利益，让顾客在情感和功能上都得到满足；塔顶是信念和价值，内涵最深刻，难被模仿，但最难表达和陈述。这一模型也可以表述为"消费者消费（社会）价值观层级模型"。

由于目标消费群的消费（社会）价值观层级的存在，关于商品品牌的核心价值，不少学者从品牌传播角度认同一种主张：可以是物质层面的功能性价值；可以是情感利益，即消费者在购买使用某品牌过程中获得的情感满足；可以是自我实现型利益，即个人价值、财富、身份地位、审美品位的实现。但这种主张缺失了"品牌也是消费（社会）社会价值观的载体"。社会主义核心价值观对中国消费者的影响将是深远的，中国特色社会主义市场经济条件下的市场营销，将社会主义核心价值观及其引领的消费价值观融入商品品牌和公司品牌规划和建设中，不仅对企业、对一个城市，而且对精神文明建设意义深远，要把商品品牌和公司品牌建设视为社会主义核心价值观建设的重要途径之一。

商品品牌的核心价值功能与目标市场的消费（社会）价值观是对立统一关系，根据目标市场消费（社会）价值观的层级，可以推导出商品品牌的核心价值功能的层级。这就是：物质层面的功能性价值功能、情感利益的价值功能、思想层面的价值功能。

三、商品品牌概念

商品品牌概念是目标市场消费（社会）价值观与商品品牌核心价值的功能之间关系的语言表达。商品品牌是"消费者消费（社会）价值观的客体化"的载体，目标市场的消费（社会）价值观在这个载体上表达，就需要用商品品牌概念来对接。

商品品牌概念是消费者利益（消费价值）产品化的关键点之一。因为商品品牌所承载的消费（社会）价值观是目标市场关于消费的核心价值观，它能激起目标市场对商品品牌的认同，进一步引发对品牌所代表的商品的注意、好感和认同，以至喜欢、购买和长期的消费行动。而这种关系的表述，是由商品品牌概念来实现的。更为重要的是商品品牌概念是判断基本识别、品牌定位的关键标准。

传统观点认为，品牌的基本内涵包含了六层含义：属性、利益、价值、文化、个性、使用者。此处对"商品品牌概念"的界定，凸显价值以及以价值为核心的文化同商品品牌核心价值的功能之间的关系，因为这是主要矛盾。同时，不排除品牌当然可以代表商品属性、消费者利益。"商品品牌概念"符合"属性≒功能≒利益≒价值"关系分析模型，它把上述六层含义有机统一起来，而不关注某一或某几层含义，这样不至于理解困难，在应用中也不至于无所适从。

四、商品品牌价值的功能确定

关于商品品牌价值，有若干观点：一是将品牌拟人化，或品牌人格化，如品牌的精神、强势品牌；二是将品牌符号化，借用符号传播学的语言；三是品牌的核心价值，品牌有价值观也是一种拟人化的说法；四是"品牌写真"，其代表是奥美广告，写真也是一种符号化；五是品牌承诺，是拟人化；六是品牌契约，也是拟人化。归结起来可以分为拟人化和符号化两类。两类从不同的角度揭示品牌与消费者的关系（但都不是从哲学范式的视角进行的概括），至于用哪一种形式表达才被大多数认可，要经过一个实践选择的过程。正如商品利益是一种拟人化的称谓，品牌的精神或品牌的核心价值观的提法也是拟人化，是不准确的。本书则用商品品牌价值的功能来表达。有必要补充的是，从劳动价值论的角度，品牌价值是品牌的属性，而西方营销或品牌类书中所讲的商品品牌价值，有的指商品品牌的价格，有的指品牌使用价值，有的指消费者价值观，呈现混乱状况。

商品品牌价值功能的确定，也就是寻找目标市场的独特消费（社会）价值观作为商品品牌承载的内容，也可以称为商品品牌价值的功能的定位。这是从消费者（主体）对商品（客体）作用的角度来确定商品品牌价值的功能，目标市场的消费（社会）价值观确定了，商品品牌价值功能的内容自然也就明确了。

目标市场消费（社会）价值观的确定有两种情况：

第一种情况：当目标市场已经明确的情况下，对目标市场实施调研，尽可能搜集更多的对消费某商品的价值评判，作为潜在消费（社会）价值观。

然后进行第一次筛选，在所有的价值评判中保留三到四个。筛选标准如下。

（1）能否引起多数消费者的认同。

（2）与社会价值观是否相冲突；与社会主义核心价值观是否一致。

（3）在行动上能否持之以恒，且与竞争者不同。

（4）企业的员工能否认同。

接着进行第二次筛选，为多选一。筛选标准为：

（1）商品满足目标市场感性需求还是理性需求，备选消费（社会）价值观与之是否一致；

（2）表述经修整后是否能激发目标消费者情感。

第二种情况：在目标市场不明确的情况下，运用市场营销关系分析模型，首先沿着"商品属性→商品功能→目标市场利益→消费价值观"方向，确定下来若干消费（社会）价值观和相应的目标消费群；

接着，沿"目标市场消费（社会）价值观→目标市场利益→商品功能→商品属性"的方向，把确定下来的若干消费（社会）价值观按下列标准筛选。

（1）与社会核心价值观是否相冲突。

（2）与竞争者相比，有否形成差异。

（3）有否足够的市场规模。

（4）企业是否有能力实现。

（5）商品满足消费者感性需求还是理性需求，备选消费（社会）价值观与之是否一致。

最后多选一，确定一个消费（社会）价值观和相应的目标消费群。

关于品牌核心价值的功能提炼与规划的一般原则，翁向东总结了四大原则：一是高度的差异化，通过开阔思路、发挥创造思维，提炼个性化品牌核心价值；二是能触动消费者的内心世界；三是具备广阔的包容力，以便预埋品牌延伸管线，提高品牌扩张能力；四是有利于获得较高溢价。

本书再加一条：品牌核心价值功能要有相对的稳定性，调整或采用新的品牌核心价值功能要慎重。例如：非常可乐农村路线下多变的品牌核心价值功能是有效的，但毕竟不是在品牌/市场生命周期阶段理论指导下顺应市场的自觉行为，进入成熟期，这种多变的劣势就会显现出来。所以在市场上升期开始，"核心价值功能相对恒定"还是需要的。

五、商品品牌概念定位的分析模型

拟人化、符号化，都是寻找商品品牌概念的方法，而采用"属性≒功能≒利益≒价值" 关系分析模型来定位商品品牌概念，是"主体—客体—主体"哲学范式中的方法。

商品群共有的品牌——对应的目标市场群共有的核心消费价值观
（商品群共有的整体属性、功能）　　（各子市场群共有的消费价值观）

将选定的目标市场的核心消费（社会）价值（或各子市场群共有的消费价值观）与商品群共有的整体属性、功能的对立统一关系用语言文字表述出来，就是商品品牌概念的定位。

在商品组合的条件下，品牌不仅是单品的属性，也可能成为商品品种、商品线、商品组合的共同的属性，反映一定商品群体的整体功能或社会功能。

不同的商品群必然对应着不同的子市场群，这样就形成多个商品品牌概念，商品品牌概念的定位就是从多个商品品牌概念中确定一个具有差异性、消费者认同度较大的商品品牌概念。

第二节 商品概念、商品品牌概念、公司品牌概念及其关系

有一种观点，将公司品牌概念称为宏观概念，把商品品牌概念称为中观概念，把商品概念称为微观概念，认为微观概念是市场即期的卖点，这种观点值得商榷。本节就这几个概念之间的关系予以不同的解析。

一、商品概念和商品品牌概念的关系

（一）商品概念和商品品牌概念的内在关系

商品概念是"特定目标市场的利益和消费（社会）价值观"与商品主要功能之间关系的表达；商品品牌概念则是子市场群共有的消费价值观与商品群的整体属性、功能之间的关系的表达。当只有一个子市场，针对一个商品品项时，子市场的利益和价值与商品主要功能的关系就是商品概念，可见商品品牌概念与商品概念相比，商品品牌概念更具有一般性。

可以这样理解：随着优势利益和竞争形势的变化，商品/市场生命周期也在不断地变化，消费者需求与商品属性、主要功能之间主要矛盾也会发生变化，而且这种矛盾关系呈现多样化。其变化表现为：一方面因为优势需求、优势利益的

变化导致需求的多样化、消费需求系列化，而且呈现层级上升趋势；另一方面则是商品品项的系列化发展，由单品到品种，由品种到商品线，由商品线到商品组合。那么，把诸多商品概念共同的矛盾关系抽象出来，就是商品品牌概念。

这表明在商品/市场的一定生命周期内，存在着商品概念为重心向商品品牌概念为重心发展的趋势。"在商品/市场生命周期的不同发展阶段，商品概念和商品品牌概念应用的侧重点是不同的"，可以由此得以解释。但存在商品概念为重心向商品品牌概念为重心发展的趋势，并不意味着商品概念的消亡，在商品/市场生命周期的不同发展阶段，商品概念都会独立存在着，只是随着商品/市场生命周期阶段的演进，商品品牌概念逐渐从商品概念中抽象出来，二者形成了特殊与普遍、个性与共性的辩证关系。

商品概念、商品品牌概念在商品/市场生命周期不同阶段，消费者（主体）的商品（客体）化的重点不同，如表6-1所示。

表6-1 消费者利益和消费（社会）价值的客体化方向

商品（品牌）/市场生命周期阶段	客体化的方向
导入期	商品基本概念
上升阶段	商品概念和商品品牌认知
成长阶段	商品品牌概念和商品概念
成熟阶段	品牌和商品个性概念、商品卖点

从表6-1中也引出了品牌/市场生命周期。品牌/市场生命周期指新品牌从商品进入市场开始到该品牌退出市场的整个过程，它包括导入期、知晓期、知名期、维护与完善期、退出期。由于商品概念为重心向商品品牌概念为重心发展的趋势，商品品牌概念历史地从商品概念抽象而来，所以品牌/市场生命周期寓含于商品/市场生命周期，这就是品牌/市场生命周期与商品/市场生命周期的内在关联。

目前很多市场营销类书，对商品概念、商品品牌概念、品牌/市场生命周期、商品/市场生命周期之间的内在关系讲不清楚，知其然，不知其所以然，从事市场营销实践工作的人看后也理解不了，只能生搬硬套。这一问题，需要从机理上探讨和解决。

（二）商品概念和商品品牌概念的内在关系对市场营销工作的指导作用

彼得·切维顿在《品牌实施要点》中指出："传统的品牌模型认为，品牌是一个其外包覆着各种情感和个性的产品。所谓的品牌核心理念，或者说品牌的灵魂，则只是简单地堆砌在最外面的一层东西。……产品的基本元素占据着核心的位置。……新的品牌模型则认为，品牌可以涵盖人类所有的生活方式。……为某一品牌寻找适合的产品，而不是在某一产品之上包包裹裹。[1]"这就是说，在商品/市场生命周期和品牌/市场生命周期的某些阶段（上升期或成长前期），商品概念为重心向商品品牌概念为重心发展；而在商品/市场生命周期和品牌/市场生命周期的另外一些阶段（成长阶段中后期、成熟阶段），是以商品品牌概念指引，扩展商品概念，或者在商品品牌承载的消费（社会）价值观指引下开发新商品，扩展商品线，拓宽商品组合。

商品概念和商品品牌概念的内在关系对市场营销工作的指导作用如下。

（1）在商品品牌概念的指引下扩展商品概念。在商品品牌概念的指引下扩展商品概念，属于品牌延伸的内容。其有两种形式，一是新商品、现有品牌，即在特定的商品品牌概念下发展新的商品概念；二是现有商品、现有品牌，即在商品品牌概念和商品概念下使商品系列化。

（2）设计差异化的商品概念提升品牌概念。这样的案例很多，在啤酒行业，珠江啤酒集团在国内首家推出纯生啤酒，在华南地区成功地提升品牌影响力；湖北金龙泉啤酒以纯生啤酒为主打商品，大举进入武汉市场，使之成为品类主导，也成功地提升品牌影响力。成功案例还有，河南省内的金星小麦啤酒，山东省内的银麦啤酒和三孔苦瓜啤酒，安徽省内的"零点冰啤"，等等。

值得注意的是拥有差异化的商品概念才能制定出差异化的营销战略，营销实践中往往把具有差异的商品视为一种战略来鼓吹，这种与需求割裂的商品的差异，顶多算得上是一种盲动的产品策略。

二、公司品牌概念和商品品牌概念

公司品牌概念，一方面反映着公司与消费者、利益关系人之间的关系，反映着经济或社会内部各利益相关者之间的主体际关系；另一方面反映着公司品牌价值的功能与公司所服务对象需求之间的对立统一关系，公司品牌价值的功能是生产者、经销者、消费者、其他利益相关人之间消费（社会）价值的品牌（客体）化的结果。一句话，公司品牌概念反映着以公司品牌为纽带的各主体际的交往实践关系。

商品品牌概念同样反映着以商品品牌为纽带的各主体际之间的关系，其中在商品品牌与目标市场之间表现为："商品品牌价值的功能"是消费者消费（社会）价值观的商品（客体）化的结果。

可见，公司品牌概念反映的关系与商品品牌概念反映的关系是有差异的。它们之间的内在联系：公司品牌价值功能与商品品牌价值功能具有一致性。当商品品牌与公司品牌合二为一时，这种一致性最大；当商品品牌与公司品牌分离时，公司品牌价值功能不仅与消费者消费（社会）价值观相对立统一，还要与包含企业内部人员、企业外部利益相关者的消费（社会）价值观对立统一，而商品品牌价值功能仅与消费者消费（社会）价值观紧密相关，此时公司品牌价值功能与商品品牌价值功能的一致性表现为：公司品牌价值功能包含商品品牌价值功能。

在企业或公司的经营实践中，许多人知道公司品牌与商品品牌之间的区别，但对二者之间的内在联系，二者之间的相关一面却常常忽视，导致二者关系的割裂。在马克思主义哲学及其交往实践观、消费者利益和消费（社会）价值论视阈中，通过对公司品牌概念和商品品牌概念重新界定，公司品牌与商品品牌之间的关系就清晰了。

不同品牌架构下的公司品牌与商品品牌的关系，也就是通常说的品牌构架战略，有如下表现形式[2]：

（1）综合品牌制，指多种不同门类商品共用一个品牌，表现为一牌多品，一牌多为公司品牌，如海尔、TCL。

（2）商品品牌制，表现为一品一牌或一品多牌，其中有公司品牌与商品品牌相同的情况。

（3）商品线品牌制，即同一商品线用一个品牌，不同商品线使用不同品牌，其中有公司品牌与商品品牌相同的情况。

（4）公司品牌—商品独立品牌制。

（5）担保品牌制，表现为公司品牌—商品品牌依附制。

（6）主副品牌制，主品牌一般是公司品牌，副品牌是商品品牌，如海尔—帅王子冰箱。

三、品牌概念与消费（社会）价值观、公司核心价值观之间的关系

品牌承载消费（社会）价值观指品牌所有者把消费理念（消费价值观或意义）赋予品牌，使品牌与意义之间构成能指与所指关系。能指与所指关系用一个术语"品牌概念"表述。不同哲学思维下表达的术语不同，有的用品牌 DNA，有的用品牌密码，有的用品牌精神，还有用品牌价值表达的，等等。品牌运作，是通过品牌概念来实现的。

品牌概念又有商品品牌概念和公司品牌概念之分。商品品牌概念是目标市场消费（社会）价值观与商品品牌核心价值的功能之间关系的语言表达。公司品牌概念是目标市场群共有消费（社会）价值观与公司品牌核心价值功能之间关系的语言表达。

营销主体间存在以商品（服务）为纽带的关系，即主体利益和消费（社会）价值观的客体化、客体的主体化过程。所以，社会价值观、公司价值观、消费者消费价值观与公司品牌概念和商品品牌概念之间存在着内在关系和相互作用，构成公司核心价值观形成的机理理论。用公司核心价值观形成的机理图来说明此理论，如图 6-1 所示。

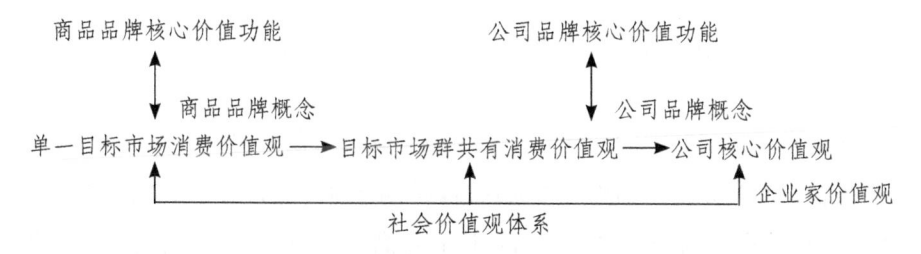

图 6-1　公司核心价值观形成机理示意图

社会价值观体系影响着单一目标市场消费价值观，也影响着目标市场群共有消费价值观、公司核心价值观的形成，从而影响商品品牌概念和公司品牌概念的形成。

目标市场群共有消费价值观由众多单一目标市场消费价值观、社会价值观体系抽象而来；公司核心价值观由目标市场群共有消费价值观、社会价值观体系抽象而来。社会价值观体系对公司核心价值观的影响，往往通过企业家来推动，所以企业家价值观成为公司核心价值观形成的直接决定因素之一。这就是公司核心价值观形成的机理。

由上可见，社会价值观对公司核心价值观、品牌概念起统摄作用。品牌概念的形成不能不受到社会价值观——尤其是社会核心价值观——的影响。现实中，社会核心价值观、公司核心价值观与商品（或公司）品牌价值功能之间的关联，常常被割裂。突出表现在三个方面：

（1）公司核心价值观与品牌概念两张皮，二者的关系没搞清，在实际操作中联系不起来，甚至公司核心价值观的推广、品牌概念的推广各有一套理论和操作体系。

（2）目标市场消费（社会）价值观与公司核心价值观之间的关系模糊不清。

（3）商品品牌概念、公司品牌概念模糊。其原因是不懂得品牌具有核心价值功能——承载消费者消费（社会）价值观的功能。

第三节　用社会主义核心价值观指导品牌塑造

一、"大众传媒与耐克时尚品牌"的深思

在《大众文化包围中的文学》一文（该文载于《在北大听讲座》第三辑，新世界出版社，2001）中戴锦华对"大众传媒与耐克时尚品牌"有这样的分析：

"大众传媒也会构造某些时间相对长的时尚，比如耐克，这个相对长的时尚的存留时间跟通常说的个人选择、趣味没有直接的关系，而是以耐克公司这架巨大

>>> 第六章 目标市场（主体）利益和消费价值观的品牌化

的金钱机器对大众传媒的介入及投入其中的广告量作为它是否继续流行的依据的。

"耐克一向造型笨拙，就鞋型和衣型来说，它远不如锐步，在品格和品质上并不高于其他的所谓著名品牌或非名牌的旅游运动鞋，但当依于广告、不如说是巨额的金钱投入，把耐克运动鞋和美国NBA职业篮球、和'梦之队'、和乔丹联系在一起的时候，它就成了附着在商品之上、又超乎商品自身的现代神话序列的一部分。我们不是因为那种鞋格外美丽舒适而穿着它，我们穿着它是穿着一种价值，穿着一种梦想，穿着一种追求。

"不错，'我的'梦想，虽然微弱，但那是我的梦想，我有我实现梦想的权力。可惜的是在我们的时代，一眼望去，所有的梦想原来竟如此的接近，而这个共同梦想事实上是大众传媒成功地推销给我们的，而且，并非我们自己的选择。甚至可以说，我们几乎没有选择。不仅是早已有人替我们选过，而且是愈加激烈的竞争、兼并，在减少这些别人替我们预选过的品牌。在美式的休闲装、运动装这些似乎是随意与个性的选择之中，如果说我们曾经还有耐克、锐步等等，那么我们很快就只剩下耐克了。一个在不断提倡个性、提倡多元化、不断允诺自由选择体制下的大众传媒，却在持续地创造一个越来越相像、越来越整齐划一的世界。在世界的任何一个城市，任何一个文明中，我们已经很难再找到直观的、有效的差异和特色性的表象。这无疑是现代文明的悖论。"

上述引文反映出戴锦华的一种深深的忧思：饱含了大众文化的品牌在以信息技术媒介为载体的包围和强烈冲击下，对社会带来的负面影响。

商品品牌价值功能，是目标市场的消费（社会）价值观的商品（客体）化的结果；公司品牌价值的形成，目标市场消费（社会）价值观的商品化是必要条件。当品牌被赋予了"梦想"或"激情"，同时又被资本这个金钱机器所操纵的时候，在所谓消费者主导买卖的时代，塑造品牌便成了索取更多利润和剩余价值的必然环节。像耐克之流经过多年品牌塑造摇身一变，便成了一些消费者顶礼膜拜的对象。

根据马克思主义政治经济学，在资本主义大工业条件下，资本可以实现货币的增殖，资本可以带来剩余价值，即"G—W—G′"，资本成为顶礼膜拜的对象。在物资相对匮乏的年代，只要有资本投入，一般都能带来增殖。但当进入买方、所谓消费者主导买卖的年代，情况就发生了变化，拥有资本未必能带来利润和剩余价值，还必须解决商品如何卖出去的问题，必须解决如何在竞争中争夺更多消费者的问题，携带着特定消费（社会）价值观倾向的品牌这时就成为解决这些问题的手段。运用资本生产出饱含"品牌价值"的商品，或利用核心技术操控发展中国家的企业，或贴牌生产或通过合资蚕食发展中国家中企业的品牌，然后在资本的强力支持下，开动金钱机器对大众传媒进行介入，把大把大把的钞票投向广告，强制性地单向传播，以最大地引导和俘获目标消费者的内心为目的，这一过程也是品牌塑造和品牌资产累积的过程。于是产生了这样一个公式：

资本 G—商品 W+品牌/品牌资产—利润和剩余价值

这个公式多了一个环节，即品牌/品牌资产，没有这个环节，资本就不能获得更多的增值。于是所谓消费者主导买卖的年代，塑造品牌、累积品牌资产便成资本增值的关键。品牌/品牌资产成了新的膜拜对象，资本拜物教中诞生了新的面目——品牌拜物教。

耐克在持久的竞争中，应当说取得了比锐步更多的优势。这种优势或胜利，是在资本的支持下，在品牌规划指导下、在大规模持续传播下，在塑造品牌和累积品牌资产过程中实现的。

同时，耐克优势品牌反过来左右着认可它的目标消费群。用一句话概括：当品牌资产成为拜物教后，强势品牌在大规模强力传播下左右着认可它的目标消费群，在所谓消费者主导的经济环境下，生产工厂不是最终决定因素，品牌所承载的消费（社会）价值观与目标市场的关系、品牌如何被强势资本和垄断资本所操纵以影响目标市场才是关键因素。

在西方社会，品牌和品牌资产的研究已成为市场营销学的核心内容之一，这不能不说是西方资本主义经济和社会发展的内在要求。在实践中，所有企业普遍重视品牌资产的累积、并被作为追逐对象；大卫·艾克被奉为品牌管理的鼻祖，以及关于品牌资产管理的理论被大加推崇等等，不能不说是品牌拜物教的反映。

资本拜物教以品牌拜物教的面目出现，这给我们以启示：对品牌价值和品牌资产要有一个冷静、客观、理性的认识，即便在所谓消费者主导市场的时代，只要有垄断资本、强势资本存在就会有对品牌和品牌资产的追逐，就会有消费者被品牌所左右的异化现象存在，这是不以人的意志为转移的。

对品牌和品牌资产的追逐往往打着"以人为本"、"人性化"管理的旗号，可以看到在这样的旗号背后是资本和品牌资产的支配，充满了冷酷乃至血腥。许多跨国公司美妙动听的企业文化、品牌价值和品牌承诺，不过是温情脉脉的面纱而已，是为资本、为积累品牌资产服务的逐利的工具。

"虽然问题常常以文化形式表达，但实质仍然是政治。特别是在当代全球化过程中，军事和政治力量的重要性逐步被经济和工业力量所取代，跨国公司以新的经济伪装继续推行殖民主义。……如何有效地移植先进生产和技术手段而避免它的灾难性后果……是必须回答的问题。"[3]

品牌异化现象有其不利的一面，在个性化、多元化已成为时代特点的今天，类似耐克击败锐步形成垄断的情况却会不断上演，西方消费（社会）价值观念通过品牌的优势，使之渗透并不断加深和扩大，扼制其消极的一面，不能不引起人们深深的忧思。但是，还要看到利用品牌异化现象有利于社会主义精神文明建设的一面，把社会主义核心价值观贯彻到中国的商业文化、品牌文化中，谋求真、善、美在商业活动中的统一，让与消费者和人民群众根本利益一致的先进的商业文化、品牌文化占据主导，抵制西方不良消费（社会）价值观念的侵袭，不能不引起人们高度的重视。

二、CIS 理论：用品牌概念演绎消费（社会）价值观

用品牌概念演绎消费（社会）价值观的有效工具就是 CIS（Corporate Identity System，品牌管理体系）理论。

CIS 理论有三个有机结合的层次，即 MI（Mind Identity，理念识别）、BI（Behavior Identity，行为识别）、VI（Vision Identity，视觉识别）。其中，MI 是思想理念，它一以贯之，渗透在 BI 和 VI 中。CIS 理论是从贯彻公司核心价值观发展起来的，MI 被认为是公司核心价值观。其实，以品牌承载的消费（社会）

价值观是公司核心价值观的 DNA。当企业名称与品牌名称一致时，品牌承载的消费（社会）价值观就是企业的 DNA，即构成企业核心价值观的核心，如诺基亚。当企业名称与其中一个品牌名称一致时，该品牌承载的消费（社会）价值观就是企业的 DNA，即构成企业核心价值观的核心，如可口可乐。CIS 理论同样可以贯彻品牌概念。不同的价值观体系下，MI 中的核心价值观是不同的，CIS 理论被赋予不同的内容，即形式相同，内容有别。CIS 理论在形式上具有工具意义。不管什么形式、内容的品牌概念被贯彻，CIS 理论都是有效工具。李世丁的"品牌传播一致性策略的壳层模型"和翁向东的"品牌识别系统模型"异曲同工，但 CIS 理论传播面广、时间长，更容易被人们接受。

不同的价值观下，MI 中的核心价值观是不同的。在 CIS 理论中，如果是实用主义的"理念层"，则强调理念对人的价值属性，而不考虑该理念是否正确反映客观规律。在营销实践中就突出表现在"实用主义理念向实务流程转换、实用主义理念向专业技能转换"。"关键并不在于你有什么样的价值观，而在于你是否有核心价值观且知道它是什么，是否将它融入组织中并长期恪守这一价值观。"[4]这就是一种实用主义论调。对客观规律的不正确反映的价值观，长期左右消费者，会导致品牌对消费者的异化现象。寻求什么样的社会价值观赋予品牌是一个大问题，并不像一些书上说的"不在于你有什么样的价值观"。用社会主义的核心价值观指导品牌概念的形成和品牌的塑造，可以弱化并努力克服品牌异化，为企业发展及和谐社会提供建设助力。

用 CIS 理论强化品牌概念如一。在 CIS 理论指导下，用公司核心价值观形成的机理理论指导 MI 的规划（包含品牌承载的消费价值观），以品牌承载的消费（社会核心）价值观为中心，建立品牌识别系统，以品牌识别系统统率和整合企业的一切营销活动，是品牌营销的基本内容。这个中心是相对恒定的，而品牌识别系统要与时俱进，只有这样才能不断强化品牌承载的消费（社会核心）价值观，才能持久地把信息弹不断地射向目标市场并不断与之进行情感和思想沟通。这一路径不仅是用品牌概念和公司核心价值观创造企业经济效益的路径，也是用品牌概念和公司核心价值观支撑消费（社会核心）价值观获得社会效益的路径。

三、用社会主义核心价值观指导品牌塑造

社会主义核心价值体系和社会主义的核心价值观（富强、民主、文明、和谐；自由、平等、公正、法治；爱国、敬业、诚信、友善）中贯穿着"主体—客体—主体"哲学范式，即科学社会主义的交往实践关系范式。中国企业品牌塑造，应自觉地以社会主义的核心价值观为指导，这具有重要的现实意义。

其一，目标市场消费价值观与社会主义的核心价值观相一致是获得持续竞争力的需要。很多跨国企业，诸如沃尔玛、IBM、可口可乐等的成功表明：以品牌承载消费（社会）价值观，并始终如一地贯彻，来统率企业经营和营销工作，使消费（社会）价值观功能得到发挥，是拥有持续竞争力的秘诀，是基业长青公司普遍的制胜法宝。中国企业要走向优秀、持续百年竞争，就需要在社会主义核心价值观指导下学习跨国公司这一制胜秘诀。

如果品牌所承载的消费（社会）价值观、公司核心价值观与目标市场的价值观相一致，那么在适宜的推广战略和战术下，自然得到目标市场中更多消费者更快地认可。海尔就是最有说服力的例证。诚信是中华民族的基本价值观，也是社会主义的核心价值体系中的核心价值观念之一，海尔集团所推崇的"诚信到永远"，无疑是与其目标市场中绝大多数消费者对"诚信"的追求和价值判断相一致。海尔在经营活动的每一个环节贯彻"诚信到永远"，无疑会引起目标消费者的共鸣。

其二，承担社会责任的需要。中国企业自觉以社会主义的核心价值观为指导，构建公司核心价值观、规划并塑造品牌所承载的消费（社会）价值观，是推进社会主义的核心价值观建设的有效途径之一。将企业命运与国家命运联结起来，成为推进和谐社会建设和民族复兴的脊梁，这是当代中国优秀企业和企业家的最重要的社会责任。例如，海尔高举"诚信到永远"的旗帜，对社会主义的核心价值观建设、对推进和谐社会建设起到了推动作用，对引导企业自觉以社会主义的核心价值观为指导起到了示范作用。

社会主义精神文明建设包括教育科学文化建设和思想道德建设两个方面。品牌理论作为市场营销理论的重要内容，无疑是社会主义精神文明建设的一部分。

企业作为市场营销和品牌理论的实践者和推进者，把社会主义的核心价值观融入品牌建设的全过程，既是对市场营销类学科的具体实践应用和推动，又是对思想道德的落实。实质上，是在企业内外运行过程中，对社会主义精神文明和社会主义的核心价值观地全面落实，对推动建设文明、健康、科学的生活方式有积极意义，当代中国的优秀企业家和企业应当清醒地认识到这是必须要承担的社会责任。

其三，克服品牌对消费者异化的需要。所谓品牌对消费者的异化，指在品牌的传播、诱导下，使消费者迷恋于某些品牌、被品牌所左右，喜欢消费这些品牌所指引的商品并产生不良后果或消费主义盛行的现象。这里有两个要点：一是消费者进入了被物（品牌）所困之局；二是当消费者不知不觉中被物（品牌）所困，引发了不良后果。"人长期喝可乐，会引发难愈合的口腔炎症，对肥胖会起到促进作用"，这是一些媒体上常传播的养生知识。长期喝可乐，有这样的副作用，可以从中医理论中得到答案，并不难理解。可乐饮料中有糖份，甘甜者入脾经，在正常饮食外长期摄取糖份会产生湿腻，影响脾胃功能，进而影响其他脏腑。再如，高油、多盐、多糖的生活习惯是"三高"（高血压、高血脂、高血糖）疾病的重要诱因，一些知名品牌快餐企业提供色、香、味俱佳的油炸的、奶油的、高糖的食品，加上温馨的就餐环境，非常吸引小孩子和少男少女，甚至使一些小孩子流连忘返。但是，这些洋快餐食品被营养学家称之为"垃圾食品"，偶尔吃无妨，如果被洋食品所诱惑和束缚，养成不健康的饮食习惯，不知不觉就会受到伤害。

作为生产者、设计者、经销者往往希望自己的商品买得越多越好、赚的钱越多越好，"文化搭台经贸唱戏"是惯常手段。只要这品牌文化、这价值观能够诱发消费者的购买兴趣，引发其幻想和冲动，就乐而为之，而不管这品牌文化、这价值观是否先进，不管在诱导下会产生什么不良问题。这类不加约束的品牌文化，往往宣扬"追求享乐、追逐眼前的快感，培养自我表现的生活方式""这种生活方式使人们生活在时尚与流行之中……人们关心的只是'消费时的情感快乐及梦想与欲望等问题'，撇开了对生命的沉重的思考，把梦幻、想象与生活方式编织在一起，用商业化提供人性的完美去掩盖现实人性的痛苦。"[5] 从一般意义上说，买方市场和与之相适应的品牌文化、大众文化，必然产生品牌拜物和品牌对人的异化现象。社会主义初级阶段和市场经济条件下，也必然存在此现象，但处理好品牌文化与作为主流文化核心的社会主义的核心价值观的关系，消除品牌资本对消费者极端异化是完全可以的，弱化或克服品牌对人的异化也是可能的和非常有必要的。一方面从国家层面上，要教育消费者理性消费，注意克服被异化的可能。二是企业在观念上、宣传上也要有度，避免不良宣传。以社会主义的核心价值观来指导品牌塑造，就要在观念上自觉约束对品牌的塑造行为，要在不同程度上弱化，甚至克服品牌对人的异化。当然，以社会主义的核心价值观为核心的制度及法律法规要在条文上限制品牌对人的异化，既对消费者保护，也能规范企业行为。企业也须主动规范自己的行为，不图一时之利，自然会受到消费者欢迎。

参考文献

[1] 彼得·切维顿.品牌实施要点 [M].李志宏，林钰，译.北京：北京大学出版社，2005：8.
[2] 翁向东.中国品牌低成本营销策略 [M].重庆：重庆出版社，2003.
[3] 孙伯鍨，张一兵.走进马克思 [M].南京：江苏人民出版社，2001：82.
[4] 吉姆·柯林斯.从优秀到卓越 [M].俞利军，译.北京：中信出版社，2005：234.
[5] 姜华.大众文化理论的后现代转向 [M].北京：人民出版社，2006：143.

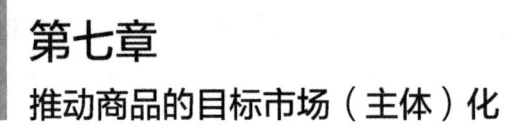

第七章
推动商品的目标市场（主体）化

商品（客体）被交换和消费，实质是商品的对象化或主体化的过程，在这一过程中商品反作用于消费者、中间商、媒介商、生产者等主体，最终使消费者打上商品的印记。如商品的存在结构方式，往往在一定程度上被对象化为消费者、中间商、生产者改造这一商品客体的活动方式、组织方式，商品的本质、运行规律往往被对象化为消费者、中间商、媒介商、生产者等主体的思维逻辑和行为逻辑，商品的功能往往会对象化为消费者的意志能力，等等。这一过程正是商品的使用价值和价值在交往实践的交换和消费中被实现的过程。

本章重点涉及商品在被交换和消费过程中，供方企业加速这一过程主要把握的几个要点：一是商品概念和商品卖点的推广；二是商品（公司）品牌概念的推广；三是战略概念与销售整合的理论要件。这里，推广的含义不是营销学教材中所讲的促销活动，而是将战略概念贯穿于营销活动的所有环节，统率所有的营销活动，犹如 CIS 理论中的 MI 贯彻于 BI 和 CI 中。

第一节　商品概念和商品卖点的推广

商品设计和制造过程确定了商品定位、商品的市场定位、商品概念、商品卖点，这个过程中，不仅要生产符合要求的商品，同时还要规划商品的推广策略。

一、商品概念推广的时机

由于商品／市场生命周期的客观存在，就有了商品推广的时机，即何时进行推广的问题。

何时卖商品，刘永炬做了总结[1]："产品在导入市场的时候以卖产品为主；产品在年度的旺销季节以卖产品为主；产品成熟阶段产品区隔后，产品的个性利益凸现时以卖产品为主。"这就是说，在商品导入期、在商品年度的旺销季节、在商品成熟阶段卖点体现的次要矛盾突出时，都要进行商品概念的推广活动。对于企业而言，用营销概念推广的理论和技术指导营销实践，就成为实用的法宝。

二、营销推广中商品卖点和商品概念的地位和作用

在商品／市场生命周期的不同阶段，商品卖点与商品概念的地位和作用不同。在商品导入期和上升期，在消费者与商品之间主客体各种矛盾中，作为反映供求主要矛盾的商品概念，占据着主导地位，以商品概念为核心进行推广，围绕商品概念设计促销组合。在成熟期，优势利益在发生量变，商品概念已经不能体现差异；利用卖点体现差异，适应优势利益变化，成为必然。此时，适合以商品卖点为核心进行推广，围绕商品卖点设计促销组合。但不是说，除了商品成熟阶段，其他阶段就不用卖点了。在其他阶段，卖点主要作用是指导销售促进方式的设计。刘永炬在《产品上市》一书中做了如下三点总结[2]。

（1）"产品的卖点诉求主要体现在产品的卖场和销售终端（包括移动终端）。"

（2）"产品的卖点为主的促销行为都发生在旺季和离消费者最近的距离。"

（3）"产品销售的其他时间内，要有品牌的促销行为相呼应。"

关于商品卖点，在商品／市场生命周期的不同阶段，最好设计、传递一个商品卖点为宜，因为一个最容易被记住。比如：妈妈带三岁的女儿在朋友家住了一夜，过了一段时间，朋友及其孩子的名字三岁的女儿记不得了，地名也记不得了，但朋友家的一个"老虎枕头"，三岁的女儿却记得清楚，"老虎枕头"竟成了朋友和朋友家的代号了。

三、商品诉求、品牌诉求和商品销售主张

商品诉求就是把商品带给目标市场的利益及消费（社会）价值观，通过目标消费者易于理解的语言或文字表达出来，再通过传播告诉目标消费者。商品诉求是动态的过程，可以分为商品诉求设计和商品诉求传播两个环节。

商品品牌诉求就是把目标市场对某类或某些类商品的"消费（社会）价值观"，通过目标市场易于理解的语言或文字表达出来，再通过传播告诉目标消费者。商品品牌诉求也是动态的过程，可以分为商品品牌诉求设计和商品品牌诉求传播两个环节。

商品诉求和商品品牌诉求设计是从消费者或目标市场主体角度来寻找的。

商品销售主张就是商品的 USP（Unique Selling Proposition，独特销售主张）或差异化的必要属性、功能。USP 指商品独特的销售主张，是与优势利益直接相联系的主要功能和属性；商品销售主张须从商品客体角度来寻找。

用"属性≒功能≒利益≒价值"关系分析模型来分析产品定位、产品目标市场定位、商品诉求、商品销售主张之间的内在关系如下：

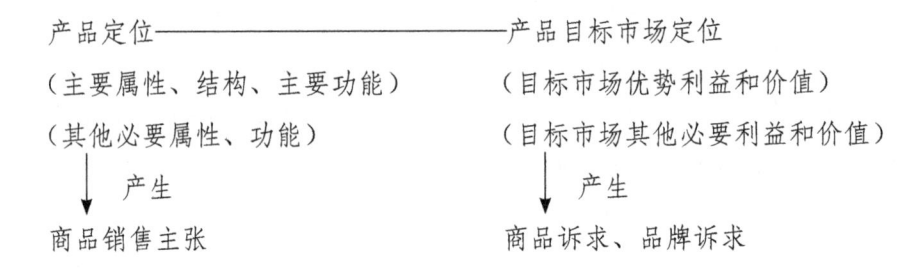

产品定位————————————产品目标市场定位
（主要属性、结构、主要功能）　　（目标市场优势利益和价值）
（其他必要属性、功能）　　　　　（目标市场其他必要利益和价值）
　　　↓产生　　　　　　　　　　　　↓产生
　　商品销售主张　　　　　　　　商品诉求、品牌诉求

四、发挥商品销售包装装潢的作用

商品销售包装是传递商品概念、品牌概念、商品的卖点、品牌诉求等的载体和基础。

商品销售包装装潢属于商品的外在属性，根据属性层级关系，商品的外在属性是认知内在属性的必要条件。消费者根据外在认知推断：包装好，其内在的东西往往不会差。虽然这种认知不一定与事实相符。人们在日常生活中更多是感性

认知，反映在交换和消费领域，消费者更多依据自己的感觉，虽然这种感觉有时是错误的、有偏差的，所以商品销售包装装潢对消费者感觉的引导作用就非常重要。但这种引导必须以商品体的真实性为基础，没有这一基础，对消费者感觉的引导就蜕变为虚妄的诱骗。

商品销售包装装潢能否有效地传递信息，是由设计决定的。一旦进入销售渠道，又要受到一些因素的影响。如：销售包装装潢在陈列展示过程中陈列的位置和摆放的形状；POP（商品销售中的一种店斗、促销工具）与商品销售包装装潢的统一性及两者的距离，等等。

第二节　商品品牌概念的推广

一、商品品牌推广的时机

何时适宜推广商品品牌，刘永炬做了这样的总结[1]："产品进入成长阶段时，品牌的作用开始显著；需求被启发出来后，品牌需要更突出；产品进入成熟市场，与竞争对手争夺市场时，需要品牌；建设市场时需要品牌；产品只卖共性概念时，需要一个强劲的品牌。"总之，在这些时候，要围绕"商品品牌概念"这一核心来指导商品品牌的推广工作。

二、商品品牌推广模型及其比较

三种比较易于理解、易于掌握的较系统的品牌推广模型，一是品牌传播一致性策略的壳层模型，二是品牌识别系统模型，三是 CIS 理论（见前一章）。

（一）品牌传播一致性策略的壳层模型[3]

李世丁教授分析了"品牌传播一致性策略的壳层模型"，品牌传播一致性策略的壳层模型指用地球的壳层结构模型来阐述一致性策略的模型。这个模型的主要内容如下：

1. 地核：企业 / 品牌的核心识别

企业 / 品牌的核心识别是企业 / 品牌的灵魂，反映企业 / 品牌的使命、价值主张，就像地核那样，密度最大、稳定性最高。核心识别规范着企业所有传播活动，即传播向着企业 / 品牌的核心价值聚焦。

2. 地幔：企业 / 品牌的延伸识别

延伸识别不如核心识别那样稳定，但通过它的变化，可提高核心识别的可见度。延伸识别能为传播执行提供许多可能性，使创意元素丰富而多样。

3. 地壳 / 地表：企业 / 品牌的定位

企业 / 品牌的定位，是面向传播的战略性概念。定位，是品牌识别的一部分，将之积极地传播给目标对象，同时用于显示其优于竞争品牌之处。定位，犹如地壳 / 地表，是能见度最高的部分。定位，应该包含核心识别。定位，必须确立一个核心主张，这个主张是所有传播计划的基础。

4. 大气层：企业品牌的传播环境

一致性策略的焦点，是品牌的核心识别——使命、价值主张。品牌的核心识别内涵小、外延大，无法让品牌的识别发挥作用，须有延伸识别来丰富核心识别。品牌定位就是从品牌的识别系统中找出具有高度差异化的、包含了价值主张的识别。

品牌传播策略一致性，应从品牌定位做起。品牌传播策略一致性，就是不偏离品牌的价值主张这一核心识别和品牌定位。

（二）品牌识别系统模型 [4]

翁向东比较详细地研究和总结了"品牌的识别系统"，把品牌识别分为品牌基本识别和品牌扩展识别。

品牌识别的中心部分就是基本识别，直接演绎与体现品牌核心价值，即品牌核心价值的具体化。品牌基本识别是一个品牌的"本质"，经得起时间的考验，这种本质在较长一段时间内不大会改变或消失，除非品牌消费群的需求或心理有了质的变化。品牌扩展识别包括使品牌的核心价值更丰富、更光彩和更具说服力的诉求点，及企业在不同时期、不同场合上变换运用的传播主题。

品牌定位是品牌识别中具有差异化的识别，目的是有效地建立与竞争者的差异。

品牌的识别系统所包含的具体内容如下。

（1）品牌的产品识别。包括品牌的"产品类别"识别、品牌的产品特色识别、品牌的产品品质识别、品牌的产品用途识别、品牌的产品使用者识别、品牌的产品档次识别。

（2）品牌的企业识别。品牌的企业识别中特别有助于树立个性的有：企业领袖；企业理念与文化；企业人力资源；企业的业内地位；品质理念、制度与行为；对消费者需求与利益的关注；创新能力。

（3）品牌的气质识别。品牌气质是消费者听到品牌后产生的一种心理感觉与审美体验。一般由产品包装、VI系统、海报、DM（直投广告）、平面广告、影视广告等所决定。

（4）品牌的地位识别。具体有领先的销量、利润、市场占有率；财力与资产规模的领先地位；管理的先进性；技术的领先地位；细分市场的领先。

（5）品牌的责任识别。

（6）品牌的成长性识别。即把增长速度业内领先、企业拥有广阔的发展前景作为品牌的重要识别标准。

（7）品牌的创新能力识别。

（8）品牌与消费者的关系识别。与消费者之间建立亲切、友好、和谐的关系。

（9）品牌的符号识别。

这两种模型的实质是相同的，都要进行品牌定位与品牌识别的规划，而定位和识别规划则是围绕"商品品牌概念"这一核心进行的。但前者从企业传播角度以地壳壳层类比品牌各层识别及其关系；后者从消费者对品牌认知角度阐述品牌各层识别及其关系，品牌的气质识别、品牌与消费者的关系识别，一旦形成，就不易改变，易成为品牌定位。这是二者区别。与前两种模型相比，CIS理论更容易掌握，而且在我国曾经掀起过学习应用的热潮。

三、商品销量与商品品牌塑造的关系

进行商品品牌的推广要把握"商品销量与商品品牌塑造的关系",须要历史地、辩证地看待这两者之间的关系。在商品/市场生命周期的成长中、后期,品牌塑造的作用就开始显现,品牌塑造起到了一以贯之的作用,对渠道成员、终端表现进行统率,最终对销量的提升起到拉动的作用;在商品/市场生命周期的成长中、后期以及成熟期,商品品牌推广过程与商品销量提升过程是统一的、同向的。

"没有销量就没有品牌"这个观点曾经很流行,且通过"掌控通路、终端表现"等提升销量是营销实践中常用手段,但这些观点成立、方法的使用是有条件的,那就是在商品/市场生命周期的成长中、后期以及成熟期围绕"商品品牌概念"这一核心展开。

案例:百事可乐持续百年挑战的关键因素——恒定品牌核心价值

百事可乐的发展史是一部向可口可乐挑战的竞争史,百事可乐攻势如潮,可口可乐稳守反击,持续百年,堪称奇迹。

经历两次破产的百事可乐,20世纪30年代逢经济大萧条,百事可乐被迫采取低价策略,以"5美分两倍的量"抢夺了可口可乐的一部分忠诚消费者。"二战"前后,百事可乐利用战时物资高涨及人们求实惠的心理,将"一样的价,双倍的量"口号传遍美国。由于可口可乐始终未降价,使百事可乐赢得了侧翼竞争的阶段性胜利。

20世纪50年代,百事可乐打出"量多,活力更多"的口号,收到成效。百事可乐更利用超市兴起之机,抢占这一新兴渠道。1955年,可口可乐发动奇袭,推出多个型号的大容量包装,抢占家庭市场。同时代可口可乐"空中传真俱乐部"获得空前成功,而百事可乐"联谊会"收效甚微。

20世纪60年代,百事可乐的传播策略发生变化,开始把消费者摆在中心。"二战"以后,年龄在25岁以下的大批美国年轻人,没经过大危机和战争的洗礼,自信乐观,拥有与前辈不同的价值观。百事可乐选择年轻人为目标市场,品牌核心价值定位于年轻、活力,并着力渲染可口可乐的老化形象。1964年,"百事可乐新一代"面世,百事可乐新的广告运动使美国人觉得自己受到尊重,看百事可乐的广告成为一种不可言喻的享受。其冲击了可口可乐20世纪60年代中期的广告诉求。

20世纪70年代,百事可乐没有把重点放在"百事新一代"宣传上,转而大搞"百事挑战"。当百事可乐及时发现年轻一代的重要性,又果断回到"百事新一代"轨迹上。这使得百事可乐生平第一次在全美市场饮料总销售额上超过可口可乐。为改变被动,1979年,可口可乐推出"一杯可乐,一个微笑"的广告运动,也获得成功。

20世纪80年代,百事可乐进一步推出"百事可乐,新一代选择",并围绕这一核心理念,展开营销攻势;可口可乐则推出新可口可乐,导致"新可口可乐事件",使可口可乐公司认识到可口可乐品牌代表的美国精神已深入人心。

20世纪90年代初,可口可乐推出"永远是可口可乐"的新广告运动。

1998年,百事可乐"渴望无限"新口号将"新一代选择"赋予了新内容:年轻向上、朝气蓬勃、欢愉快乐、渴望无限,体现了年轻人追求精彩人生的渴望。

2004年,百事可乐包装了新的"突破渴望"概念,并采取空前强大的全明星阵容来宣扬这一概念。可口可乐则不断推出音乐明星代言的广告,并把体育营销列入重点。

百事可乐各年代营销要点如表7-1所示。

表7-1 百事可乐各年代营销要点

20世纪各年代及年度	竞争策略	目标市场	品牌核心价值	典型广告(活动)主题或广告语
30年代和"二战"前后	价格战,侧翼进攻	争夺一部分实惠型消费者	实惠	一样的价,双倍的量
50年代	价格战	同上	同上	量多,活力更多
	超市争夺战	同上	同上	友好和睦
60年代	侧翼竞争,细分出年轻人群	年轻一代(战后新生代)	年轻、健康、生机、活力	来吧,加入百事一代;新一代的选择
70年代	正面竞争	所有人	口感更好	百事挑战
80年代	同60年代	年轻人群	年轻、健康、生机、活力	百事可乐,新一代的选择
90年代末	同上	渴望年轻的人	同上	渴望无限
2004年	同上	同上	同上	突破渴望

从表 7-1 可以看到，20 世纪 60 年代以前，百事可乐以"实惠"作为战术性品牌价值理念，在特定的历史环境中，低价策略使得百事可乐满足了一部分可口可乐无法满足的低收入群体，从而得以发展。百事可乐抓住可口可乐策略上的失误，使自己生存并发展起来。20 世纪 60 年代，百事可乐探索出自己的品牌营销战略，选择年轻人为目标市场，核心价值理念定为"年轻、健康、生机、活力"。此后，虽然随时代变化品牌识别系统中的一些理念与时俱进，但核心价值一直没变（除 1970 年代走的弯路）。这一时期是百事可乐获得巨大发展的时期。1984 年，百事可乐夺得可乐全美销量桂冠。2005 年 12 月，纽约证券交易所，百事可乐股价攀升，首度超过可口可乐。

这是一个市场后来者挑战市场霸主成功的案例，百年来，百事可乐不停地寻找机会，而当核心价值恒定之后，才发生了根本性的变化。百事可乐强化概念如一，使一代目标消费者受到潜移默化，在持续的竞争过程中，形势发生了有利于百事可乐的转化。

2000 年之后，在中国的一线市场，主体消费群已形成"可口可乐＋百事可乐＝可乐"的认知。更值得一提的是百事可乐在一线市场已成功地走过了三个阶段：树立品牌，激活品牌，让消费者关注、熟悉、喜爱品牌。且抓住可口可乐"漫天撒网"的弱点，集中资源于一线市场，终于突破胜出。

显然，相对恒定的品牌核心价值是百事可乐能够持续竞争，最终获得一定优势的首要条件。

第三节　战略概念推广与销售整合的理论要件

市场营销实践中，对大多数企业而言，企业内部营销职能一般集中在市场部或销售部。市场部参与新品研发、年度营销规划或中长期营销规划、涉及全局的营销战略、有针对性的战术性的促销组合等；销售部则执行战略规划、制定局部市场的战术性策略。往往两大营销职能部门之间目标不一致，或权利分配失衡，导致彼此冲突。其往往表现为：销售部权力过大，取代了营销职能，导致营销部门人员对销售部门有意见、积极性不高；营销部门权力过大，销售政策一刀切，不顾不同区域市场间的竞争差异和需求差异，从而干预了销售人员的工作，使销售人员的创新精神受到束缚。

实践中，营销职能的划分不是固定的，必须依据营销战略来确定。营销战略包括商品概念、品牌概念设计和推广的规划，及其如何统摄战术，使得战术与战略相一致、相匹配。实现营销战略和战术统一所必须掌握的理论要件如下。

一、商品（客体）的主体（消费者）化过程中的关键点

（一）分销渠道上商品利差的推动

商品的主体（消费者）化过程中，分销渠道上商品利差具有推动力的作用。利差不仅包括同一商品价差，还包括不同品牌间的价差之比较。在分销渠道上，商品在被交易过程中一般情况为：中间商会重点推介好卖的、价差大的；而对普通零售商而言，不同品牌高、中、低档次的商品都可能要卖，以满足不同层次的需要，但价差大的被首先推荐；对大型商超市而言，虽然消费者自选为主，但是商品促销人员或特定品牌的促销人员，会在销量与利差间权衡，以引导消费者兴趣或购买；移动终端的社群中亦如超市促销。商品价差实质是分销渠道各环节利益分配关系的反映。

价格不是主要动力源，利差才是主要动力源。

（1）价格是商品的基本属性之一，价差是复合属性。

（2）价差是势能，它可以转变为经销渠道上下环节间的动能。商品价差势能论内容为：商品质量优于竞争者商品，但价差相同的同档次商品，其势能由商品质量决定；商品质量相同条件下，价差大，势能就大；商品质量优于竞争者商品，价差大，势能更大。

（3）在商品/市场生命周期的成长期，或假冒伪劣盛行、市场不规范时，商品的质量和利差是形成竞争优势的关键手段，尤其是主推商品的质量和利差形成的竞争优势可以带动其他品项的销售。

（二）商品/市场生命周期的成长期形成竞争优势的一般法则

在商品/市场生命周期的成长期，形成竞争优势的一般法则是：①全品次运作与全品牌运作相结合；②主导品牌系列占优质网络资源；③主打商品占优质网络资源。

（三）推销话术的运用

刘永矩认为，"推销是把销售和推广结合在一起了"[1]。推销过程中，销售话术的运用非常关键，推销学中有几个话术模式如下。

（1）推销学中的 FAB 法则。F 指商品的功能及特征，A 指商品的优点，B 指顾客所能得到的利益。应该说，这个法则还有其不足之处，目标消费者消费（社会）价值观没有概括进去；而且它是单向的，从"商品→消费者需求"的方向进行逻辑展开。

（2）推销的"迪伯达"模式和"埃德帕"模式。"迪伯达"模式紧紧抓住顾客需求这个关键性的环节，把推销过程概括为六个阶段，而"埃德帕"模式是"迪伯达"模式的简化形式，它适用于有明确购买愿望和购买目标的顾客。"迪伯达"模式和"埃德帕"模式从"消费者需求→商品"的方向进行逻辑展开，并将二者结合起来，但目标消费者消费（社会）价值观都没有概括进去。

（3）"属性≒功能≒利益≒价值"关系分析模式。此模式是可以弥补上述模式丢弃目标消费者消费（社会）价值观的不足，而且此模式双向展开。

综上所述，推销话术的运用，须遵循"属性≒功能≒利益≒价值"模式。

二、战略概念推广与销售的配合

在商品/市场生命周期的不同阶段，推广与销售怎样配合，刘永矩很好地解决了这个问题，经过整理，列于表 7-2 中：

表 7-2 商品/市场生命周期的不同阶段推广与销售的配合

商品生命周期	推广与销售的配合
导入期	推广以启发需求为主，重在商品概念。如果启发需求时间长，要通过销售终端教育达成购买，推广力度要大于销售力度

续表

商品生命周期	推广与销售的配合
上升期	推广是为启发消费者对商品的需求、告知品牌，重在商品概念，加大告知品牌力度，销售部门要配合市场部，共同实现目的
成长期	提出品牌概念并强势推广，经销商抢夺市场份额，销售力度大于推广力度
成熟期	品牌概念下的商品概念、卖点的推广，推广与销售的力度均衡

注：本表参考了刘永矩《推广》一书第6页和第219页相关图表

三、4P与4C的统一

1960年美国密歇根大学教授杰罗姆·麦卡锡在其著作《基础营销学》一书中提出了4P市场营销组合理论，4P即产品（Product）、价格（Price）、渠道（Place）、促销（Promotion）。这一理论第一次将企业的市场营销要素归结为这四个基本市场营销策略的组合，它取代了此前的各种市场营销组合理论，成为西方现代主义市场营销学的基础理论。对企业而言，4P是企业的可控因素。4P理论立足企业和产品，重点在如何把产品销售出去。

1990年，美国企业营销专家劳特朋教授提出了整合市场营销理论，强调用4C组合来进行市场营销策略安排，4C即消费者的欲望和需求（Consumer Wants and Needs）、消费者获取满足的成本（Cost）、消费者购买的方便性（Convenience）、企业与消费者的有效沟通（Communications）。整合市场营销理论主张重视消费者导向，其精髓是根据消费者需求定位产品；重视消费者行为，通过企业与消费者的有效沟通，建立长久的稳定的关系，在市场上树立企业品牌的竞争优势。

在"主体—客体—主体"交往实践中，消费者利益的实现是一个客体主体化、主体客体化的螺旋上升过程。在消费者（主体）的商品（客体）化过程中，企业要依据消费者的需求设计、生产商品，将消费者需求对象化为商品，这些工作是由市场研究部门、商品设计部门、工艺设计部门、生产部门来完成的，尤其市场研究部门和商品设计部门的配合，这些部门的工作人员用4C的思维来思考"消费者利益和消费（社会）价值的产品化"尤其重要，相当于沿着"目标市场的消费（社会）价值观→目标市场的利益→商品功能→商品属性"的方向思考。另一方面，市场（推广）部和销售部要推动商品的主体（消费者）化，由于在消费者（主体）的商品化过程中重要的战略性的概念已经确立，如商品概念、商品卖点、品牌概念，已经决定了推广和销售策略的基本内容，即便销售人员不采取4C的思维，而用4P的思维去指导行动就足够了。换句话说，推动商品（客体）的主体（消费者）化，须沿着"商品属性→商品功能→目标市场的利益→目标市场的消费（社会）价值观"的方向进行。

  由此，在客体主体化、主体客体化的过程中，4P理论与4C理论并非完全的对立，并非4C理论否定和取代了4P理论，马克思主义哲学交往实践观和消费者利益和消费（社会）价值论视阈中，二者统一于消费者利益和消费价值实现的过程中。

参考文献

[1] 刘永炬.推广[M].北京：中国工人出版社，2003：138，140，212.

[2] 刘永炬.产品上市[M].北京：京华出版社，2004：107.

[3] 李世丁.整合致胜——打造强势品牌的锐利武器[M].广州：广东经济出版社，2001.

[4] 翁向东.中国品牌低成本营销策略[M].重庆：重庆出版社，2003.

第八章
市场营销渠道中的主体际关系

市场营销渠道指商品供产销过程中所有渠道成员间通过物流、货币流、信息流等所构成的交往实践场，渠道成员包括供应商、生产者、中间商、用户或最终消费者。即"供应商—生产者—中间商—用户或最终消费者"系统。分销渠道指以商品为纽带，从生产者向消费者（用户）转移过程中的所有成员之间的交往关系，渠道成员不包括供应商。

本章在马克思主义哲学及其交往实践观（主体—客体—主体哲学范式）和消费者利益和消费价值中心目的论视阈中，运用"属性≒功能≒利益≒价值"关系分析法，分析市场营销渠道各主体之间的关系。

第一节 市场营销渠道中的关系原则

一、营销渠道成员间的新型交往关系模式

社会主义市场经济条件下，市场营销渠道上成员间应建立以商品/服务为纽带的主体与主体间的新型交往关系，不以渠道成员为客体。基本关系模式为：

$$\text{主动主体} \xrightarrow{\text{商品/服务}} \text{受动主体}$$

这里，主体一般是居于能动、支配地位的渠道成员，供方和消费者都可能成

为主动主体；客体一般处于被动、消极态势，处于受动地位的对象，以商品、服务为客体，不以他人为客体。

社会主义市场经济条件下，市场营销渠道上成员间建立以商品/服务为纽带的主体际的关系模式，原因有三点。

首先，是发展社会主义市场经济与建立和谐社会的内在要求。社会主义市场经济要求建立社会主义劳动价值论为依据的新型等价交换关系，这种新型交换关系，通过市场机制和宏观管理机制的作用，可以实现社会主义生产目的——最大限度满足人的双重利益（合理的物质利益和精神利益），促进人的全面发展；可以达到激发社会成员创新热情，促进生产力发展这一社会主义根本任务。我们知道，只有通过解放生产力，发展生产力，消灭剥削，消除两极分化，实现共同富裕，才能实现社会主义生产目的。而解放生产力、发展生产力，归根结底是人的解放、人的发展，其标志是个人的全面发展和社会的全面进步。所以，在制度上保证人的主体地位，主体际之间的民主、平等、公正、诚信、友善，正是发展社会主义市场经济与建立和谐社会的内在要求。市场营销渠道成员间建立以商品/服务为纽带的主体际关系，在消费者为中心目的前提下，供方通过交换获得自身利益这一目的。新型交换关系下的营销渠道中，主体际之间互为前提和目的，而不是此成员以彼成员为手段获得交换的单一目的，"互为目的"正体现了以人为本的科学发展观和建立和谐社会的要求。

其次，是马克思主义哲学及其交往实践观在市场营销理论及实践中的体现。"主体—客体—主体"哲学范式是诞生于商品经济环境中的马克思主义哲学的内在精髓，也是以人为本、科学发展的内在哲学范式。建立社会主义和谐社会、发展社会主义市场经济必然要求市场营销渠道成员间建立以商品/服务为纽带的主体际关系模式，必然要求市场营销理论与实践遵循这一关系模式。

最后，是克服市场营销渠道成员间"主体—客体"关系弊端的需要。自关系营销思想于20世纪90年代在西方社会产生以来，出现了不少关系营销理论，旨在建立和巩固市场营销渠道各成员间的关系，为商品交换服务。但这些理论大多建立在西方"主体—客体"哲学和资本主义市场经济条件下。众所周知，以此哲学范式为指导的西方社会产生了许多自身难以克服的弊病。在西方社会市场营销渠道成员间，彼此以对方为手段和利用工具、以消费者为手段的现象普遍存在。西方社会以事为本，把人作为赚钱工具，只要他人能发挥挣钱的功能就行。或者说，"外国人是依据钱来管人的，你给我钱，我就听你的。"[1]其结果就是利益冲突、尔虞我诈、破坏生态、妨害正常的可持续发展。虽然有"主体—主体"的后现代主义哲学潮流对"主体—客体"的反抗，但这种思潮抛开商品/服务纽带，把他人视为所谓主体，结果造成对他人的蒙蔽，是不现实的乌托邦思想。中国学习西方"主体—客体"管理思想，已有一百多年。在计划经济体制下，国营、集体经济成分占主导的阶段，"以他人为手段和利用工具"被大大限制，改革开放后形成了多种经济成分并存的格局，使得"以他人为手段和利用工具"这种现象大量产生、滋长，诸如老板利用完了业务员就想办法逼其走人、老板把经销商当作利用对象想方设法控制经销商，设置很多标准旨在罚扣员工工资，等等，同样带来很多纠纷、带来相互利益的损害。构建"主体—客体—主体"交往实践，"以人为本、科学发展"是解决这些问题的根本指导，市场营销渠道成员间建立以商品/服务为纽带的主体际模式，是大势所趋。

二、两大原则

在市场营销渠道上成员间建立"主体—客体—主体"交往实践模式是个社会系统工程，需要体制和机制的创新，需要综合运用法律的、经济的、行政的、思想教育的诸多手段。从作为意识形态主要内容的社会主义核心价值观的角度来看，要坚持"富强、民主、文明、和谐、自由、平等、公平、法制、爱国、敬业、诚信、友善"这24字核心价值观，融入法治建设、融入日常规范、融入各门学科、融入社会主体的交往实践，市场营销理论和实践也不例外。现实矛盾上看，须突出两大原则。

（一）以消费者合理需求为中心目的的基本原则

市场营销渠道成员间建立"主体—客体—主体"的关系模式，须坚持"以消费者为中心目的"的基本原则，这是社会主义生产目的所决定的。而在资本主义条件下，市场营销以消费者为中心的观念，实质上是以消费者为中心手段，不是中心目的。现实社会中大量存在"以消费者为中心手段"的观念，需要坚持"以消费者为中心目的"的基本原则来抵制和克服。

借助传媒的力量，培育承载着社会主义核心价值观的、以消费者为中心目的的公司品牌群和商品品牌群，是以人为本的"主体—客体—主体"哲学范式与消费文化相结合的重要途径，也是在市场营销渠道成员间建立"主体—客体—主体"交往实践模式的关键途径。

社会主义初级阶段和资本人格化条件下，保证消费者的主体地位，还要健全并践行社会主义法制，使得消费者利益得到保护。

（二）共赢原则

共赢，不仅仅指双赢，而是渠道成员间（多极主体）共赢。大力倡导"共赢"原则是弘扬社会主义核心价值观、建设社会主义和谐社会的要求；同时也是克服目前大量"单赢"现象的必然选择。2012 年，党的十八大以来，以习近平同志为核心的党中央提出立足中华优秀传统文化，培育和践行社会主义核心价值观的新的思想文化方针；提出了和平发展合作共赢是当今时代潮流的时代主题，提出了合作共赢为核心的国际秩序观。[2] 这同样适用于国内的经济交往和商贸往来。

案例：富士康和比亚迪——两种低成本控制的不同结果 [3]

富士康和比亚迪都是低成本控制的高手，但两家公司低成本控制方法是有差异的。富士康无孔不入地追求细节的控制，比亚迪则"抓大放小"，以人为本，抓低成本发明创新之大。

在对待机器与普通员工的态度上。富士康机器多为进口的，最好的。降低成本主要在"人"身上下功夫，充分利用中国劳动力富裕、又能吃苦的优点，通过加班、降低计件分值等，大力挖掘降低人力成本的途径。比亚迪起初买不起高度自动化生产线，就自己动手土法上生产线，注重发挥人的主体地位和作用，用人力之巧与自动化生产线竞争。

在报销差旅费用上。富士康要求员工出差回来后，每一张发票都添清明细；比亚迪没有这种规定，比亚迪让员工觉得舒服，企业不与员工斤斤计较。

在用工的等级和收入差别上。富士康在内地 4000 名台湾高管，其薪水相当于 10 万名工人的工资，等级明显。富士康普通员工普遍有牢骚；很多管理人员事不多却拿着高工资,在一线干活累死也赶不上他们。管理人员拿着高工资同样也不说老板好,背后骂娘。比亚迪则是利益与员工共享,遵守劳动法,该花的钱绝不计较,凭贡献取酬,收入差别不大。

总之,富士康提倡"四流的人才、三流的管理、二流的设备、一流的客户",是单赢;而比亚迪则相反,追求共赢基础上的发展。两种用人观念、两种价值观的不同,使得比亚迪杀入手机代工市场,迅速发展壮大,成为令富士康头痛的强力竞争者。

中国人历来重视责任,比亚迪作为后来者在市场竞争中赢得主动的重要原因是"共赢"理念贯穿于经营活动、贯穿于公司内、外营销活动,使得员工责任意识被调动起来,激发了员工的积极主动性。而富士康按照西方管理思想去行事,"我给你钱,你得听我的"。但员工不这样:拿了你的钱,还是不听你的,因为那是劳动所得,因为他们没有感到自己处于主体地位,他们只感到自己处于被利用的环境中。所以,市场营销渠道成员间建立"主体—客体—主体"的交往实践模式,需要大力倡导"共赢"理念。

"共赢"作为义利观的核心,被中国的营销人、经销商所认同,有着现实的基础。但要警惕打着"共赢"的旗号,行不义之举。一家企业,因为建立了富士康那样的企业管理机制,导致员工的普遍怠工,劳资矛盾尖锐。为了缓解劳资矛盾,老板提出"分享计划",请员工吃饭,给部分关键人员涨工资,暂时有了缓解,但还是以前的管理机制,员工、管理人员照样拿着高工资故意怠工。一家企业,市场开发期给销售人员优厚的利益分享,但当市场相对稳定了,就想方设法把销售人员排挤走、换上自己亲信,结果导致销售人员报复、经销商对该企业不信任。为稳定经销商队伍,借用营销咨询公司的方案,以"共赢未来"为主题,花了一笔不小的开支用于召开经销商大会。该企业追求的"共赢",不过是被逼无奈下,怕失去"经销商"这个赚钱工具而采取的蒙蔽手段而已。还有,有的企业品牌影响力增强了,认为对经销商、营销人员左右能力提高了,便不再把这些人放在眼里了。诸如此类,不胜枚举。中国传统中讲究熟人圈内的"互利共赢""诚信",社会主义市场经济的初步建立,"互利共赢"占主导地位的形势还需要一个博弈和建设过程。

实现共赢有两个黄金法则。"己所不欲，勿施于人"，是处理不同文明、不同国家关系的底线原则，被镌刻于联合国总部大厅。"己所不欲，勿施于人"就是孔子所说的"恕道"，用仁爱的心待人，用自己的心推想别人的心，自己不希望的，不要强加到别人头上。"己欲立而立人，己欲达而达人"，是文明内部各个主体间关系的规则，也是孔子所说的"忠道"。忠恕之道，对处理不同主体间冲突具有普遍指导意义。

市场经济条件下，商品交换不可避免地渗透到经济和社会生活的方方面面。但社会主义市场经济条件下，交换关系趋向于建立在以人为本的"主体—客体—主体"交往实践之中，趋向于和谐的交换关系，是"双赢""多赢"、正义、诚信基础上的交换关系，是以消费者为中心目的的交换关系。这就是社会主义市场经济和建立社会主义和谐社会下，市场营销渠道成员间交往关系应有的基本形态。

三、中华元典中记载的君民关系和君臣关系的启示

对我们来说，朋友之间、人与人之间、个人与各类组织之间有一个互相"忠"的问题。民忠于君、臣忠于君，似乎是古人应有之理，似乎就是中华文化的传统。而中华元典所记载的却不是这样。中华文化，从伏羲氏发明八卦开始，就逐渐形成一股以人为本、以民为本的清流文化。

（一）君忠于民的君民关系

《周易》中有"神农氏没，黄帝、尧、舜氏作，通其变，使民不倦，神而化之，使民宜之"。这里讲的是，黄帝、尧、舜能不能担任领袖之职的前提和基础是"民倦不倦，民宜不宜"。上古时代，领袖人物的选拔，看重的不是血统，而是实际贡献。君民关系，不是人民如何忠于君王，而是君王处处、时时、事事留心民意，以便"使民不倦，使民宜之"。

《尚书》记载了尧、舜、禹在交接时嘱托这样一句话："四海困穷，天禄永终"。即天下人民处于贫困之时，就是上天结束君王禄位之日。天佑民不佑君。

《春秋·左传》中有这样一个清晰的论断："所谓道，忠于民而信于神也，上思利民，忠也。"忠于民而信于神，为"为君之道"，民与神并列。《春秋·左传》中还有一个论断，民为神之主也。民的地位高于神，在天下为公前提下的，天人合一的观念中，君王理所应当效忠于民。

（二）君臣之间的礼仪关系

《周易·蛊卦》上九爻辞："不事王侯，高尚其事"，这是处理王道之臣与霸道王侯之间关系的原则，即事君为臣的原则。为臣不为奴，事君是路径，高尚天下之事是目的。孔子在《礼记》中将"不事王侯，高尚其事"作为从政准则，并具体化为"君命顺，则臣有顺命；君命逆，则臣有逆命"。

《周易·序卦》："有天地然后有万物，有万物然后有男女，有男女然后有夫妇，有夫妇然后有父子，有父子然后有君臣，有君臣然后有上下，有上下然后礼仪有所错。"这里，将人际关系分为男女、夫妇、父子、君臣、上下五伦，即五对对应关系。五对对应关系最终落脚在"礼仪"二字上，君臣关系也是礼仪关系，没有阶级等级的差别。

《尚书·尧典》记载，所有的大事都是君臣讨论决定的。讨论过程中，尧没有独断专行权，必须尊重多数人的意见。君臣之间，和而不同。

这让我们颠覆过去的认知，原来是这样。然而，西汉武帝时期，董仲舒将儒家学说，改造成为皇帝所需要的"君为臣纲"的权术，并被汉武帝采用。自此，皇帝垄断了文化的解释权，尤其对儒家文化。自此，文化不能自由讨论、自由批评，凡是有利于"君为臣纲"的理论，都挂上了"儒家"的招牌。

当今，中国大地上大大小小的企业几百万家，不少人当了老板，就觉得是人上人了，可以对他人颐指气使，视他人如工具。这只能说是封建遗毒的表现，也是改革开放后西方主客体思想对国人的侵蚀的表现。当代，要建设和谐社会，建设中国特色社会主义，弘扬社会主义核心价值观，就需要把变质的儒家文化撤出去，把儒家文化的本原找回来、弘扬起来，以支撑社会主义核心价值观的建设，也为企业市场营销中处理各主体间互利共赢的关系，尤其处理企业老板、管理层、员工之间的关系提供文化支撑。

第二节　分销渠道中的关系营销

分销渠道成员的关系，是企业的各部门、员工与中间商（经销者）、消费者之间，以及中间商、营销人员与消费者之间，因商品交换和消费而建立起来的关系。中间商是供方企业的顾客。其中，供方企业与外部目标市场（顾客或消费者）的关系是核心和关键，目标市场（顾客或消费者）是目的性主体。企业各部门的团队、员工是对外关系营销的基础，显然是受动主体。分销渠道成员间关系营销的实质是商品为纽带的主体间互利共赢关系。

一、分销渠道中的主动主体与受动主体

分销渠道成员，有处于相对主动地位者，也有处于受动地位者。

$$\underset{（受动地位）}{生产者}\xrightarrow{商品}\underset{（主动地位）}{中间商}\xrightarrow{商品}用户或消费者$$

在上述模型中，相对生产者而言，中间商、用户处于相对主动地位。把处于主动地位的一方称为主动主体，把处于被动地位的一方称为受动主体。商品是人们劳动、交往、消费的对象，是中介性客体。分销渠道中各个成员之间的关系，实质是以商品为纽带的分销渠道成员（主体）之间的关系。

二、分销渠道中的顾客关系

不同的行业、不同的渠道策略，会产生不同的渠道，有长渠道、短渠道，还有直接针对消费者的直销渠道。如饲料企业常见的分销渠道形式有：

①生产者——中间商——散养户、小规模养殖场；

②生产者——规模养殖场、养殖企业。

不管什么样的分销渠道，都存在渠道成员之间的地位、关系问题。

案例：生产者和中间商（经销商），谁养活谁

某家企业生产某种原材料（并非供不应求），一次，该公司的一位经销商来该公司提货，这位经销商对该公司的老板发牢骚："你们的价格比别人高不少，你赚了我不少钱。"该公司的老板也直言不讳地说："你还得靠我来养活，我的质量比别人的好，不给你货你到哪里赚钱？"

这位经销商当时没有说什么，但心里有气，原本不想下决心另找合作伙伴的，这次被激怒了，便找另一家生产者——质量并不差、价格还相对低。经销商心里话说："我不卖你的，看谁养活谁。"

这个案例中，双方合作失败的原因是，双方建立的仅仅是买卖关系，尤其生产方以自己为中心的观念，破坏了双方的关系。这个案例启发营销人员，用什么样的营销观念、建立什么样的顾客关系，是值得认真思考的问题。

托尼·伦德朗将顾客关系分成三类：交易商关系、供应商关系和合作伙伴关系。而菲利普·科特勒将供求关系更细化地划分为五个层次。第一层是基本关系，供方将产品卖出去便告结束；第二层是被动关系，供方不仅将产品卖出去，而且承诺有事可以找供方；第三层是负责关系，供方不仅将产品卖出去、承诺有事可以找供方，而且还关心卖出去产品的使用情况；第四层是主动关系，供方能够按照顾客的需要来组织供应；第五层是伙伴关系，供方和顾客在生产、销售等环节上实行全面合作，或局部合作。菲利普·科特勒认为，供求关系层次越高，顾客群越容易扩大，利润也越丰厚。但菲利普·科特勒的关系，是"单一主体—客体"关系，供方把合作方视为客体，合作方也把供应方视为客体，只不过是共同索取利益而走到一起。

确立什么样的供求关系是供方企业需要作出的战略选择，在市场经济条件下，以消费者、顾客为主体的营销环境中，建立主动关系和伙伴型关系是必然的要求。这是因为：

（1）主动关系和伙伴型关系有了新的内涵。

主动关系是利益（消费价值）链（或分销渠道）上的成员互为主体，生产环节成员依据市场需求和竞争状况，设计、实施相应的营销战略和策略，并协助下环节顾客执行任务，实现战略目标。往往出现于商品/市场生命周期的成长中后

期和成熟前期阶段。

伙伴型关系是利益（消费价值）链（或分销渠道）的上环节成员与下环节顾客之间互为主体，在生产、研发、销售等方面深度合作。伙伴型关系往往出现于商品／市场生命周期的成熟阶段。例如，饲料行业目前就处于这样的时期，饲料生产企业与养殖企业建立战略伙伴关系，饲料生产企业为养殖企业提供全方位的服务；饲料生产企业与饲料经销商建立战略伙伴关系，将饲料经销商吸纳为企业准员工。伙伴型关系多以联盟的形式出现，具体方式有：贴牌生产、合资经营、特许经营、战略外包等等。

（2）企业持久的竞争优势来自企业内部、外部顾客（消费者）长期的支持。这是买方市场下，消费者为中心的经济环境的必然要求。

（3）对处于供应链中各方的资源进行整合管理，可以有效地利用和发挥有限资源。

有什么样的营销观念就会选择什么样的顾客关系。姜汝祥在《榜样》一书中指出，家电零售连锁商国美的"两副面孔"，"真诚到永远是针对消费者而言的，为取悦消费者招式用尽，然而对待供应商则是通过延迟货款、交进场费、交节日促销费等手法加以打压，将成本压力转移到供应商身上，使那些从量上得到好处的供应商对国美又爱又恨。"[4]然而，同为零售连锁商的沃尔玛在发展壮大后却不是这样对待曾经强硬的供应商宝洁公司的。这就是经营之道的差别，前者以商品或自我为中心，后者以顾客为中心。这是对待供应商的不同态度。

显然，选择主动关系或伙伴型关系，表明以消费者为中心目的、以顾客为目的为导向的市场营销理念。作为供方企业，在营销活动中主动倡导建立平等合作为基础的渠道成员间关系，无论是主动关系还是伙伴型关系，都将体现于4P/4C战略中，并一以贯之，从而使得营销思想、理论在战略中具体化。进而顺势而为，创造和谐的营销环境。

三、分销渠道中的主体与客体转化关系

分销渠道上的主体与客体的一般关系，就是主体的客体化，客体的主体化。

具体如下。

(1) 用户（消费者）利益和消费（社会）价值观的商品化；用户（消费者）所需商品的消费者化，在竞争中通过推广、销售过程被用户（消费者）使用（消费）。

(2) 主动主体需要的被动主体化；被动主体的"主动主体"化。

(3) 上述关系通过模型"属性≒功能≒利益≒价值"表达。

作为销售人员来说，不需要设计新产品，只需要在既有商品的前提下，或既有营销战略的前提下执行、创新性的执行。例：如果对竞品的主客体转化关系不清楚，对自己商品的主客体转化关系不清楚，就搞不清自己的优势和劣势，拿不出方案与经销商、用户谈差异，也就谈不上让客户或消费者心动，更谈不上去创新地执行了。

从事市场研究、战略制定的人员，需要了解竞品满足其目标市场的需求点，需要了解竞争者的竞争策略，需要根据情况决定商品概念、设计新品、并设计卖点，确定基本推广策略。设计与推广的策划是一体的，应该在同一过程中进行。不懂得主客体转化关系就难制订出符合实际的规划，只能是以己昏昏使人昭昭。

第三节　企业全员营销

员工是指企业（或其他经济主体）内部的成员，全员营销就是在企业内部确立员工的主体地位，建立企业内部的主体间关系或主体际倾向的关系。

一、倡导"员工就是顾客"的思想

传统上认为，顾客是利益（消费价值）链中企业的外部渠道成员。利益（消费价值）链是以工艺链为基础的上下工艺或环节之间独立核算为联结方式的交往关系。在利益（消费价值）链中，下环节成为上环节的客户，员工就有了顾客身份，倡导"员工就是顾客"的思想成为重要的关系营销思想。利益（消费价值）链模型展示如下。

```
                商品（服务）         商品（服务）
生产者—————————经销者—————————消费者（包含了使用者、顾客）
```

在这个利益（消费价值）链中，生产者、经销者、消费者之间构成上下环节，生产者、经销者内部按工艺流程或服务流程连接的上下环节之间的关系也构成利益和消费价值关系。其中下环节是上环节的顾客或目标市场。企业外部顾客或目标市场是企业生存和发展的核心和关键，在企业内部通过一定的机制把员工转变为顾客，则一般地，员工就会把企业外部顾客或目标市场放在第一位，消费价值和利益的传递，通过员工需求的满足和消费价值的实现过程而得以实现。同时，员工向企业外部顾客或目标市场提供的服务，只有发自内心的服务才能带来优质的服务，才能为顾客或目标市场做合适的事情。员工对于外部顾客而言，显然员工是受动主体，外部顾客是主动主体，二者之间存在主体间的主动与受动关系。市场经济条件下，在利益（消费价值）链中员工对资本拥有者及其代理者或高层经营管理者而言，是资本拥有者及其代理者或高层经营管理者的第一顾客，员工应该是主动主体。

强调"员工就是顾客"的思想，就是要强调在处理资本拥有者及其代理者、高层管理者与员工、经销者与员工等关系时，不仅重视外部顾客、消费者，而且更要重视内部的员工，要把员工当作直接顾客、第一顾客，当作享有平等权利的伙伴，而不是颠倒这种关系，把员工当作奴役的对象、利用的工具、施展权谋的手段。世界零售连锁巨人沃尔玛成功的秘诀之一是："如果你想让店里的员工照顾好顾客，你就必须确保你要照顾好店里的员工。"

强调"员工就是顾客"的思想，就是要建立起中华元典中记载的君忠于民的君民关系、君臣之间的礼仪关系；建立起社会主义核心价值观所要求的公正、平等的关系。

案例1　两败俱伤——把销售人员当作利用工具的后果

一家民营食品原料生产企业，老板非常重视业务的拓展，在建厂伊始就组建了销售部，有了销售团队。由于该企业经营的是一种新型替代性原料，该原料正处于导入期，同时市场上已经有同类商品在推广，所以推广难度比较大，需要克服很多的障碍。为了尽快打开市场、并在市场上能占据主动，企业采取了对销售人员利益激励和驱动的方法——高提成、低待遇，这不仅意味着销售人员没有业绩就只有微薄收入维持生存，而且还需要销售人员自己向市场投入一些费用。这一措施产生了双重效果：一部分销售人员不能适应工作自动出局，而少部分销售人员在顽强努力下，终于打开了某省市场。其他地区市场则多次开发，都因主要竞争对手优势明显而告败。由于该企业生产量不大，某省市场已经使该企业显得供不应求。

这似乎有了一个良好的开局。此时，要扩大生产规模，由于资金不足，短期内不可能；原来打开了市场的明星销售员在其他区域市场由于投入较多、没有结果，最终不愿投入。

此时，企业的老板出台了一个新措施，以拓展区域市场为名义让这些明星销售员到最困难的市场去，远离"某省市场'。而"某省市场"的销售业务则被老板截走，这些明星销售员在"某省市场"的提成也被降低，导致这些明星销售员在困难市场的投入与总销售提成相比，处于不划算的状态。结局可想而知，这些明星销售员变成了该企业的掘墓者，在他们的报复和捣乱下，该企业很快就开工不足，而且给保留下来的客户的商品价格不得不降至最低。

这是一个老板把销售人员、员工当做利用工具，招致两败俱伤的事例，作为老板只见客户不见员工，妄图坐收员工之利，最终算计的不是别人而是自己，受害最大的是自己。

案例2　挑起内斗、坐收渔翁之利

一家快速消费品企业，老板为了能够控制客户，采取更为隐蔽的手段。在组建销售队伍时老板就设计了两个对立的高层管理者，两个管理者各拉有一班自己的小帮派，这样，开拓市场、管理客户有了相互监督，销售队伍内部的情况、市场情况很快就能传到老板那。而且通过这种相互对立，一些开发客户颇有能力的销售人员，在老板感到不听话的时候常常被排挤走，换上的是老板"信得过"却往往能力不强的人，以此把客户掌控在老板手中。被排挤走的销售员往往心生愤恨，不少人采取捣乱市场的办法泄愤。该企业搞了15年的快速消费品仍然是个名不见经传的小企业，市场也局限在狭小的区域。而同时起步的从事快速消费品产销的杭州娃哈哈，十年就成了商品覆盖全国的企业集团，成为全国知名的龙头企业，相比之下差距何其之大！

在一些人的头脑中，中国传统的治人之术还占据统治地位，把人当作利用的工具，视把人玩于股掌之上为管理最高境界，岂不知在市场经济下这类权谋已经不能成为灵丹妙药了。海尔人单合一的管理模式，为我们提供了一个生动的企业内部全员营销的案例，值得认真研究和学习。

二、破除企业老板养活员工的观念

在中国企业的打工者队伍中，许多人都有这样的感受：他们的老板总认为，是老板在养活员工。受过《资本论》影响的员工则认为，是员工干出了利润，是老板在剥削他们，是员工在养活老板。于是这样的企业就出现了这样的现象：不少员工总是想办法给企业制造些麻烦，不是制造内部矛盾，就是在营销过程中制造障碍；这样的企业，老板总认为招不到好的员工，总认为员工不忠诚。结果就是，这样的企业，发展缓慢，甚至停滞不前。

这是劳资矛盾，矛盾的主要方面在老板一方。现实中，有些老板对普通员工和关键技术人员的态度是冰火两重天，对于不难招到的岗位的员工，不听话就撵走，对于关键岗位的技术人员，则敬若上宾，"有用就是真理"体现得特别明显。不少企业，包括一些国营改制后的企业，有这样的标语，"今天不努力工作，明天努力找工作"，表明了对员工的一种态度。有几个员工看到这样的标语会舒服呢？员工作为剩余价值的创造者，不仅得不到应有的尊重，反而被当做被养着的对象而被轻视，颠倒了黑白。

老板或管理者是企业生产力诸要素的组织者，老板虽然拥有资本、生产工具，但生产力中决定性的因素——员工，却具有相对的独立性。在市场经济条件下，员工具有择业的自主性，他们可以选择打工，也可以选择自主创业，他们并不人身依附于老板。在劳动力供不应求的情况下，人力资本的价格还自然上涨。这时企业再用老工资标准招人，就不符合时宜了，自然难招到人了。应当说，在劳动生产过程中，劳动的主体是员工，员工是创造剩余价值的关键，理应受到尊重。由于众所周知的原因，保护员工利益的法律在执行中难以落地，雇佣劳动基本上处于市场自发调节状态，劳动者如果没有特别的技能，始终会处于被动的弱势地位。在企业中，老板为员工提供了发挥作用的舞台，为员工提供培训、教育的机会，如果员工视之为理所当然，是纯粹的商业交换关系，显然与社会主义核心价值观不一致。在分配合理的前提下，这本是个双赢的结局。笔者曾经有一同事，老板很重用他，重要的事情总是让他去办，但他总认为自己干得多、获得的少，内心总把老板视为"万恶的资本家"，最后不欢而散。

毋庸置疑，雇佣与劳动的矛盾仍将长期存在。其实，老板与员工是统一体，是合作共赢的关系。如果观念中总是对立，除了体制、机制不完善外，单就观念而言，老板和员工都需要转变观念，用社会主义核心价值观作为衡量劳资矛盾的评判标准，而不是以实力和权势说话。撇开"企业的老板和员工，谁来养活谁"这一问题的答案，把员工当作第一顾客，也是值得提倡的一个观念。老板主动改变企业机制，把员工当作第一顾客，破除自我为中心的管理理念，弱化劳资矛盾，促进企业和谐、长效地良性发展。另外，扎实推进劳动权益保障方面法律的落地，是一项需要不懈坚持的任务，没有这种强制力，尊重劳动永远都是口号，劳动者的主体地位确立，只能是乌托邦。

所以，企业内部要进行全员营销就需要破除"老板养活员工"的错误观念，把员工视为第一顾客。

三、团队与员工管理

企业内部要进行全员营销，还需要协调好内部团队与员工的关系。

团队的功能有三个方面，一是执行企业赋予的任务；二是协调队伍成员之间的关系；三是满足队伍成员的合理要求。

一方面，组建团队和调整团队是为了完成战略任务，团队结构的设计和调整应是战略的反映。由于战略是动态的，组建团队和调整团队也必须非常灵活。从消费者立场出发组建团队和调整团队，可以找到较合理的团队结构。

在关系模型"消费者（顾客）利益和消费价值≒企业战略任务≒团队结构"中，从消费者（顾客）利益和消费价值到团队结构这个方向的转化去思考，用什么样的团队结构去保障目标市场利益和消费价值的实现，就会明确。而从团队结构向消费者（顾客）利益和消费价值这个方向的转化，体现了团队为了完成任务，推动商品的消费者（顾客）化过程。

另一方面，协调好团队成员之间的关系并满足团队成员的合理要求，使团队成员成为联结团队和满足消费者（顾客）利益和消费价值的积极中间环节，就有利于战略任务的实现。团队成员承上启下，既是受动主体又是主动主体。

团队成员作为个体，团队作为集体，个体融入集体才有利于营销工作的顺利开展。团队建设最基本的任务是建立以"和"为基础的团队关系。《道德经》有"负阴抱阳，冲气以为和"，针对团队和团队的成员来说，依靠"阴"就是依靠团队，"阳"就是发挥自己的智慧，把营销工作搞活。成员主动依靠团队、团队负责人主动帮团队成员解决问题，才能为达成目标创造好的条件。

管理团队，无非是要让团队中的全体成员朝着共同的战略目标作出努力。其难点在于团队与成员在目标或行为上的不一致，进而导致团队成员与工作的对立。团队管理就是要化解对立状态，建立团队与成员之间求同存异，并育而不相害的协作关系。唯其如此，才能减少障碍。

在商品/市场生命周期不同阶段，不同竞争环境条件下，企业战略任务、企业的营销战略不同，对团队及团队成员的要求是不一样的。团队生命周期包括组建期、动荡期、稳定期、高效期、调整期。团队生命周期与商品/市场生命周期是不一致的，在商品/市场生命周期的每一阶段，都有可能遭遇团队生命周期的结束。团队生命周期的不同时期，团队与员工的关系有不同的情形，把握这些规律有利于建立团队负责人与成员之间的良性互动关系。

中小企业市场营销实践中，从事营销工作的人中，许多或经历过商品/市场生命周期成熟阶段，或经历过商品/市场生命周期成长阶段、导入阶段，而同时经历商品/市场生命周期几个阶段的较少，对团队在不同商品/市场生命周期阶段的管理规律不是太清楚或没有意识到，往往将处于行业领导地位的"大企业"或"外资企业"的营销模式照搬过来，以为灵丹妙药，却往往适得其反。

案例："等级排名制"是否可取

某企业处于商品/市场生命周期导入阶段向成长阶段转变的过程中，营销战略变为：异地建厂、销地产，扩大市场规模。为配合战略目标的实现，该企业对营销团队的薪资和权责进行了调整，将"底薪+提成"的薪酬制改变为"等级排名制"，即将销售人员分为几个等级，不同的等级权利不同。

按什么排名、分等级呢？按资历，还是按能力？或是按与老板关系的远近？难以找到一个合理的标准体系。个别能力不行、与老板关系较好的员工却被置于等级较高、工资较高的级别，这直接导致了多数员工的不满，以至整个营销团队士气低落。

进一步拓展市场，需要提高团队成员的积极性，而"等级排名制"挫伤团队成员的积极性，自然与任务不匹配，或许这是企业需要排除一些不听话的员工或给营销人员增加压力而采取的玩法。

四、建立营销部门为中心的部门联动机制

买方市场下，以消费者为中心的市场营销活动已经不是营销部门单独能够来完成的，需要企业内所有部门的协作，市场营销部门仅仅是整个市场营销活动的一个重要环节。新品研发、生产活动的各个环节、采购、售后服务等环节都具有市场营销的功能。

在买方市场下，企业一般的价值观为：以消费者需求为出发点，以消费者满意、维持保留消费者为目标，最终获得企业自身利益。企业价值观的实现必须要在改变思想观念的同时改变管理机制，建立以市场营销部门为核心，其他部门甚至部门内部各个环节以顾客为导向的流程式管理机制。在实践中，以价值链理论为指导的流程式管理机制，就是企业一般的价值观和内部全员营销思想的体现。

建立这样的联动机制，在观念上就要理解"商品就是人品"。这里，人品不仅包含了企业全体成员中，每一个人的人品，而且包含了用户、消费者的人品。人们在生产劳动过程中，存在主客体转化关系，消费者需要的商品，包含着消费者的人性需要和供应方人性和劳动的凝聚；同时在商品交换、流通、消费过程中也存在主客体转化，商品品牌承载的消费（社会）价值观被消费者认同，商品属

性、功能满足了消费者，故而，供方、需方与商品是一个统一体。在生产环节，有良好的人品是良好的商品质量的基础。在营销服务中，有良好的人品就能有良好的服务态度。有了这样的思想，有利于在发生矛盾时，协商解决。如在食品工业设计环节，把用户的需要，转变为食品配方，在生产过程中把食品配方转变为实物成品，最终商品被消费者使用，使消费者得到满足。在这个全过程中，商品与人品始终是相互结合在一起的。

进行内部全员营销，还要具备顾客的满意就是企业的责任的理念，这是从生产者（企业）—中间商—用户关系上讲的。顾客（中间商、用户）是主动主体，企业是被动主体，二者之间是在平等互利基础上的合作关系，企业的责任就是研究顾客的需求，并满足顾客的需求，体现了以顾客为中心目的的营销理念。

商品就是人品，顾客的满意就是企业的责任，把两句话结合在一起，就合理了。

第四节　培育和引领营销渠道成员间的共同的价值观

培育营销渠道成员间的共同的价值观，关键在于供方企业的带动和引领。

一、以消费者消费（社会）价值观引领企业价值观

企业价值观是企业在追求成功过程中的基本信念和关于建立和维护各种关系的终极价值判断，企业价值观的作用是：为企业的生存和发展提供基本的方向和行动指南、为企业成员形成共同的行为准则奠定基础。企业的活动从根本上说，来自企业价值观对成员的感召力、向心力。这种企业价值观常体现为一种崇高的目标和宏大的抱负，激励成员形成强烈的团队意识和归属感。所以，企业文化的核心是企业价值观。

企业营造什么样的企业价值观，一种观点认为，企业家（或企业老板）的价值观就是企业价值观，就是渠道成员的价值观，渠道关系要企业家（或企业老板）

价值观引领。还有一种观点认为，企业家（或企业老板）的价值观是企业价值观的重要基础、定位基础，就是企业价值观的人格化基础，与渠道成员间价值观存在差异。

前一种观点，是纯粹的"老子天下第一"，把他人视为客体的体现。后一种观点，还值得探讨。在第六章中梳理有"目标市场消费（社会）价值观、公司价值观、企业家（或企业老板）价值观、社会核心价值观"之间的关系。其中，企业家（或企业老板）的价值观是企业（公司）价值观形成的必要条件之一，但不是唯一的决定因素。公司品牌承载的消费（社会）价值观是企业家（或企业老板）的价值观与目标消费者价值观共同作用的结果，在买方市场条件下，企业家（或企业老板）的价值观与目标消费者价值观一致，则促进企业与员工、企业与目标市场的和谐关系，否则，就阻碍企业与员工、企业与目标消费者之间形成和谐关系。显然，前一种观点中，企业家（或企业老板）的价值观与目标消费者价值观不一致，是以企业为中心目的，以"我"为中心目的的"主体—客体"关系营销思想。

在买方市场条下，企业家（企业老板）的价值观与目标消费者消费（社会）价值观应该一致，并受社会主义核心价值观导引，才是必然要求。这样的企业价值观不是内部封闭的，而是基于以消费者为中心目的，兼顾利益（消费价值）链上所有成员的开放性的价值观，必然对渠道成员具有引领作用。

二、培育企业价值观引领渠道成员价值观

培育企业价值观，需要解决企业使命、用人、营销人员与客户关系准则、营销人员道德素养等问题。

（一）企业使命是营造企业价值观的关键

企业使命规定了企业在行业领域内承担什么样的责任，在具体的发展阶段上的地位和目标。企业使命是企业价值观的进一步具体化，也就是说，企业价值观必须落实到企业使命中，将企业价值观贯穿于企业使命中，才是有根之木。用市场营销关系分析模型来看企业价值观与企业使命的关系：即在"企业属性≒企业

功能≒企业利益≒企业价值观"中，把企业生产力和生产关系视为企业属性，企业的价值观自然也是企业的属性，那么企业的使命可以看作企业功能。企业价值观和企业使命两张皮的现象广泛地存在着。例如：一家企业有着"学习、创新、服务"的企业理念，学习和创新是进行服务的手段，服务是目的和价值观。但从这一企业理念中看不出在其生产、经营的生存领域的具体服务责任、使命是什么，这样的企业理念只能是口号。

（二）企业价值观和企业使命依靠企业骨干人员弘扬

企业价值观的弘扬与企业骨干成员有着密切的关系。企业骨干往往承上启下，对企业价值观和企业使命的贯彻和落实起着核心作用，对企业使命转化为团队全体成员的态度和行为习惯起着表率和榜样作用。所以，对干部或管理者的选拔、任用、考核、培养，对于想走向优秀的企业而言很重要。企业在选拔骨干成员时，只有认同企业价值观的人、愿意为企业使命而付出的人，才值得予以重用。

共同理想是团队凝聚力的源泉，相对而言，高薪不是决定因素。一些民营企业忽视企业价值观、企业使命、共同理想等问题，把员工视为赚钱的工具，或打着人性化管理的幌子，却行使着人治管理的实质。在用人上遵循只要能给企业带来利润就利用的宗旨，任用的企业骨干以是否听话、是否忠诚为标准，其结果必然骨干们也以自己为中心，拉帮结派，导致内部矛盾的尖锐。在买方市场条件下，一些企业骨干口头上喊着服务顾客、服务消费者，实际上却以自己为中心，把顾客、最终消费者当作实现自己目的的手段，其结果必然导致企业、员工与顾客、最终消费者的对立关系。这对企业长远发展没有好处。

（三）求同存异：营销人员与客户关系的基本原则

企业拓展新的市场、开发新的客户，往往面临营销人员与经销商沟通、选择、合作，避免不了价值观念或使命方面的矛盾。价值观念和使命一致基础上的合作，当然是合适之选，如果双方存在价值观念或使命的不一致，在合作不损害他方利益而且其他合作条件合适，求同存异就是第一原则。求同存异，是解决营销人员与客户日常矛盾、处理营销人员与客户关系的基本原则。例如，某经销商视销售竞争对手的品牌为第一要务、主要利润来源，而将我方品牌抓到手中并没有投入足够的资源进行销售活动，其销售我方品牌的商品目的是保护竞争对手品牌的市场占有率和影响力。这种情况下如果还要继续合作，就要坚持求同存异，采取差异化策略促使我方品牌成为经销商新的利润增长点，从而促使经销商思想的转变。

（四）营销者——成为灵魂的销售者

"许多人认为，中国是一个资源贫乏国。这种看法不对。一个国家崛起所需要的资源，在中国是绰绰有余的，这个资源就是意志力。这种力量在不断地增长，仿佛是一种持续生长的能源。"[5]这是一位德国人的看法，虽然有些夸张，但说明了顺应历史潮流的积极向上的文化氛围，以及国民的信念、意志、价值观念对经济和社会发展的推动作用，而人正是推动经济和社会发展的生产力的关键因素。

勇于承担社会使命和责任，而不是谋取不正当的私利；诚实守信，而不是欺诈；充满自信，而不是盲目自信；认真，而不是敷衍，是社会主义核心价值观的内在要求，也是构建和谐社会所必需的。这些社会内在要求，直接体现在人与人的关系上。作为从事商业活动的销售人员、经销人员，把自己的积极向上精神面貌展现给商业伙伴，并与商业欺诈思想和行为作斗争，在开创共赢的基础上做融洽的关系营销的主动承担者。

（五）用品牌承载的消费者消费（社会）价值观整合企业内部和外部成员观念

品牌是目标消费者消费（社会）价值观的载体。在品牌概念与企业价值观、社会主义核心价值观一致的前提下，设计品牌概念，以消费者消费（社会）价值观体现社会主义核心价值观。借助传媒的力量，培育承载着社会主义核心价值观的、以消费者为中心目的公司品牌群和商品品牌群，是以人为本（"主体—客体—主体"哲学范式）的思想与消费文化、品牌文化相结合的重要途径，是整合企业内部与外部所有渠道成员间观念的重要途径，也是在市场营销渠道成员间建立"主体—客体—主体"交往实践模式的关键。渠道成员关系的建立以品牌为纽带，抓住主体际得以建立的这个品牌纽带，就是抓住了枢纽，就可以培育和引领营销渠道成员间的共同的价值观。

第五节　海尔人单合一的管理模式本质：
商品为纽带的营销渠道主体际

曹迎锋的《海尔转型——人人都是CEO》这本书把海尔人单合一的管理机制讲透了，对海尔人单合一管理哲学做了归纳。该书将海尔人单合一双赢管理模式归纳为三个基本层次、九大核心要素。第一层次为运营体系，包括四大要素：顾客价值、自主经营体、日清体系、人单酬。第二层次为支持平台和运营环境，主要包括四大要素：全员式管理会计、交互与协同平台、管理无领导、两创文化。第三层次是经营哲学，包括一个要素，即经营人。[6] 现分别对这三个层次进行深入的分析，以揭示海尔人单合一管理模式的基本哲学范式和渠道成员间关系的本质。

一、海尔人单合一管理模式运营体系中的关键概念所贯穿的哲学范式

第一层次为运营体系，是人单合一管理模式的核心[6]：首先看看这个核心层次的四大要素（范畴），分别贯穿的哲学范式。

（一）顾客价值

海尔集团战略目标的核心是识别并满足顾客价值，海尔提出与顾客共创价值，"顾客价值"这个概念怎么理解？

不同哲学范式下，会有不同理解。

第一种是"主体—客体"哲学范式。特征是单一主体，其余皆为客体，客体是主体统治和控制、利用的对象。此范式下，所谓与顾客共创价值，只是视顾客为手段、为前提的共创而已。

第二种是主体际哲学范式。主体间欲望型意义的沟通、传播，是随着场景变换而变化的，不一定是真实的。这种没有商品纽带联结的主体际，是反抗西方现代主义"主体—客体"范式的哲学及现实而产生的空想主义。

第三种是"主体—客体—主体"哲学范式。特征是多主体共存，人不是客体，

客体是以人造物为中介的社会客体。这种范式下,与顾客共创价值,就是以商品作为纽带,把产用、供需双方关系建立起来,形成主体际关系的共创。在这种范式下,消费者才是真正意义上的主体。

三种顾客共创价值的意义是不同的。顾客共创价值这个概念包含哪种哲学范式,或者说用哪种哲学范式来界定这个概念,内涵与外延会有根本的差异。只从顾客价值这个概念无法理解其包含的哲学意义,必须联系"单"这个概念。

"单"被理解为有价值的目标,从"单"的特征看"单"概念所内含的哲学范式。其特征如下。

(1)顾客是"单"的主人。无论是按"从上往下"的机制形成目标的管理理论,还是按"上下互动"机制制定目标的管理理论(上下级共同制定,最终回归于领导驱动),本质上都是领导驱动机制。"单"由企业内部人自己制定出来的,不是目标真正的主人。

(2)"单"必须是超值的。所谓"超值",就是实现"首选、引领、强黏度"的产品价值主张。按单取酬是实现超值的保证机制。传统上,用超额完成任务和目标引领目标数值来实现"超值",是以企业为中心的思维。海尔按单取酬则实现了从以企业为中心的思考到以顾客为中心的思考的转变。

(3)"单"的同一性。传统目标管理注重目标数值的同一性,轻视"单"质量的同一。海尔人单合一双赢管理模式中,海尔将"单"质量的同一性和顾客的需求和价值关联起来。将企业目标与个人目标融合起来。自主经营体是实现这种同一性的保障。"顾客需求—自主经营体—企业"三者内在统一。

(4)"单"必须是锁定的。"单"来源于顾客,是不能随意变化的,锁"单"找人是海尔的策略。即把"单"锁住,然后在全世界范围内寻找能完成"单"的高人。

(5)"单"是一个系统。目标、机制、团队是构成系统的重要因素。"举高单、找高人",完成"单"的机制和资源构成一个开放性的系统。

从"单"的以上特征可归纳出三个关系:①以顾客为中心;②顾客、自营体、企业是互利共赢的主体;③重质量,实现机制上以自营体、人单酬为基本机制。总之,"单"的概念体现了以商品为纽带的主体际关系。"单"在实体上又是商品、是中介客体。以"单"为纽带的主体际关系,可以实现与顾客共创价值,体现着

"主体—客体—主体"哲学范式。

明白了"单"的概念，再看顾客价值。顾客价值是以顾客（单）为中心目的，而不是中心手段，是利益共同体的共同追求目标。所以，顾客价值只能是"主体—客体—主体"哲学范式下的概念。

（二）进一步从"自主经营体"来分析

自主经营体是以创造并满足顾客需求为目标，以相互承诺的契约关系为纽带，以共创价值共享价值为导向的自组织。所谓自组织，指不存在外部指令，系统按相互默契的某种规则，各尽其责而又协调地自动地形成有序结构的组织。自主经营体拥有用人权、分配权和决策权，这是成为自组织的内因。自主经营体有三类：一线经营体、平台经营体和战略经营体。各经营体之间依靠契约方式实现协同。

自主经营体组建采取抢"单"进入，先"单"后人的原则。有五个步骤：确定第一竞争力目标；确定自主经营体规模和职责，由平台经营体中的人力资源、财务和战略等经营体组织实施；筛选经营体体长，通过抢"单"完成；确定经营体成员，通过抢"单"完成；签订自主经营体目标合同承诺书。

顾客驱动的倒逼机制，是保障自营体良性运转的核心机制，具体做法是：基于顾客个性化需求设计一系列挑战性目标，作为各自营体考核标准（由各个自营体竞争而来）。通过顾客评价倒逼一线经营体，通过一线经营体评价二级平台经营体，直至三级战略经营体。

全员契约机制。"单"是契约关系的载体，自主经营体和个体"举单上岗"。"单"源于顾客需求，而不是上级领导。

"官兵互选"。自营体的体长和成员不是上级任命的，而是通过"官兵互选"机制筛选和优化团队。

由于顾客被赋权，使评价、监督和资源分配权由顾客驱动，由市场决定，所以，顾客成为主体。由于下级经营体可对上级经营体绩效予以评价，并决定其报酬，所以，各级自主经营体都是主体。各级自营体又围绕满足顾客需求的商品及服务——中介客体来进行，这样正体现了"主体—客体—主体"的关系。

（三）从日清体系来分析

日清体系核心是全面预算管理，本质是执行。日清体系含义是全方位地对每个人每天做的每件事进行清理和改进，清理出问题背后的原因，找到解决方法，实现业绩提升和战略的达成。"日事日毕，日清日高"，是日清管理法的概括。

海尔的日清管理体系是"人单合一"管理模式中的执行力系统，是各类自营体都要每天做的。每周周六海尔集团有高级经理人日清会，清体系、清战略和清理念，参与者来自各类自主经营体的代表。领导率先，这是整个日清体系的发动机。海尔的日清体系是"主体—客体—主体"交往实践中的执行力体系。而一些企业引入此法，管理者不带头日清，而把日清管理当成了控制员工的工具。两者是完全不同的。

（四）从人"单"酬来分析

以"单"为基础的报酬体系，以"单"计酬将员工薪酬和为顾客创造的价值合一，即人"单"酬合一，实际上就是主体（员工、自营体）—客体（商品、服务）—顾客（主体）三者的统一。它克服了职位酬与能力酬的弊端。曹仰锋用两个标准（一是对员工激励程度，二是对顾客价值的满足）比较三种薪酬产生的激励效果。职位酬内在逻辑是先独立评价职位的价值，然后再找合适的人来匹配，薪酬固定，目标源于上级，受上级监管评价，属被管理对象，个体主体地位无以确立。能力酬，依据职称评定，假定职称与绩效成正比，事实上，这个假定是有问题的。人才短缺情况下，能力酬或许可以起到一定激励，否则未必。而且，职称低未必贡献小。人"单"酬中，无论自营体还是单独的个体，都需明确自己的顾客，把顾客的需求转化成自己的"单"，然后根据"单"的完成情况拿到自己的薪酬。各自主经营体、个体之间关系是契约关系，没有职位层级，是一种平等关系，相互服务和增值，且用人"单"酬账户和关差（关闭现状与目标的差距）两个工具来保证主体地位的确立和责权利的实现。

显然，职位酬和能力酬具有"主体—客体"特征，而人"单"酬中"我的薪酬我做主"则体现了主体际关系。

从海尔人单合一管理模式的第一层——运营体系的四个概念及内在关系来看，内在地否定了"主体—客体"的关系，同时也不是仅强调主体际关系，而正是在否定"主体—客体"为核心哲学范式的管理理论和管理模式基础上，构建起了贯穿"主体—客体—主体"哲学范式的管理理论核心框架。

二、海尔人单合一管理模式中支持平台的实质和经营人概念

（一）海尔人单合一管理模式第二层次——支持平台的实质

海尔人单合一管理模式第二层次为支持平台和运营环境，如前所述，主要包括四大要素。首先来看四大要素中的交互与协同平台。它指以顾客和员工为中心的交互与协同平台。这是顾客与员工、企业与员工、企业与顾客（包含供方）联结的纽带，包括：以顾客为主的虚实交互平台、开放式创新平台和供应链信息平台，以员工为主的电子损益表、电子人"单"酬表和信息化日清平台。

将信息技术与业务流程融合于一体，使运用信息化技术的实体成为自主经营体之间互动的纽带，成为海尔将财务系统职能融入业务流程中建立基于流程和作业的全员式的管理会计体系。全员式的管理会计体系为自营体、小微企业提供从价值核算、价值创造到价值分配的全流程服务平台服务，同时融入自主经营体和小微企业中。

海尔人单合一管理模式的支持平台和运营环境中还有"两创文化为自主经营体提供软实力""管理无领导帮小微企业培养创业型领导者"等系统对各自主经营体的支持。

上述支持平台实质上是顾客与员工、企业与员工、企业与顾客（包含供方）联结的纽带，是主体际交往的中介，具有中介客体的性质。

（二）海尔人单合一管理模式第三层次中"经营人"这一概念的实质

海尔人单合一管理模式的第三层次是经营哲学，包括一个要素，即经营人。

《海尔转型——人人都是CEO》一书中，归纳海尔集团的管理哲学为经营人，并且归纳出五个原则：自己成就自己、消除人的惰性、人才开放、能本管理、集体创业家平台。归纳到这个程度也确实不易，但经营人概念内涵是什么，书中没进一步归纳，经营人这个概念没有体现出主体际关系，虽然该书作者认同陈明哲教授的归纳。

陈明哲教授认为海尔是为集体创业家提供增值服务的平台型企业，这的确道出了部分特质，而不是全部。笔者认为，他道出了其中的多主体并存这一特征。因为网络型组织机制（消除了金字塔形组织机制）使内部员工之间、员工与外部

顾客之间都成为主体际关系，自主经营体是基本主体，基于自主经营体的核算机制、人单酬机制，保障了自主经营体的主体地位。同时，通过网络型组织机制搭建了微创业平台，使每个自主经营体、每个人以平台为纽带，进行合作共赢。这个平台就是确保主体间关系的中介客体。这是没有揭示出来的。

将经营人进一步归结为打造自主创业平台、践行创业创新文化上，即管理的根本理念放在了"双创"上。"双创"既是海尔管理机制的效能体现，又是管理机制变革的前提，属行为层面的动态文化，是核心层面的文化——哲学范式的具体表现。也就是说，双创文化是遵循特定的文化范式的，特定文化范式是贯穿其中的。特定文化范式没揭示出来，双创只是亚层次的总结。

所以，经营人概念的内涵与前两个层面的概念不一致，不能体现海尔的管理哲学。

三、总结

综合以上三个层次的概念，从哲学范式上看，海尔人单合一管理模式具有"主体—客体—主体"哲学范式，理由如下所述。

（1）人单合一的人，不是特定的人为单一主体，而是特定交往实践场的相关者都是主体，主体可以是员工，也可是自主经营体、小微企业。

（2）人单合一的"单"既是目标，也是企业运行中要实现的实体商品及服务。"单"作为实体，具有中介性质，是多主体之间连结的纽带，因为要打造中介商品而将多主体组织起来，完成共同为顾客服务的目的。

（3）以"单"为纽带的员工与员工、员工与自主经营体、自主经营体之间为实现共同目标而构建起主体际关系。

（4）海尔人单合一管理模式的三个基本层次中，建立起员工、团队（自主经营体）、顾客（消费者）通过"单"（中介客体）有机联系起来的关系，从市场营销渠道看，这一管理模式本质上还是"单"为中介客体的营销渠道的主体际模式。

已为海尔集团实践所证实，人单合一管理模式可以确立员工主体地位、可以确立顾客的主体地位，使顾客真正成为中心目的，而不是中心手段。它是"主体—客体—主体"哲学范式在企业管理实践中得以验证，行之有效的解决方案。这一模式贯穿着"主体—客体—主体"哲学范式，同时又是"主体—客体—主体'哲学范式的具体化。人的行为是制度和机制下的产物，不同的制度和机制会引导不同的行为，而制度和机制贯穿着一个社会的核心价值观和哲学范式，这在海尔集团得到体现。这样一种企业管理制度为海尔首创，成为典范和标杆。

参考文献

[1] 曾仕强. 在中国如何当领导 [M]. 北京：北京大学出版社，2009：155.

[2] 叶自成，龙泉霖. 华夏主义——华夏体系 500 年的大智慧 [M]. 北京：人民出版社，2013：151.

[3] 叶青，肖素均. 中国新首富王传福 [M]. 北京：华文出版社，2010.

[4] 姜汝祥. 榜样——中国企业向世界级企业学什么 [M]. 北京：机械工业出版社，2005：90.

[5] 葛勃尔·施丹戈特. 为财富而战——对权力和资源再分配和再争夺的世界大战 [M]. 许文敏，李卡宁，译. 北京：国际文化出版公司，2007：3.

[6] 曹仰锋. 海尔转型：人人都是 CEO[M]. 北京：中信出版社，2013：153.

第四篇
西方市场营销理论及其哲学范式

本篇主旨是对典型的西方现代主义市场营销理论、后现代主义市场营销理论及其范畴进行反思。

一个理论体系，会受到形成时期的社会历史条件的影响和限制，其理论的基本命题、基本方法、基本概念会受到当时的主流哲学或哲学思潮的熏陶和培育，成为其内在的根据、原则或逻辑支点。菲利普·科特勒说过："哲学为市场营销学之祖母"。通过对西方市场营销理论体系及其范畴、营销哲学的哲学反思，及对西方独立形式的范畴性营销理论的哲学反思，揭示其内涵的哲学范式（根据、逻辑支点），揭示其自身内在矛盾、缺陷，这是把握西方市场营销理论的必由之路。这是"哲学为市场营销之祖母"的一层含义。

反思的根本目的在于"洋为中用"，借鉴西方市场营销理论的范畴之形式，注入马克思主义哲学的范式和灵魂，开创中国特色的市场营销理论。这是"哲学为市场营销之祖母"的另一层含义。

本篇内容是作者长期思考的难点，自2007年始，断断续续经过多年努力，形成本篇研究成果。

第九章
西方现代主义和后现代主义哲学范式概述

第一节 西方现代主义哲学范式概述[1]

西方现代主义哲学实践观就是"主体—客体"哲学范式的实践观。

19世纪末到20世纪初，世界哲学的主题和主导性思维方式经历了从本体论、认识论阶段向实践论哲学阶段的转向。西方现代实践观，包括自近代以来科学理性实践观（以皮尔士、詹姆斯为代表的美国实用主义，欧洲大陆的实证主义、证伪主义、历史主义和新实在论，分析哲学——本质上是语言实践论，结构主义和符号学），波普、胡塞尔、海德格尔的人本实践观及卢卡奇、葛兰西和萨特的西方马克思主义哲学等。其基本构架是"实践主体—实践客体"。

西方现代哲学实践观的基本特征如下所述。

（1）单一主体中心性。[1]单一主体中心性是相对于客体而言的。它指人之自主性，人具有主观性及主体自为性、创造性和实践性。它一方面强调个性自由，另一方面强调个人利益至上，以"我"为中心目的。

第一，人之自主性，即有自主思维、自主设计、自我创造等本源特性，是自由自生的存在。客体则被设计为服从主体、被主体设定、相对静止的对象世界的总和，是在"自在"地等待主体支配、设计和改造的承受者。

第二，人具有主观性，是具有自我意识、自觉反思把握能力和自由思维者，是智能化、"聪明"的主宰，具有意义追求的欲望的存在物。而客体则是被动的、无意识、无反思能力的对象物。

第三，主体有自为性、创造性和实践性。人是价值、意义之源，是在价值追求、创造和主动实践中来实现人自己需要的存在物。客体只是用来满足主体价值需要的价值对象，是被改造、被开化、被意向化的世界。

单一主体中心性是有一系列表现：[1]①权威独尊，主体地位不可分享；②对其他主体排斥必然导致独断的单主体、单向度等级关系，在意识上必然是独断论迷梦；③"单一主体—客体"实践关系；④单一片面"主体—客体"实践进程，忽略了实践在各主体之间运转；⑤实践发展动力仅来自"主体—客体"的相互作用。

（2）相对于单一主体的客体，即"主体—客体"相关律中的客体，其规定是相对于主体而言的。它与古代哲学的"客体中心论"相比，具有被动性、被设定性、底板性、对象性、物化等特点。主体活动是自主性的，而客体则是被动性的；主体是设定性的，而客体则是被设定性的；主体是主观性的，客体则是制约主体主观性的底板；主体是本性外化、创造性的，客体则是对象化、物化的；等等。"主体—客体"相关律中，客体只是与单一主体相关的对象存在：只指向单一主体性，也只有单一制约性，这是自发、必然的关系制约。

"主体—客体"框架对于客体的规定有其合理性。在区分主观与主体的同时区分客观与客体，将客体与主体在相关对应的意义上视为对象、被动性存在、底板等。其缺陷明显，表现为：其一，只相对于单一主体性，即单一指向性；其二，成为终结的、绝对化的底板；其三，这种对象化成为主体实践的终界，因而没有包括社会的交往关系在内。[1]

（3）现代哲学对意义的解释走向一条相对独立而又多元化的发展道路。其特点有三个：①意义问题从观念论中独立出来，在"语言学转向"中成为语言的意义论，实践意义论上升为第一哲学；②科学主义和人本主义大分裂，导致意义解释的偏颇；③作为工业文明衰朽期的哲学，它一方面强化了近代西方哲学主体论框架的一系列特征，另一方面又不自觉暴露了工业文明晚期所带来的"意义错乱"和"意义丧失"的精神病症，为后现代主义哲学提供了某些启迪。[1]

西方现代哲学意义论的困境有三，如下所述。[1]

第一，工具主义与目的意义的冲突。近现代资本主义科技所表征的"主体—客体"（单一主体对自然和他者的征服）意义向度与商品普遍交换做所表征的主体际交往关系意义向度深刻分裂、相互冲突，科学主义与人本主义意义论的大分裂是这一现实冲突的产物。

第二，后现代意义论与现代哲学"主体—客体"意义论的对立。后现代意义论是主体际意义向度，而现代哲学的各种实践意义都是建立在"主体—客体"两极结构模式中。

第三，规范意义与语用学意义的矛盾。一些哲学家主张意义是规范的、具有某种绝对确定性，而日常语言学派、人本哲学主张意义的多元性、开放性和相对性。

"认识论"转向是西方古代本体论向理性化和人学化主体转型的产物，其意义论未与观念论分离。现代哲学的分化，出现科学主义与人本主义的对立，在内在逻辑上源于对康德问题的解答。康德的划界思想将经验与物自体分开，认为认知的对象和框架只能限定在经验范围内，而难以达至物自体。而经验和纯粹理性达不到者，实践理性却能达到。道德律令成为价值意义穿透本体的主要通道。这一划界思想，在意义论上，是将认知意义与本体意义彻底分离，前者被限定于经验范围，后者被限定于非理性范围。

现代实证主义抛弃超验的形而上学或第一哲学，将自己限定在可实证的经验范围进行。实证主义对意义的理解主要集中在三个向度：一是在语言自指性上研究句法逻辑意义，意义仅指语言逻辑上的；二是指向对象，展开对指称和指谓问题的分析；三是指向单一主体的实效。[1]

而人本哲学则高扬非理性，认为哲学本体意义是非理性的，抛弃人之外与人无涉的世界之真义，要把握作为人的非理性资质的主体性意义。尼采、胡塞尔、海德格尔、萨特、马尔库塞、弗洛姆学都以不同思绪形成和发展人化意义哲学，对实证主义作出批判。[1]

（4）人学辩证法。[1]以"主体的人"与"对象的世界"的关系作为辩证法的主轴，是"主体—客体"框架的辩证法。在表现上有认识论形态、历史—实践论形态、现象学与生存论形态，以及结构主义形态等。

认识论形态的辩证法是以单一认知主体为中心的辩证法,探讨人作为认知主体何以可能认识真理,进而能正确地把握世界总体的问题,有唯理论与经验论两种表现形式。

历史—实践论形态的辩证法是以"主体—客体"同一为主线的辩证法,是"主体—客体"互动的历史—逻辑或逻辑—历史,是德国古典哲学辩证法的主题。差异、对立与矛盾,肯定、否定、否定之否定,质、量、度,存在、本质、概念等按照"正、反、合"三部曲旋转的辩证法范畴怪圈,都是在"单一主体与客体"的关系中被界定的。

以人为价值本位的辩证法采取了现象学和生存论形式,这是胡塞尔、海德格尔、萨特的辩证法。

结构主义形态有多种表现形式。皮亚杰以活动为中轴,以"主体—客体"为架构,建立了名为"发生认识论"、实为结构主义(建构主义)的辩证法。符号互动论者 H. 布鲁默及 M. 库恩强调社会结构在各个社会角色间的符号互动中的辩证发生过程。实用主义基础上发展起来的美国操作主义,也是一种具有辩证思维和建构主义色彩的相对主义理论。

西方现代实践观缺陷有三,如下所述。[1]

①实践框架中的单一主体中心性。单一主体中心性的缺陷:"主体—客体"框架将主体性变成了唯一中心性、同质性,实际上就是"大写的自我";"主体—客体"框架成为界说主体资质和能力的根据,而从根本上排斥了主体际关系对于主体建构的决定性影响;单一主体中心性不能揭示主体间交往关系双向整合对于各级主体所带来的本性发展、人的开化以及主体形态建构过程;单一主体中心性不能揭示主体创造性活动的真正本质,因为主体活动是在"主体—客体""主体—主体"双重关系作用下实现的过程;[1]实践发展动力仅来自"单一主体—客体"相互作用,实践进程仅沿着"单一主体—客体"相互作用的轨道运动。[1]

②缺乏对实践的交往性所凝聚的意义结构的研究。由于"主体—客体"两级框架的限制,只能考察此在意义域,而忽视对多极主体间实践关系所凝聚的意义结构的探索,这是一个重大缺陷。

③缺乏对交往实践内在辩证法的研究。诸形态的"主体—客体"辩证法的核

心是对客体至上论的否定和解放，在模式上，其辩证法是单一主体性及"主体—客体"式的。这既是其特征也是其根本缺陷。它使辩证法不关注主体际关系，封闭在"主体—客体"互动范围，并着意于建树巨人对世界的统治权威。[1]

现代实践观将人类实践视为同质的、单一化的活动，达到一种对一般"实践结构"的抽象理解，没有肯定与否定、进步与落后之分，一切都化为"主体—客体"相互作用这一抽象规定。[1]

西方现代主义之实用主义、实证主义对西方科学影响深刻，渗透于西方各门具体学科中，市场营销理论、市场营销学也不例外。

第二节　后现代主义哲学范式概述 [1]

20世纪上半叶始，西方主要资本主义国家的哲学中出现了后现代主义实践观的思潮，即主体际向度的思潮。这是第二次工业革命成果给社会带来的变革中孕育出第三次工业革命之势及后现代社会转型的哲学表现。主体际是贯穿当代西方后现代哲学的主线。

当代西方后现代主义哲学具有以下特征：[1]

（1）后现代实践观的基本构架（或隐或现地）表现为没有客体底板的"主体—主体"两极或多极主体模式，用多极化主体取代现代实践观的单一主体。这是一个核心特征。

（2）没有客体底板的单一实践关系。没有客体底板的实践，取消了"主体—客体"实践关系，实践变成了纯粹主体际行为，进而转向了语言交往行为。

（3）消解中心性，导致相对主义和非理性，主张宽容精神。取消了客体底板也就没有了主体性，没有了理性。多极主体间可以自由地凭需要、信念来行事或理解。不再有评判是非的基本标准，彼此需要宽容。多元价值选择的唯一根据是许多不同的"自我"的信念、愿望和需要。

（4）交往、对话的单一实践动力观。交往的发展是主体际的相互作用史。

（5）历史性和差异性观点。历史性指没有超越历史的所谓一般存在、一般历史结构、一般真理，只有历史演化中的存在、结构和真理，这造就了视界的差异性。文本的视界与读者视界的差异是历史的差异。

（6）意义交往的主体际向度。意义理解与交流是后现代哲学的基础理论，强调文本、语言对多极主体的意义及其相互理解关系，有以下五个特点。[1]

①意义理解框架的主体际性和交往性向度。后现代哲学意义论，是对现代意义论"单一主体—客体"两极化框架的整体否定，其意义向度总体说是主体际的，指向现实或未来的他者。

②走向实践的语用学意义。语用学是实践论和语言学双重转向中的融合，语言之根在于实践，语言之意义只有被视为实践的才有可能解读，意义的实践解释学是语言意义之本。[1]语用学意义在行为层面上判定语言或话语的意义。一个词语或话语的意义，当且仅当在于它的生活用法。语词的不同意义在不同的交往实践情境中转换，有内在关联，但向度不同。语用意义不完全受说话人主观意图控制，而是在说话人和对话人的相互作用情景中产生。交往和对话，是话语意义的增生机制。[1]

③意义的相对性。后现代意义相对观分为两种：一种以哈贝马斯、罗蒂等人为代表，强调意义的交往性和开放性，交往无中介客体和底板，所以，意义无固着性。另一种以德里达和福柯为代表，认为能指（符号）与所指（意义）是分裂、不对应的，话语自身产生出随机意义。能指膨胀占据了所有空间，意义处在漂泊中。主体和意义都不是能指的原因，相反，却是其后果。[1]

④话语权威批判。"说话就是权力"的话语权威批判是后现代语义论的基本思路。

⑤差异性意义。多极异质主体造就多元性意义。对话、冲突和理解，互文性意义，是差异主体性的基本范畴。差异造成平面化、多元化，造成众声喧哗，造成无主导或无规范的意义和理解，造成开放性，造成交往共同体的随机和飘零，合理性在差异中被消解。

（7）主体际的交往辩证法的特征表现在五个方面，如下所述。[1]

其一，单一主体、大写的人的消解，以及多元主体间的相互关系成为辩证法探索的主题。

其二，否定与解构向度。将辩证法的批判——否定向度绝对化，拒斥任何肯定。

其三，反对整体化、同一性，强调断裂、差异和离散化。

其四，在多元化歧见中否定客体底板的存在及其制约性，反对规范化、绝对化，强调话语意义的多元性、流动性和相对性。

其五，出现了许多新的辩证法论题与范畴，拓展和丰富了辩证法的视野，如多元与一元、文本与意义、延异与同一、规范与歧义、整合与解构、共识与分识等。

后现代实践观总体上抨击、克服了现代实践观的若干缺陷，用多极主体取代单一主体，用主体际关系（包括意义交往、交往辩证法）填补了前者的空白，等等。但是，后现代实践观在全面否定前者的同时抛弃了其合理成分，如客体底板、主客体关系等，倒向了相对主义、虚无主义及非理性观，走向了另一极端。[1]

后现代主义在营销理论中表现为整合传播理论、主体际倾向的关系营销理论。

参考文献

[1] 任平．走向交往实践的唯物主义 [M]．北京：人民出版社，2003：35，37，38-41，42，110，112，149-150，176，181，182，183，196，217，220，221．

第十章
两类西方市场营销理论体系的哲学范式

西方哲学是西方营销哲学的根本,而西方市场营销理论体系内含着西方营销哲学。所以,要理解西方市场营销理论体系,不从西方哲学这个前提入手分析是不能理出头绪的。对西方市场营销理论体系的反思,须揭示其哲学前提以及其哲学前提的根本不足和缺陷。

主流的、典型的西方市场营销理论体系有两类:贯穿着实用主义的市场营销理论体系与贯穿着后现代主义的市场营销理论体系。由于两者分别贯穿着不同的哲学范式,本章不仅分别从两大西方市场营销理论体系的哲学前提入手进行揭示,还从两大西方市场营销理论体系的哲学前提对比中揭示,即层层剥开,发现其中的双内核,并分别从双内核哲学范式的整体上比较研究。

第一节 实用主义的市场营销理论体系

哲学是一定社会经济基础的产物,是文化的根本,具有意识形态的作用。不同社会生产方式、不同社会制度有不同的哲学观。哲学思想贯穿在具体学科的研究中,与各门具体学科之间存在内在关系,这是不以人的意志为转移的,市场营销学与哲学的关系也不例外,问题只是在于受什么样的哲学观点支配。现代西方哲学中的实用主义哲学对西方市场营销理论有着深刻的影响。

一、实用主义哲学简介

实用主义是在美国土壤上生长起来的一个哲学流派,它于19世纪70年代在美国露头。1871—1874年间在哈佛大学进行活动的"形而上学俱乐部"被认为是美国第一个实用主义组织。俱乐部的主持人是后来被认为是实用主义创始人的皮尔士,参加者有哲学家、心理学家赖特(C. Wright, 1830—1875)及后来成为实用主义最大代表之一的詹姆斯等人。他们各在自己专攻的领域表述了实用主义的一些基本思想。19世纪末20世纪初,通过詹姆斯以及美国实用主义另一位代表人物杜威等人的活动,实用主义发展成为在美国影响最大的哲学流派。20世纪40年代以前,实用主义在美国哲学中一直占有主导地位,甚至被视为美国的半官方哲学。在其他西方国家,实用主义也有流传,例如在英国出现过以席勒(F. C. S. Schiler, 1864—1937)为代表的实用主义运动。席勒为了强调哲学以人的利益为中心,于是将实用主义改称为人本主义。

实用主义在一定程度上继承了贝克莱—休谟—孔德的经验主义路线,主张经验是世界的基础,人的认识局限于经验的范围。它也继承了叔本华、尼采等人的意志主义和狄尔泰、柏格森等人的生命哲学的非理性主义思想。其目的在于调和唯物主义和唯心主义、科学和宗教的对立。实用主义不同于西方传统哲学的特点之一,是从方法入手讲哲学。它的主要代表人物有时把哲学归结为方法问题,即实用主义不是什么系统的哲学理论,而是一种方法。实用主义把理论行动主义化和功利主义化:强调生活、行动和效果,把经验归结为行动的效果,知识归结为行动的工具,真理归结为有用、效用或行动的成功。也就是说,实用主义的根本纲领是把确定信念作为出发点,把采取行动当作主要手段,把获得实际效果当作最高目的。实用主义者对行为、行动的解释,重点关注行动是否能带来某种实际的效果,也就是关注直接的效用、利益,有用即是真理,无用即为谬误,而不管其是否符合规律,是否公平正义。实用主义在哲学范式上属于"主体—客体"范式。

二、菲利普·科特勒《市场营销原理》的实用主义哲学智慧

我们以菲利普·科特勒和加里·阿姆斯特朗合著的《市场营销原理》（第13版）作为分析对象。

《市场营销原理》可以用一个概念和一个模型来总括。一个概念是市场营销，即企业为从顾客处获得利益回报而为顾客创造价值并与之建立稳固关系的过程。一个模型指市场营销过程的简单模型（或扩展模型），简单模型的流程表述如下：理解市场和顾客的需求和欲望→设计顾客导向的营销战略→构建传递卓越机制的整合营销计划→建立营利性的关系和创造顾客愉悦→从顾客处获得价值以创造利润和顾客权益。

它表明"顾客导向和创造价值是通往销售和利润的必由之路"。在这个单向流程中，起点是"理解市场和顾客的需求和欲望"，终点是"从顾客处获得价值以创造利润和顾客权益"；中心目的是"从顾客处获得价值以创造利润和顾客权益"，中心手段是理解顾客并与之建立稳固关系。这里，作为主体的是商品所有者、品牌所有者、资本所有者；而处于被认识、被驾驭的地位的是顾客，即顾客处于客体地位。从市场营销的扩展模型中更能清晰表达出这种内在关系。

设计顾客导向的营销战略，是以市场营销观念（顾客为中心）为指导的。《市场营销原理》明确指出，"市场营销观念是以顾客为中心的'感知—反应'哲学"。[1] 市场营销观念即营销哲学；"感知—反应"是实用主义的生活哲学、行动哲学、实践哲学，它把人的全部认识和实践归结为有机体对环境的刺激反应，即行为。认为人的感觉本身并不是对世界的认识，而只是环境对人的一种刺激。在以顾客为中心的市场营销中，所谓"感知—反应"，一方面是指物品所有者、品牌所有者、资本所有者（主体）感知顾客的需求、利益，并对之进行价值评价，从而制定实现交易的方案并行动；另一方面是指物品所有者、品牌所有者、资本所有者（主体）利用商品、品牌等手段使顾客感知，从而使顾客采取购买行为。前一方面是前提——"物主"理解了这种感知并设计顾客导向的营销战略、构建传递卓越机制的整合营销计划等行为反应。结果是使顾客在反应行动中建立营利性的关系和创造顾客愉悦，实现商品的交换（惊险的一跳），最终实现其从顾客

处获得价值以创造利润和顾客权益的目的。

即此市场营销中的"感知—反应"是双重的，一方面是物主的，另一方面是顾客的，物主的"感知—反应"起支配作用。这表明：商品所有者、品牌所有者、资本所有者与顾客之间是主体与客体的关系。但这种主客关系不是二元分割的，而是在相互感知的世界中相互作用、相互依存的主体与客体。"感知—反应"哲学，即实用主义的实践哲学，通过营销哲学（实质是以顾客为中心手段的市场营销观念）作为中介，贯穿、渗透在市场营销过程的模型中。

从市场营销的简单模型或扩展模型中，以"与顾客这个中心的关系为标准"很容易分辨出其核心范畴。菲利普·科特勒的营销理论体系中，顾客感知价值、顾客关系、定位、品牌、关系营销、营销传播等核心范畴都是实用主义营销理论体系中的范畴，这与那些相对独立发展起来的定位理论、品牌理论、关系营销理论、营销传播理论及其核心概念所包含的哲学范式往往不一致，甚至存在着根本差异。但是，菲利普·科特勒在实用主义旗帜下，这些概念被统一在一个体系中，被改造为贯穿着实用主义的概念。

三、菲利普·科特勒"顾客感知价值"评议

（一）顾客感知价值

菲利普·科特勒《市场营销原理》（第13版）第1章中对顾客感知价值的定义，是指与其他竞争产品相比，顾客拥有或使用某一市场提供的总利益与总成本之间的差异。可理解为，顾客感知价值是顾客总价值与顾客总成本之间的差额。

顾客总价值是指顾客购买某一产品和服务所期望获得的一组利益，它包括产品价值、服务价值、人员价值和形象价值等。产品价值是由产品的功能、特性、品质、品种与式样等所产生的价值。它是由顾客需要决定的，是顾客需要的中心内容。服务价值是指伴随产品实体的出售，企业向客户提供的各种附加服务，包括产品介绍、送货、安装、调试、维修、技术培训、产品保证等所产生的价值。人员价值指企业员工的经营思想、知识水平、业务能力、工作效益与质量、经营作风、应变能力等所产生的价值。形象价值是指企业及其产品在社会公众中形成

的总体形象所产生的价值，包括企业产品、技术、质量、包装、商标、工作场所等所构成的有形形象所产生的价值，公司及其员工职业道德行为、经营行为、服务态度、作风等行为形象所产生的价值，以及公司的价值观念、管理哲学等理念形象所产生的价值。形象价值是产品价值、服务价值、人员价值综合作用的反映和结果。

顾客总成本是指顾客为购买某一产品所耗费的时间、精神、体力以及所支付的货币资金等，因此，顾客总成本包括货币成本、时间成本、精神成本和体力成本等。

该概念认为，顾客在选购产品时，往往从价值与成本两个方面进行比较、分析，从中选择出价值最高、成本最低，即顾客感知价值最大的产品作为优选对象。企业须向顾客提供比竞争对手具有更多的"顾客感知价值"，才能使自己的产品为消费者所注意，进而购买本企业的产品。

顾客感知价值是《市场营销原理》中的核心概念。营销以顾客为中心，营销可以看作对顾客价值的确认、创造、传播、传递和监控，而顾客的满意程度依据顾客感知价值来判断。

（二）对顾客感知价值的反思

顾客感知价值是顾客总价值与顾客总成本之间的差额，是指作为理性人的顾客在物品交换中对物品的主观价值估价。价值判断分为评估性价值判断和描述性价值判断，顾客感知价值属于主观评估性价值判断理论范畴。

纵观西方经济思想史，主观价值理论有着很长的历史渊源。在17世纪和18世纪英国工业革命产生前，是英国资本主义生产方式确立和手工工场（产业资本）自由发展阶段，英国古典政治经济学劳动价值理论虽然占主导，但先后论述主观价值理论的先驱者也不少，其中尼古拉·巴贲（1637—1698）就是主观价值理论的思想先驱和最早倡导者之一，他认为一切商品的价值来自其用途，没有用的东西是没有价值的；商品的用途在于满足人的需要。从人的需要出发，他把物品的价值理解为人们主观对其有用性的一种评价，且随着偏好而转移。有用物即价值物，且没有自然有用物和人造有用物的差别，将生产因素与商品价值的关系割裂了。18世纪下半叶至19世纪中叶，英国工业革命和欧美资本主义工业确立时期，资本主义的剥削及英国古典政治经济学劳动价值理论的导引作用，使得工人运动和社会主义运动兴起。19世纪下半叶，以电力、电机、内燃机的发明应用为主要特征的第二次工业革命在欧美资本主义世界兴起。19世纪70年代在英国、奥地利、瑞士几乎同时出现了反英国古典政治经济学"劳动价值论"和马克思劳动价值论的边际效用价值论，并形成边际效用学派。从方法论上看，边际效用学派逐渐又形成两大支流，以奥地利学派为代表的主观心理分析派，和以英国杰文斯、瑞士洛桑学派为代表的数理分析派。之后，美国人克拉克（1847—1938）开创了边际效用论的美国学派。边际效用学派共同观点是"商品价值取决于人对其效用的主观心理评价，价值量取决于物品带给人最后的亦即最小的满足的那一单位效用"。边际效用学派的观点及分析方法成为西方微观经济学的基础，至今影响着西方国家经济政策的制定。

主观价值实际是主体对物品效用的估价，有两种表现形式——让渡价值和感知价值（认知价值）。奥地利学派的庞巴维克（1851—1914）对让渡价值作了界定。让渡价值，指用来交换的物品的价值由物主对物品所做的最高效用评价决定，是否用于交换取决于物主认为物品交换价值是否更大，即"卖方物主—物品"主观价值关系。

顾客感知价值则是顾客对物品效用的估价，即"买方顾客—物品"主观价值关系。顾客感觉的价值，虽然是主观评估价值，但是以客观描述性价值为依据进行的判断。庞巴维克认为，客观价值是物品本身的物理特性，实际上把客观价值界定为使用价值，而否定了作为商品内在的劳动价值。

"人的主观性，无论是自我意识、自由自觉的能动性还是主体图式，都是交往实践基础上的精神的和认识的交往关系的结果"[2]，作为主观价值的"顾客价值"是有其经济基础和社会制度及意识形态基础的。《市场营销原理》指出，市场营销观念是以顾客为中心的"感知—反应"哲学，而"感知—反应"哲学以实用主义的"主体—客体"哲学范式为依据，这表明顾客感知、价值是"感知—反应"视阈中的概念，是由"主体—客体"哲学范式贯穿并规范着的。

顾客感知价值是顾客感知经验中的"买方顾客—物品"感知价值关系，这种感知只能感知使用价值，不承认劳动价值的存在。但在"感知—反应"哲学下，买方顾客一方面感知物品的效用,一方面感知作为效用的交换成本,"当顾客购买产品时,他们交换有价值的东西(价格)以获得另一种有价值的东西(拥有或使用产品的利益)"。[1] 由于效用、成本同属于使用价值范畴了。也就是说,顾客感觉的价值的客观价值依据为使用价值。

而马克思主义政治经济学讲的客观价值是"商品的使用价值与内在劳动价值的统一",这表明顾客感知价值概念的客观基础,与马克思主义政治经济学关于"商品的使用价值与价值"之间存在内在的矛盾。本书讲消费价值,是建立于商品二重属性原理基础之上的,消费价值的客观评价依据是使用价值与价值的统一,其哲学范式是"主体—商品—主体",即商品的交换建立于社会主义劳动价值论反映的交换为基础上的主体间的新型交换关系。买方市场下,作为消费者的主体是中心目的地位的主体,买卖双方主体之间是双向构建的关系。

顾客感知价值是物的有用性满足顾客的需要的经济主义或实用主义的价值,是脱离劳动价值的单纯实用价值评价。顾客感知价值又是菲利普·科特勒营销理论体系最核心的范畴,是其理论体系的出发点。当须首先明辨。

四、菲利普·科特勒营销理论体系的核心范畴之间内在联系

顾客感知价值是菲利普·科特勒营销理论体系的出发点,在市场营销过程的扩展模型中,第一步,物主必须要做的就是感觉"顾客的价值",这是形成顾客关系的前提。正确理解顾客价值才能确定提供什么样的"市场提供物",有了提供物,才能满足顾客,从而建立顾客关系。

顾客关系之所以是核心范畴,是以顾客为中心的必然结果,在市场营销过程的扩展模型中,前三步都是"物主"为建立顾客关系而发生和采取的行为。物主在前三步的"感觉—反应",在现实实践中被称为客户关系管理,即"通过递送卓越的顾客价值和满意,来建立和维持有价值的客户关系的整个过程。它涉及获得、维持和发展顾客的所有方面。"[1]。这一范畴表明了物主必须以顾客为中心,但中心目的还是中心手段,还必须联系另一个核心范畴——顾客权益。

"顾客权益是公司现有和潜在顾客的终身价值的贴现总和"[1],是客户关系

管理的最终目标。这就是市场营销扩展模型的第五步——从顾客处获得价值以创造利润和顾客权益。可见，顾客权益是"物主"追求的最终目的，而建立顾客关系只是"物主"实现顾客权益的手段。

从总体来看市场营销过程的扩展模型，上述三个范畴之间是从"手段—目的"的方向展开逻辑的。而且，相对于定位和品牌而言，建立顾客关系是中心手段。这就是市场营销过程的扩展模型第二步、第三步与第四步之间的关系，也是从"手段—目的"的方向展开逻辑的。

定位和品牌是营销范畴。设计市场营销战略（扩展模型第二步）和构建传递卓越价值的整合营销计划（扩展模型第三步）是物主由感觉做出反应的筹划阶段，是"公司借以创造顾客价值和实现有利可图的客户关系的市场营销逻辑"。"公司决定为哪些顾客服务（市场细分和目标市场选择），以及如何为他们服务（差异化和定位）"，并据此"设计由可控的要素——产品、价格、渠道和促销，即4P构成的——整合的市场营销组合。"模型的这两步中有很多概念，其中产品定位和品牌两个概念是范畴，其他概念都是为这两个概念服务的。"产品的定位是与竞争者相比，自己的产品在消费者心目中处于什么位置。……定位是购买者愿为你的品牌付出更多钱的理由"。[1]消费者都会给产品定位，"产品定位是消费者对产品的认知、印象和情感的复杂组合，是在与其竞争者的产品比较中形成的"，[1]产品定位概念表明，产品与顾客（或消费者）之间属于"手段——目的"的直接逻辑关系。"品牌的整体定位被称为该品牌的价值主张——该品牌赖以差异化和定位的所有利益组合。价值主张直接回答顾客的问题——我为什么购买你的品牌？"[1]品牌管理能为企业带来产品的增加价值。品牌权益是"企业与关系中一个关键的要素。品牌表达了消费者对某种产品及其性能的认知和感受——该产品或服务在消费者心目中的意义"。[1]"构成品牌权益的基本资产是顾客权益—品牌所创造的顾客关系的价值"[1]，品牌概念表明，品牌与顾客是"手段—目的"的直接逻辑关系。

故而，顾客感知价值—定位和品牌—顾客关系—顾客权益，构成一个"感知—反应""手段—目的"的逻辑关系。

总之，菲利普·科特勒《市场营销原理》贯穿着"感知—反应"的实用主义哲学智慧。是资本（商品）所有者这个唯一主体运用此原理，使消费者感知，并使之产生长期购买行动的智慧。

五、马克·E. 佩里《战略营销管理》中的实用主义哲学智慧

接下来我们以马克·E. 佩里《战略营销管理》[3]为解读对象。

战略市场营销就是由确定目标市场和进行市场定位两个核心要素驱动的一个决策过程。确定目标市场和进行市场定位是两个相互依存、不可分割的要素。马克·E. 佩里认为，传统教材将确定目标市场和进行市场定位两个问题分开阐述，即没有把这两个问题视为同一评估过程的共同产物。怎样实现同一评估过程同时解决这两个问题？马克·E. 佩里采用"手段—目的"理论来解决。

马克·E. 佩里认为，"手段"是人们用于达成最终目标的所有方法。在此语境，"手段"指产品属性和由产品属性所引起的一切结果。产品属性就是产品的特点。产品结果就是消费者在拥有、使用或消费一个产品时所体会到的所有感觉。正面的结果定义为产品利益。马克·E. 佩里认为，"目的"是指个人价值，即指人们所追求的最终目的，或人们在生活中为之奋斗的终极存在状态。在此，"目的"指消费者的追求目标、消费感受状态。于是"手段—目的"理论转化为将属性、利益和价值这三个先后承接的因素构成的"手段—目的"链。运用"手段"，解决满足消费者需求之"目的"。

属性、利益和价值这三个先后承接的因素组成的"手段—目的"链，体现着商品客体与消费者的关系，其内在地包含这样的互动关系：商品属性对消费者刺激，消费者对商品产生感觉反应，形成商品利益，进而消费者对这种感觉产生价值评估的反应。这正是"感知—反应"。所以，"手段—目的"链是"感知—反应"的另一种表现形式，内化入"商品客体"与"消费者"之间的关系中。"手段—目的"链把消费者个人价值当做评判消费者利益被满足的标准，也是实用主义哲学观的表现。

属性、利益和价值这三个先后承接的因素组成的"手段—目的"链，在营销战略规划阶段包含着"商品—消费者"单向关系，而菲利普·科特勒与加里·阿

姆斯特朗合著的《市场营销原理》不仅包含商品所有者与顾客的关系，而且在设计顾客导向的营销战略阶段，逻辑地包含着"消费者—商品"的单向关系。在"感知—反应"哲学下，在营销战略规划中两者是可以互补的，菲利普·科特勒在《水平营销》中贯穿了这样的逻辑。

"手段—目的"，在马克·E.佩里营销理论中表现为"商品—消费者利益—最终是资本所有者利益"之间的"刺激—反应"关系。把资本所有者自身之外的外部理解为工具和手段，凭借他们达到目的；关心实用的目的，一切以人和物的用途为转移；以个人价值作为判断依据，分离事实与价值，不管个人价值的合理性，因而是实用主义的。

六、实用主义的市场营销理论体系对创建中国特色市场营销理论的启示

（1）实用主义的"主体—客体"哲学产生于美国社会，作为对近代西方主客二元对立哲学的超越，对美国社会的发展产生过重大影响。其中，对市场营销理论和实践的影响也很突出，不仅表现在上述理论体系中，还渗透于上述理论体系的重要范畴（如品牌）和营销管理理论及实践中。它启示我们：在中国特色社会主义制度下，马克思主义哲学与市场营销原理的创新，有着内在关联，需要开创中国化马克思主义哲学视阈中的市场营销理论及体系。

（2）由于实用主义"主体—客体"哲学的局限性，使上述西方市场营销理论及其范畴（如品牌）存在很大局限。它启示我们：开创中国化马克思主义哲学视阈中的市场营销理论及体系，还要对实用主义的市场营销理论体系在批评的基础上，吸收其合理成分。

第二节　后现代主义的三套市场营销理论体系

本节对理查德·W.布坎南、唐·舒尔兹、汤姆·邓肯为代表的三套市场营

销理论体系所蕴涵的后现代主义哲学范式作以分析。

一、理查德·W. 布坎南的后现代主义市场营销理论体系[4]

理查德·W. 布坎南，新西兰麦锡大学首位市场营销教授，在《顾客关怀——清除市场营销中的障碍》一书中，建立了一套后现代主义的市场营销理论体系。

（一）从哲学基础上看

该市场营销理论体系的哲学基础是人性论——人是自私的，即人们都期望获得自身最大利益，人们通常会去做自己认为最有利于自己的事情。自身最大利益、最有利于自己的事情的判断标准是人们的"自认为"。理查德·W. 布坎南主张"X 理论"，即"人是懒惰的、自私的、不能够相互合作的。唯一可以用于激励人的，便是惩罚和奖励（尤其着重于惩罚！）"。[4] 自私被定义为："为满足个人利益而有意识地采取的所有行为，不管个人利益本身是否'理性'"。"该定义几乎就是'经济人'概念的另一种表述。"[4] 自私可以为人类共同的利益服务，因而成为有效的市场营销或客户服务文化的理想基石。

（二）从对人的态度上看

理查德·W. 布坎南的市场营销理论体系认为，消费者的私欲是无止境的，也是永远无法满足消费者的一切需要的。在这无止境的过程中，"重要的不是从消费者那里获得金钱，而是如何比其他竞争对手更完整地解决消费者的问题。""金钱只是一种副产品。"[4]

对于从事市场营销工作的人员，"从事市场营销工作的并不是机器，而是活生生的人"。[4]

"后现代主义从不将雇员（尤其生产线上的普通工人，从某种意义上说，也包括某些管理人员）看做机器人，相反，它把雇员视为可以信赖的，并能够帮助组织执行战略规划，以帮助那些被控诉为仅对'业主'有利的目标人员。……将战略目标与雇员的个人利益相结合。通常，雇员的个人利益都体现为金钱，当然，也不尽然"。[4]

"后现代主义市场营销与众不同之处在于，它主张市场营销计划的着眼点不仅应该强调'业主'的利益，同时，也要兼顾雇员的需求。……传统市场营销法则认为，市场营销计划只要能为业主的投资带来不少于其他投资方式的同等回报即可。……长远来看，对所有人都有好处的市场营销计划，都应该在这样的前提下制定：对业主和雇员同时提供高于平均水平的回报"。[4]

可见，该理论体系有把每个人当作主体的倾向。

（三）从市场营销观念上看

"市场营销是对某种行为的鼓励，该行为将使其倡导者获得财务上的好处"。[4] "市场营销不是促使人们的购买；它所做的一切就是，消除有碍于人们购买的一切事物（我们称之为障碍）"。[4] 市场营销就是使障碍最小化的过程。[4] 也就是说，市场营销就是要消除妨碍人们购买的一切障碍或使妨碍人们购买的一切障碍最小化，满足购买者个人利益的同时使倡导者获得财务上的好处。

从以上可见，理查德·W.布坎南的市场营销理论体系有人性自私基础上的主体际倾向。第一，科学方法实现的市场营销，要控制消费者做出他们的购买决策。而后现代主义市场营销则没把对消费者或组织的控制当做营销的问题。产品、品牌、金钱这些科学主义的市场营销中的工具手段，在后现代主义营销理论中被消解了，即无客体底板。第二，把雇员、消费者视为与"业主"一样的主体，而不是被"业主"主宰和利用的工具，有主体的倾向。这也就是理查德·W.布坎南把自己的营销理论体系视为后现代主义的原因吧。

（四）进一步从核心范畴来看

理查德·W.布坎南后现代主义的市场营销理论体系中的核心范畴是：消除障碍。所谓障碍，就是"有碍于消费者采取厂商所希望的行为的任何事物。由于市场营销从根本上缺乏使人们购买的力量，因此，障碍便构成了市场营销最基本的构建基石"。[4] "我们并不把市场营销视为促使人们购买的方法，我们只是利用它来清除人们的购买障碍"。[4] 理查德·W.布坎南对障碍的认识如下：

（1）障碍无处不在。（评：矛盾无处不在。）

（2）并不是所有的障碍都同等重要。（评：抓主要矛盾。）

（3）障碍的重要性会随着时间的改变而改变。（评：矛盾转变。）

（4）障碍不能彻底消除。（评：矛盾不能消灭。）

理查德·W. 布坎南提出的策略如下。

一是拥有比竞争对手更少的障碍。

二是清除自身的障碍，为竞争对手制造障碍。

怎样找出障碍？理查德·W. 布坎南现代主义的市场营销理论体系给出了两套寻找方法。一是障碍有若干表现形式，通过调查研究，可找出隐藏于各种组织（渠道成员）中的意见。二是利用传统市场营销（科学主义的或实用主义的市场营销），把传统市场营销改造成为后现代主义的市场营销，打开障碍的缺口。

后现代主义的两大特征：一是主体际倾向，二是无客体底板。理查德·W. 布坎南后现代主义的市场营销理论体系具备这两大特征，是名副其实的后现代主义的市场营销理论体系。后现代主义市场营销对人性自私的界定扩大化了，把正当利益与不法利益统统概括为自私，在资本人格化下，一切都成为自私，不法利益也成为追求的目标。这与只求实效不管是否违背规律的实用主义又是一致的。

二、唐·舒尔兹后现代主义的整合营销传播理论体系

20世纪90年代，唐·舒尔兹与田纳本、劳特朋合著《整合营销传播——谋霸21世纪市场竞争优势》一书；唐·舒尔兹与海蒂·舒尔兹合著《整合营销传播——创造企业价值的五大关键步骤》一书；唐·舒尔兹（美）与菲利普·J. 凯奇（英）合著《全球整合营销传播》一书。通过这三部书，唐·舒尔兹创建了一套整合营销传播理论。

唐·舒尔兹与田纳本、劳特朋合著的《整合营销传播》* 一书在1994年再版时，添加了副标题——"新营销范式"，这里的"新营销范式"是不是新范式？在《整合营销传播理论批评与建构》一书中总结了学术界的看法，"中国学术界普遍认为IMC（Integrated Marketing Communication，整合营销传播）是一种理论"，"美国学术界普遍认为IMC不是一种理论"。而该书作者则认为"IMC处于理论前范式阶段"，"IMC不是理论范式"。为了使其成为理论范式，《整合营销传播理论批评与建构》用科学实在论和建构实在论对整合营销理论进行重新建构。

---
* 全球第一部整合营销方面的专著，出版于1992年。

这里有一个值得深思的问题：唐·舒尔兹整合营销理论到底有没有哲学基础？还有一个值得借鉴的思路：如果唐·舒尔兹整合营销理论有自己的哲学基础，那么用科学实在论和建构实在论可以构建理论体系，其他哲学思想也可以成为建构营销理论体系的精髓。

一个营销理论体系，必须有自己的哲学基础，即营销哲学、核心范畴。由此，唐·舒尔兹整合营销理论的本来面目是什么？答案是：从传播视角创建了后现代主义的市场营销理论体系。

（一）唐·舒尔兹整合营销理论体系的哲学范式特征

1. 具有主体际倾向

"最基本的传播模式是根据'刺激—反应'的系统建立起来的"[5]人际传播模式。"从此人际传播模式中，我们可以看出，现在的大众传播或沟通，仅是从传送者（厂商）到接受者（消费者）的单向流动。"[5]而"厂商和消费者之间经验、讯息持续交流的需求，造就整合营销传播的概念。厂商搜集消费者的资讯，并存进资料库。消费者则经由购买、市场调查，或其他方式，将意见回馈给厂商。如此，双方的经验领域都可以扩大，也对彼此更加有用。此种互动的关系是整合营销传播的精髓"[5]。这里，以讯息累积的互动传播模式否定了"刺激—反应"的人际传播模式。由于"刺激—反应"具有"主体—客体"哲学范式，互动传播模式取代"刺激—反应"的人际传播模式就是否定了"主体—客体"哲学范式。

消费者不是被动接受讯息的刺激，而是"从获得的讯息中，主动挑选要处理的讯息"。[5]这表明消费者是有主动权的。

"整合营销传播的企划模式和传统营销沟通企划模式最大的不同，在于整合营销传播是将整个企划的焦点置于消费者、潜在消费者身上，而不是放在公司的营业额或目标利润上"。[5]这与"刺激—反应"的人际传播模式的营销目的有着根本不同。这与理查德·W. 布坎南后现代主义的市场营销理论体系中核心概念——"排除市场的障碍"（排除"主体—客体"障碍）一致，没有把消费者视为客体对象。

在《整合营销传播——创造企业价值的五大关键步骤》中，作者对"互动"作了进一步的阐释。"互动性就是共享的意思——不管是营销人员与客户之间……价值、意义与讯息都随时共享。但是，大多数的营销方法都不是以共享为基础，而是以获胜为基础；连用语都透漏出这样的信息，比如'目标市场''赢得市场占有率''包抄竞争对手''发动广告闪电战''降价大出血'，以及其他数以百计的暗示营销人员获胜而另外一些人失败的对抗意味的用语"。[6] 根据亚当斯的社会交换不公论，唐·舒尔兹主张营销人员与客户的对等互惠理论，买卖双方共享平等价值的对等互惠。

以上这些明显表明了唐·舒尔兹整合营销传播理论的主体际倾向。

2. 无客体底板

无客体底板是指将使用价值的意义部分与使用价值的物质部分分割开来，产品、品牌、包装、售后服务都被视为沟通，被赋予意义的沟通，而其非意义的物质实体则被否定或被忽视导致无客体、无交往现实基础。

"如果换个角度来思考传统营销，我们会发现，过去多年使用的营销技术与方法都是一些不同形式的传播、沟通。……产品设计就是一种沟通。……商品的包装也是如此。……销售通路的状况更是如此……所以，事实上营销可以说就是传播，而传播几乎就是营销。"[5] "由营销过程来看，我们认为从产品或服务的发展开始，产品设计、包装到选定销售管道等，都是在给消费者进行沟通。整个营销过程的每一个环节都是在与消费者沟通，让消费者了解这项产品的价值，以及它是为什么人而设计的。"[5] 即每一个环节都会让消费者产生新的感受——相对于竞争者产品而言。这里把使用价值理解为产品、品牌、包装所承载的意义，只从意义角度来看，而把产品、品牌、包装的物质实体排除在外了，不承认物质实体是意义的载体、与意义的不可分割，即否定现实的中介客体的存在。

以上所揭示的特征都符合后现代主义的特征，一是主体际倾向，二是无客体底板。所以，唐·舒尔兹整合营销理论体系的哲学范式是后现代主义主体际。进一步，我们看该理论体系中的营销哲学和核心概念如下。

（二）营销哲学

市场营销传播观念，即消费者为导向的营销，"以受众为焦点取代以产品为焦点的观念"[5]。确切地说，是在平等的渠道成员间意义传播且以消费者为中心倾向的营销观念。理论上，这是具有主体际倾向的内在哲学范式的必然。

207

（三）核心概念

1. 整合营销传播

整合营销传播是核心概念之一。本质上，整合营销传播是厂商与消费者的双向互动沟通，而且是循环互动的关系营销。"厂商发展传播计划，并且加以执行；消费者回应；厂商从回应中得到有用的讯息；根据消费者及潜在消费者传播沟通的需要与欲求，调整修正传播计划；然后再将整个流程循环下去。这是真正的关系营销，能够使消费者与厂商达到双赢的境界"。[5] 这样的整合营销传播贯穿着主体际的特征。

2. 接触

接触的定义是"凡是能够将品牌、产品类别和任何与市场相关的讯息等资讯，传输给消费者或潜在消费者的'过程与经验'。""'接触'可能包括邻居和朋友间的口碑、产品包装、报纸报道、杂志与电视的资讯、商店内的推销话术、待客之道以及产品在货架上的位置等。……在购买后可能发生的'接触'方式，如消费者或潜在消费者的朋友……谈及某人使用该品牌产品的经验，也包括售后服务及各种客户申诉处理的方式……"[5] "品牌接触，指客户在体验全套的产品或服务过程中认为属于该品牌的一切要素。"[5] 品牌接触，是以品牌为意义传播符号时的接触的具体化。"接触"这个概念之所以是核心概念，因为接触就是厂商与消费者的沟通，接触就是厂商与消费者的传播，接触所传达的是意义的交流。在整合营销传播企划模式中重要的一环就是接触管理，接触是实现整合营销目的的途径。

3. 品牌权益

品牌权益是核心概念之一。品牌化是整合营销传播的驱动力。唐·舒尔兹整合营销传播下的品牌定义，指"品牌是一个由名称、象征、图像或其他可见、可认知的识别因素所代表的产品或服务，这些因素具有以下特征：①受到法律保护；②可有偿地交换或出售；③可创造买卖之间的认知价值；④有某种财务价值；⑤由品牌所有制管理从而获得持久的价值。"[6] 一句话，"品牌就是为买卖双方所识别并能够为双方带来价值的东西。"[7] 这个有价值的东西就是意义——品牌这个符号的意义。

在《唐·舒尔兹论品牌》(2005)一书中,唐·舒尔兹指出:"品牌建立在一个坚实的基础之上,那就是人们能够长期买进、信任、作出回应并高度重视的价值主张。"[7] "品牌是通过买主与卖主、组织成员与组织之间、制造商与购买者之间价值主张的不断发展而树立起来的。"[7] 这是一种互惠互利的关系。一方面,顾客从品牌中得到价值、好感以及信任感,即顾客对品牌的感知、信任和情感,品牌为顾客增强信心、提供价值;另一方面,顾客的行为怎样为品牌所有者带来现金流并为他们创造利润。

品牌要为两个不同的团体创造权益,一是企业员工和股东,二是客户和潜在客户。兼顾两者的品牌权益指"品牌权益是品牌呈现、识别与形象、认知品质和各群体对品牌承诺的组合,目的是为公司和其股东们累积长期的金融价值。"[6] 通过品牌呈现(客户、潜在客户了解该品牌及其意义的程度)、品牌识别与形象(所有者、营销人员、客户、潜客户的看法)、品牌承诺(品牌与客户、潜客户之间的忠诚度)、认知品质(客户的品牌联想)实现对股东和企业的价值。

这里,品牌不具有中介客体的性质,只是一个意义符号,这个意义符号是能为买卖双方带来利益的,故而品牌权益是整合营销传播追求的直接目的。

可见,不仅营销哲学具有主体际倾向,营销传播、接触、品牌权益,也都是后现代主义范式下的概念。

总之,从主体际哲学范式的营销传播视角,创建了后现代主义的市场营销理论体系,是唐·舒尔兹整合营销理论的本来面目。

三、汤姆·邓肯的后现代主义整合品牌营销理论体系[8]

汤姆·邓肯和桑德拉·莫里亚蒂合著的《品牌至尊——利用整合营销创造终极价值》一书从整合"综效"的概念出发,以创造品牌的终极价值为目的。品牌关系,成为整合营销从而达到终极目的的核心,企业的一切营销活动都向品牌聚焦,通过IMC的运作来经营品牌关系、强化品牌关系,从而积累丰厚的品牌资产。

下面,以《品牌至尊——利用整合营销创造终极价值》一书为解读对象,仍然从哲学基础、营销哲学、核心范畴来分析汤姆·邓肯的整合品牌营销理论体系所内含的哲学范式。

(一) 汤姆·邓肯整合营销市场营销理论体系具有两大特征

1. 主体际倾向

"教导员工要以顾客的利益为优先，而不以销售为目的。"[8] "积极而有意义的对话对顾客和公司而言，都是一种互惠的沟通。……以顾客为主的公司积极面对客户与公司的互动，无论是购买产品、询问资料、申诉抱怨还是要求维修产品。鼓励互动的程度是促进顾客支持公司的决定因素，也是公司提供给顾客和其他利益关系人更好服务的基础。"[8]

以客为尊的营销哲学就是把顾客摆放在第一位。"公司能在货源供应、具有竞争性产品等方面有新突破，或在考虑过其他服务性因素之后，仍觉得竞争者价钱较划算的特殊情况下，建议现有顾客或潜在顾客去购买竞争品牌，便算是真正通过了以顾客利益为优先的考验。当一家公司愿意冒着失去生意的危险，只求提供顾客更好的服务时，他已经达到顾客至上的最高境界。要做到以客为尊，需要企业信心与策略计划做后盾，以确保顾客群不会因为一次的买卖而永远流失。"[8]

以上表明了汤姆·邓肯整合营销市场营销理论体系的主体际关系的倾向。

2. 无客体底板

"整合营销是经营有利于品牌关系的一种交互作用过程，通过带领人们与企业共同学习来保持品牌沟通策略上的一致性，加强公司与顾客、其他关系利益人之间的积极对话，以及推动增进品牌信赖度的企业任务"。[8]《品牌至尊——利用整合营销创造终极价值》一书认为，塑造品牌关系是整合营销的目标，品牌关系建立是公司全体员工共同的责任，需要员工用核心价值观和企业文化与顾客互动，并保持策略一致。而这种互动具有价值观的意义指向，是意义指向的互动，是无品牌物质实体存在的互动，因而是无客体底板的互动。

由此可见，汤姆·邓肯整合营销市场营销理论贯穿着后现代哲学主体际范式。进一步，看营销哲学和该理论体系中的核心概念如下。

(二) 以客为尊的整合营销哲学

在以客为尊的前提下进行整合营销，即经营有利于品牌关系的一种交互作用过程，通过带领人们与企业共同学习来保持品牌沟通策略上的一致性，加强公司与顾客、其他关系利益人之间的积极对话,以及推动增进品牌信赖度的企业任务。这种营销哲学通过核心范畴体现了后现代主义的内在要求。

(三)核心范畴

1. 整合营销

整合是"从营销目的、过程、目标与行动的统一,在不受任何部门管辖的前提下,与现有和潜在顾客、消费者、股票投资人及其他重要关系利益人进行一致性的互动。"[8] "整合营销经营是有利于品牌关系的一种交互作用过程,通过带领人们与企业共同学习来保持品牌沟通策略上的一致性,加强公司与顾客、其他关系利益人之间的积极对话,以及推动增进品牌信赖度的企业任务",[8] 体现了营销哲学,因而是关键概念。

2. 品牌关系

整合营销的目标是经营品牌关系。在品牌资产方程式("沟通→品牌关系→品牌支持度"=品牌资产,单向度的关系)中,沟通是品牌关系的驾驭者,关系利益人自动整合出的一连串品牌讯息,即代表了他们与品牌之间的关系,因而决定了他们支持品牌的程度如何,将关系利益人对品牌的支持度累积起来,就构成了品牌资产。这里,建立品牌关系是最重要的手段,因而是关键概念。

可见,整合营销和品牌关系两个核心概念,体现着主体际的营销哲学,与该理论体系的两大特征相一致。

四、后现代主义营销理论体系综评

(1)现代主义理性是西方现代化精神之本。"后现代主义首先是一种危机和批判意识,是对现代主义理性的解构和断裂……后现代哲学的共同价值取向是抛弃理性而走向非理性,反对认识论(主体—客体哲学范式)而推崇主体际对话和商谈,反对客体底板而强调无基础主义束缚的自由和多元话语,无规范的沟通和交往"。[9] 理查德·W. 布坎南营销理论、唐·舒尔兹整合营销传播理论、汤姆·邓肯整合营销理论建立的依据都是后现代主义主体际哲学范式。唐·舒尔兹整合营销传播理论、汤姆·邓肯整合营销理论有着独立的理论范式,与《整合营销传播理论批评与建构》一书的理解有着根本的不同。

（2）电脑化、网络化交往社会，"每一个参与者绝不是单纯的主体或客体，即信息的发送者和接受者，而是互主体性的交往者。"[9] 上述三大后现代主义营销理论体系，在主体际的倾向上是一致的。

（3）"将'主体际'和交往行动都理解为一种'主观际'精神交往活动，而未能从交往实践、物质交往的角度对主体加以现实的、客观的、感性的规定。……其谬误不在于肯定和弘扬精神交往中意义理解与诠释重要性，而在于忘却和否定了真实的基础——现实、客观的交往实践"。[9] 即只承认存在主体际"游戏规则"，而否认先在的、关于如何从事"实践和理论"的原型底板。只强调商品、包装、品牌的精神意义及其在主体际间的作用，而否定商品、包装、品牌等作为物质的现实的交往中介的作用，将作为使用价值的物质实体与作为使用价值的精神意义割裂。上述三大营销理论体系，在无客体底板的意义交往上是一致的。否定了客体底板，也就否定了科技进步对客体的创新，否定了消费者合理需求被满足的意义的物质根基，进而否定科技对推动社会进步的作用。

从交往实践观来讲，可以把营销渠道理解为营销物流渠道（供应商→生产商→中间商→消费者）与营销传播渠道（生产商→媒体／营销人员→消费者）的整合系统。那么营销物流渠道交换实体包括商品、品牌、包装等，而营销传播渠道则传播商品或生产者对消费者的信息、意义。二者紧密配合，物流渠道走到哪里，信息渠道就开辟到哪里。后现代主义营销，割裂了二者关系，抛弃了物流渠道和客体之物质实体，只保留了可以用于传播的意义，以传播代替商品在渠道成员间的流动，丢掉了客体底板，犹如剪刀少了一翼，也就没有了剪刀的功能，变成只具备刀的功能了。传播即营销，单从传播视角来看，似乎可以全面反映营销的事实，实际上是以偏概全。用局部结构代替整体、否定整体，这是后现代主义重要理论——后结构主义的重要特征。

（4）营销哲学的一致性——顾客或潜在顾客为中心目的倾向。理查德·W.布坎南的市场营销哲学、唐·舒尔兹的营销传播哲学、汤姆·邓肯的整合营销哲学都具有这一倾向。

（5）核心范畴上的差异。理查德·W. 布坎南的障碍，唐·舒尔兹的营销传播、顾客资产，汤姆·邓肯的整合、品牌资产，在形式上存在差异，表明他们的营销理论体系在表现形式上的不同。

（6）对后现代主义的营销理论体系及其核心概念作"主体—客体"式的现代主义解读，不是进步，是要把他者框定于客体地位，在实践上必然要引发利益冲突。

（7）后现代主义是反抗科学主义过程中出现的思潮的共同趋向。由于理论本身对客体的否定，使得其有重大缺陷。这导致后现代主义的市场营销理论及其核心范畴的命运——在西方世界的现实营销实践中不能成为主流。实际情况是：后现代主义的市场营销学也被科特勒实用主义改造、吸纳，成为西方主流营销理论体系的营养质。后现代主义的市场营销理论及其核心范畴当然存在，但处于非主流地位。

（8）随着移动互联的出现，尤其是QQ和微信的普及（QQ和微信的用户已经达到数以亿计），虚拟的社群营销、微信营销、场景营销理论在近几年迅速崛起，这些理论大多具有后现代主义主体际的哲学范式。例如，刘春雄在《新营销》一书中提出了自己一整套的新营销理论，认为"4P皆传播""传播是营销的核心"，就是整合营销传播理论的一种形式。再如，以"共生理论"为哲学依据的营销观念、管理理论也是主体际范式的。利用互联网及其终端的确可以提高传播效率，但丢掉了中介客体这一制约因素，一切商品的使用价值的意义皆成为变动不居的、飘零的、不可控的符号，使得互联网及其终端甚至成为调动"人心"、调动"欲望"、贬抑"道心"的工具。本节对上述三大理论体系所蕴含的哲学范式的揭示，对于辨析新兴的营销理论及其核心概念的实质具有启发和指导意义。

第三节　对后现代主义整合营销传播理论的误解

后现代主义营销传播理论具有主体际哲学范式的内核，对后现代主义营销传播理论以"主体—客体"式解读和重建，是误读。本节通过以下两个案例进行剖析。

一、用结构主义理解整合营销传播理论是误解

在《简单即真诚：走出后现代传播语境的悖论——哲学反思与理论建构》《简单：整合营销传播的一个关键词——理论模式及运用》两部专著中，如何用结构主义（"主体—客体"哲学范式）来理解后现代主义的营销传播理论，指出了营销传播理论的弊端，并提出了自己的理论模型。

（一）解读中存在的问题

《简单即真诚：走出后现代传播语境的悖论——哲学反思与理论建构》一书，先定义了后现代传播语境："由于媒介技术的发展所带来的信息、符号、受众和文化方面的变化所导致的整个传播语境，即传播者要通过某种媒介，在各种信息的噪声中和其受众'交流'的环境，为此我把它叫作'传播语境'"[10]。接着通过后现代批判者的言论阐述营销传播语境的状况——存在多元的媒体、过剩的信息、意义模糊的符号和匮乏的受众注意力。显然，前述单向度的传播语境带来的结果与期望达到的目的有差距，形成"后现代传播语境的悖论"。

"在传播语境之后加上'后现代的'做修饰和限定，表明 70 年代后媒体、信息、符号、受众等传播要素的相互作用和不断演化的动态过程。在这一层意义上，我所使用的'后现代传播语境'是现代主义建构性的，我承认总体结构优于部分和通过作用局部可以影响整体这样的假设。我使用'后现代传播语境'这个概念，还表明，我赞同自德里达以来的后现代主义者对现代社会的某些批评，尤其对媒介的大多数批评，我接受他们，并把它们当做传播研究的路标。"[10]"媒介的发展，将会对其传播语境的其他要素产生作用，虽然其他要素会反过来影响媒介，这些要素不是被简单地叠加在一起形成传播的语境，他们以一种结构性的关系创造着传播的语境……"[10] 这里，是用现代主义的结构性关系（即结构主义，现代主义"主体—客体"哲学范式）来审视"后现代传播语境"的。

用结构主义的理论来解剖"后现代传播语境"，自然会得出"后现代传播语境的悖论"。即"已经把受众置于一个非常尴尬的境遇中，并导致了他们和传播者的对立"的结论；并进而得出"在此情境中，理想的互动式交流成为一种可望而不可即的奢望"的结论。[10]

第十章 两类西方市场营销理论体系的哲学范式

然而，这个悖论恰恰是后现代主义（后结构主义，主体际哲学范式）的表现形式。德里达以来的后现代主义者所阐述的后现代主义的营销传播语境是主体际哲学范式的，具有后现代主义传播特征。用结构主义的理论来衡量后现代主义（后结构主义）的传播特征，必然产生偏颇。故而，对"后现代传播语境"的这样一种解剖、批判是难以成立的。不过，从结构主义视角研究后现代主义（后结构主义）营销传播也是有必要的，其揭示的差异和矛盾，与后现代主义（后结构主义）的传播特征做对比，会使我们更深刻地理解两类营销传播理论，但是，前提一定要明白"后现代传播语境"的本质特征。

结构主义认为，任何事物都是整体的，世界万物是一种结构及其关系，其中各部分的关系都以特定的方式相互联系和作用，任何一项关系的变化都会引起其他关系项的变化。结构主义认为结构是先验的，是人类心灵无意识投射到文化现象的产物，具有整体性、转换性、自调性的特征。结构主义的观念和方法就是通过共时性研究，发掘整体和内部的无意识结构关系、有机联系和转化规则。但结构主义也具有反人道的主体作用、反人道主义倾向的特征。

"所谓后结构主义就是德里达的解构理论、福柯的话语权力理论和知识系谱学、拉康的精神分析学"[11]等，后结构主义与结构主义的区别是：结构主义尽可能把各种要素拼合成一个和谐模式，以此呈现关系的丰富性，后结构主义则强调要素的差异性，揭示差异性对整体的束缚的打破过程（打破边界）；结构主义认为系统的知识是可能的，而后结构主义则认为系统的知识是不可能的（无客体底板）。后结构主义具有后现代主义的主体际性。

用结构主义的理论来解读后后现代主义（结构主义）的营销传播理论，而不是用后现代主义（后结构主义）来透视，必产生误解。

《简单：整合营销传播的一个关键词——理论模式及运用》一书认为，舒尔茨们的整合营销传播理论在"后现代传播语境的悖论"中存在缺憾。一是媒体创意、接触点管理与一致的鸿沟，二是数据库所导致的工具理性的复杂性和非理性的矛盾，三是对早期USP（Unique Selling Proposition，独特的销售主张）、ROI（Return On Investment，投资回报率）理论以及后期定位理论的忽略。应该说这三点缺憾都存在，但该书没能揭示出为什么会这样。该书没有从后现代主义视阈去解读，只是从结构主义的视角分析，其结果只能是缺憾。

上述所谓第一个缺憾，是不是缺憾？后现代主义认为，虽然媒体众多，虽然接触点（4P）众多，但"一致的意义"可采用不同的媒体、不同的接触点，以不同的表现形式体现出来。因为传播的仅仅是抛弃了客体底板的"一致性的意义"而已，即价值观、理念之流。正如写散文，形散神凝，行文看似漫无边际，实际都围绕着中心思想。众多的媒体、众多的接触点正如无边际的浪潮，而却贯穿着可以建立品牌关系和顾客关系的"意义"。这正体现着后结构主义的特征，否定结构主义的整体性，强调无边界；否定结构主义的内在结构的关联性，强调差异性。从结构主义视角是缺憾，却是后现代主义（后结构主义）的应有之义。

所谓第二个缺憾，是后现代主义的题中之义，后现代主义属于非理性视阈，自然与工具理性存在矛盾，后现代营销传播理论中存在这样的矛盾也是题中之义。从结构主义视角审视，当然是缺憾。

所谓第三个缺憾，也是后现代营销传播理论的题中之义。因为无客体底板，发散的意义无着落，故而不需要 USP、定位理论的聚焦，这对后现代营销传播（理论）来说是优点。这个"缺陷"，正表明后现代主义（后结构主义）和结构主义的差异。

所以，用结构主义来解读饱含着后结构主义（后现代主义的一种表现形态）的营销传播理论，只能是误解。

（二）理论建构的问题

在这两部专著中，用"简单"作为范畴来构建了一套营销传播理论的框架，即以"简单"的三个模式和一个策略构成的理论框架。"简单"的三个模式，指物理—经验模式、心理—结构模式、心理—审美模式。一个策略，指以 4C 向 1C 转化为特点，整合定位和整个传播过程的接触为简单一致信息的策略。这三个模式是营销传播活动中"如何做到简单"的三个基本方法和建议。

然而，"物理—经验"模式是机械唯物主义的"主体—客体"范式，"心理—结构"模式是唯心主义的"主体—客体"范式，而"心理—审美"模式是主客不分的哲学范式。虽然采用哪一个方法都可以抽象出"简单"，但一套策略只能有一个范式，一套策略有多个范式或多个范式同时用于构建一套策略，会导致理论体系的内在矛盾，显然是行不通的。

从策略体系来看，期望建立一套消费者为主体的营销传播理论，是这两部专著的取向。但什么样的哲学范式与之匹配呢？显然，上述三个模式都不能实现这种内在的配套。虽然后现代主义（后结构主义）把消费者视为主体，却存在否定中介客体的固有缺陷，在现实世界的交往实践中，必然导致确立消费者主体地位的不可能。用结构主义来理解后现代主义（后结构主义）的营销传播理论，是难以建构起新的营销传播理论的，看来须另寻他途了。

由此可知，对"后现代传播语境"的本质特征没有理解，这是导致误解的根本原因。对后现代主义哲学范式（主体际）的把握是理解整合营销传播理论的关键，对后现代主义整合营销传播理论的理解只能立足于后现代主义的本质特征上，用结构主义来理解，结果就是误解。一个理论体系只可能有一个哲学范式，而不可能有多个。用多个范式来建立同一个整合营销传播理论，结果就是不可能。两本专著提出了建立消费者为主体的营销传播理论，也提出了一套以消费者为主体的策略，是其优点。愿两部专著的作者能找到更好的思路（哲学范式），重新架构起一套理论解决方案。

二、科学实在论的整合营销传播理论建构中的误解

黄迎新的《整合营销传播理论批评与建构》一书指出，IMC既不是传播理论也不是理论范式，需要用科学实在论、建构实在论对其进行重新构架，并提出了一套整合营销传播理论体系的方案。

该书导论中提出，理论范式是以科学实在论（理查德·波义德的科学实在论观）和建构实在论（新维也纳学派弗里茨·瓦尔纳为代表）为哲学基础。这里，对两种实在论的理解上存在误解。科学实在论（包括理查德·波义德的）是"主体—客体"范式的，而建构实在论则具有后现代主义的特征（主体际）。虽然科学实在论和建构实在论看似都属于实在论，但因为哲学范式不同，所以不能纳入同一口径中进行比较。

在"IMC理论建构的起点"一章中，把建构实在论视为IMC理论建构的方

法论。"从建构实在论出发，我们认为IMC必须进行建构才能成为具有解释力的理论，也只有建构起来的IMC理论成为一种范式时，它才称得上是成熟的理论"。[12]这似乎是值得肯定的，因为建构实在论具有后现代主义的特征，而营销传播理论也正是后现代主义的营销理论，二者具有一致性。

在"IMC理论建构的主体"一章中，批判了"一种声音论"（主体—客体式哲学范式的），肯定了"对话—关系—战略论"（主体际范式的）。这也是值得肯定的，因为与后现代主义的营销传播理论一致。

但是，"IMC的理论价值—理论存在的意义"一章中认为，理论建构离不开理论价值认识的支持，理论价值则是事实认识与价值认识二分的。对价值的解释，则引用李德顺的价值概念，"价值范畴是一种关系范畴，它揭示所表征的是一种客体与主体的特殊关系，是客体的存在、属性和运动变化与主体需要的一致性或接近的可能性和现实性，主体需要时价值关系得以成为价值关系的根据，能否满足需要是判断一定事物对主体究竟有没有价值的尺度或标准"。进而用主客体关系来理解品牌的本质。这一价值概念是"主体—客体"哲学范式中界定的，故而与后现代主义的营销传播理论的本质哲学底蕴相去甚远。

在"理论与实践的统———IMC的理论价值的实现"一章中，对实践概念的界定："实践，是人们有目的地改造和探索现实世界的一切社会性的物质活动，是一种主体见之于客体的活动。"[12]显然，属于"主体—客体"哲学范式中的界定，是苏联式理解。

故而，用科学实在论、建构实在论来建构营销传播理论凭借的支持依据是上述的价值范畴和实践范畴，这只能说明把建构实在论也理解为"主体—客体"哲学范式了。所谓"从建构实在论出发，我们认为IMC必须进行建构才能成为具有解释力的理论，也只有建构起来的IMC理论成为一种范式时，它才称得上是成熟的理论"。就是用"主体—客体"哲学范式的"建构实在论"与营销传播理论配套了，这样架构出来的营销传播理论，实质上是将后现代主体际范式的营销传播理论，改造为"主体—客体"哲学范式的营销传播理论，即该书作者所理解的"建构实在论"的营销传播理论。

综上，该专著中把具有后现代主义特征的市场营销传播理论体系理解为没有理论范式的理论，进而用建构实在论重建市场营销传播理论的哲学底蕴，是误解。

这里的误解有多重：一是对建构实在论哲学范式的误解，把属于主体际哲学范式的建构实在论理解为"主体—客体"哲学范式；二是把 IMC 市场营销传播理论误解为内含着"主体—客体"哲学范式；三是把所理解的"主体—客体"哲学范式的建构实在论，套在主体际哲学范式的市场营销传播理论中，以为是创新。实质上，这是把具有后现代主义特征的市场营销传播理论往科学主义的市场营销传播理论方向改造。

三、对开创中国特色市场营销理论创新的启示

（1）这两个案例，都在哲学视阈中理解和重建市场营销传播理论，是值得肯定的。因为都是运用"哲学与市场营销理论的关系"这把钥匙，去开启二者之间内在联系的探索。

（2）这两个案例，都从"主体—客体"哲学范式来理解和重建市场营销传播理论。即站在后现代主义所反对的"逻各斯中心主义"的立场上，理解和反对后现代主义的营销传播理论，并对其解构，建立"主体—客体"哲学范式的市场营销传播理论。这正如菲利普·科特勒把具有后现代主义哲学范式特征的营销传播理论中的范畴——营销传播，改造为实用主义（"主体—客体"哲学范式）的营销理论的组成部分。在实质上，都否定了后现代主义哲学主体际范式语境中的营销传播理论的进步一面——主体际。

（3）今天，我们面临着用马克思主义哲学（"主体—客体—主体"哲学范式）来开创市场营销理论体系的问题，对后现代主义哲学范式中的市场营销传播理论如何认识才不会产生误解，并在正确理解基础上去其糟粕、吸收其精华，是需要认真思考的问题。这两个误读的实例的剖析，具有参考意义。

第四节 两大西方市场营销理论体系本质特征与关系的借鉴意义

一、作为主流的实用主义市场营销理论体系的本质特征

以消费者为中心手段，是主流的市场营销理论——菲利普·科特勒营销理论、马克·E. 佩里营销理论等的最本质特征，这是由其市场营销理论的实用主义哲学基础、由其所处的资本主义的社会制度决定的。对西方实用主义市场营销理论以消费者为中心手段的实质作以透视，是对西方实用主义市场营销学（或理论体系）进行批判和对西方市场营销理论进行"扬弃"的需要。

（一）从定位目的的变化看消费者地位

西方实用主义市场营销学以"定位"为核心范畴之一，定位既有商品定位，还包括品牌定位。

根据某些指标，将整体市场进行细分，分为若干有市场潜力的差异市场；再依据竞争状况和企业自身实力状况，确定目标市场。然后依据目标市场的需求设计出商品的特色和形象，这种特色和形象与消费者（目标市场）心理上或价值评价的要求一致。而4P或4C理论是要通过在目标市场中塑造商品特色和形象的理论，4P或4C策略的实施可以将设计目的变为现实。这样一套理论，以设计"定位"和实现"定位"目的的为核心。

在卖方市场条件下，商品的生产者处于主导地位，消费者（使用者）基本的需要被满足就行了，卖方有推销手段就足矣。于是，商品生产者只需把商品定位在其基本需要上，只要把商品推销给经销者和消费者就行了。这样的过程中，好似不需要定位，实际上存在着定位，只不过没有定位理论被提出来罢了，而且定位的内容只是商品定位。资本投入和商品生产的主要目的是赚钱、获取剩余价值，定位服从这样的目的。在卖方市场条件下，商品定位是实现定位目的的中心手段，消费者对资本而言，无足轻重，甚至连商品的地位都不如。

在买方市场条件下，不考虑消费者的需求差异就不行了，仅仅用满足消费者（使用者）基本需求的商品去推销就少有人买账了，何况竞争者都在虎视眈眈。

在买方市场条件下，只拥有资本、商品未必能带来剩余价值的实现，也可能因供给不适合需求而滞销。所以，消费者的需求被空前重视起来，目标消费者（目标市场）差异化的利益和消费（社会）价值的载体——品牌自然也被重视起来。定位，尤其是品牌定位必然会成为顺应潮流的概念。品牌由于被赋予目标市场的情感、利益和价值，而容易引起共鸣，促进销售，在市场营销中的地位被大大提高，以至于建立品牌资产成为资本追逐的目标。但资本的本性没有变，只不过品牌成了操控这个世界的新增加的手段，品牌定位和满足消费者需求成了获取和实现剩余价值的新手段。作为指挥棒的仍是资本，尤其是垄断资本，是资本所有者，尤其垄断资本所有者通过资本操纵着商品和品牌的定位，而商品和品牌定位又以消费者为中心，商品和品牌都是实现定位目的的工具性手段而已，消费者也不过是实现资本目的的中心手段。

也就是说，虽然商品经济由卖方进入买方，但定位的根本目的没有变，只是实现定位的核心手段发生了变化，定位重心从"商品"向"品牌和消费者"转移，品牌和消费者成为实现定位根本目的新的中心手段。当代西方市场营销学反映和解决的，正是买方市场条件下实现"资本目的"的"定位"何以实现的问题。

（二）从实用主义市场营销理论的哲学基础看消费者的地位

实用主义哲学是"主体—客体"范式的哲学，是单一主体、多元客体的结构模式。实用主义的市场营销理论和实践中，以特定资本拥有者为主体和中心，消费者与商品一样，是处于被动地位的手段性客体；竞争者也是客体。实质上，特定资本拥有者通过商品客体（实体商品、资讯、支付手段、物流）支配消费者是其本质特征，消费者处于被操纵地位。

二、作为潮流的后现代主义市场营销理论体系的本质特征

以消费者为"中心目的"的倾向，是后现代主义市场营销理论的共同特征。

随着买方市场的到来，为适应互联网新经济关系，同时挣脱现代主义"主体—客体"社会实践中以他者为客体的束缚，西方资本主义社会出现了"主体—主体"

哲学范式的后现代主义的思潮。这种思潮在市场营销理论上，视消费者也为主体和中心、视营销渠道上各成员关系为主体间的关系。这样似乎消费者客体地位变成主体地位了，生产者（资本拥有者）的中心地位似乎被消费者取代。但是，在垄断资本统驭一切的社会中，满足消费者需求并不是垄断资本追求的真正目的，满足消费者需求和消费者地位的所谓提高不过是垄断资本在新形势下追求剩余价值的新手段，所谓消费者的主体地位顶多是"准主体"。由于"主体—主体"范式存在否定客体底板、否定西方现代主义哲学"主体—客体"的重大缺陷，在西方资本主义社会现实社会实践中只能形成"乌托邦"或改良。所谓消费社会的理论，只是受到资本及其媒体操控的大众的麻醉剂。以消费者为中心目的，实际不可能实现，这正是唐·舒尔兹整合营销传播理论在西方社会中应用时，遇到难以克服的障碍的原因。

三、两大理论体系的关系

（一）相互对抗

在实用主义市场营销体系中，消费者在意义指向上被建构为手段性客体，而且是中心手段。然而，这一所谓的中心手段，却通过商品、品牌被左右、被操控，中心手段的地位其实也值得质疑。确切地说，消费者的地位与品牌等同，仍然处于中心手段性质的客体地位，这才是真实的反映。西方实用主义市场营销理论体系倡导所谓以消费者为中心，是中心目的还是中心手段，表面看是避而不谈的，因为能利润最大化才是目的，消费者是怎样的中心并不重要，重要的是消费者随着资本的指挥棒转动，产生购买、实现交换。以消费者为中心很容易让消费者以为：以其为中心目的，实质上是将"中心目的与中心手段"相混淆，消费者为中心只是用于欺骗性的诱导而已。总之，西方主流实用主义市场营销以消费者为中心手段才是本质所在。

然而，后现代主义是在对现代主义"主体—客体"社会实践的抗争中产生的，是"将消费者视为工具与消费者成为主体""工具（金钱）统治消费者与金钱为消费者服务"之间的矛盾的表现。二者价值观念上的对立是资本主义社会内在矛盾的反映。只要资本主义社会内在矛盾继续存在，后现代主义就会存在，后现代主义的营销传播理论就会作为反潮流的意识形态存在，最终为资本主义社会的解体发挥思想武器的作用。

（二）在对抗中相互借鉴

有人曾经提出，在西方市场营销史上，营销哲学思想有三次转折性变化，除了把发生于20世纪50—60年代，市场营销由产品为中心、生产者为中心，到以所谓顾客（或最终消费者）为中心的转变，视为第一次变化外，把菲利普·科特勒《市场营销原理》集大成的综合及将网络营销的出现也分别视为转折性转变。其实，菲利普·科特勒《市场营销原理》一书集大成的综合是对西方营销范畴和营销理论的一次全面的梳理和整合，是适应买方市场的一次整合，但它不具备转折、飞跃的性质。因为这不是社会制度发生质变的结果而是市场需求态势变化的结果，即必须依照消费者需求组织生产的买方市场的逼迫。而网络营销只是市场营销的新手段、新形式，它更不具有根本转向的性质，反而是菲利普·科特勒在《市场营销原理》一书中整合的对象。根据市场营销实践和理论的变化，菲利普·科特勒的《市场营销原理》不断进行整合，也就有了不断地出版新的版本。

菲利普·科特勒的《市场营销原理》借鉴了后现代主义营销理论中的有益成分。在实用主义的旗帜下，用实用主义的"刺激—反应"，以消费者为中心手段（市场营销观念的实质），以资本所有者获得实效为目的，整合各个相对独立形态发展起来的营销理论，也把后现代主义下营销传播理论中的营销传播范畴改造为实用主义的营销范畴，形成集大成的综合，从而建构了一整套的实用主义的市场营销理论体系。

后现代主义的营销传播理论在建构过程中也借鉴了前者理论体系中的一些概念的形式，如顾客价值、品牌、关系营销，抛弃了这些概念的实质内涵——贯穿其中的"主体—客体"现代主义哲学范式，按照后现代主义的特征，对这些概念重新界定，使之成为符合主体际要求的概念。

（三）处于主导地位的实用主义的市场营销哲学及其理论体系与处于从属地位的后现代主义的市场营销哲学及其理论体系，在美西方社会并存，两者在对抗中发展

菲利普·科特勒《市场营销原理》倡导的市场营销观念是西方消费社会主导

的营销观念，体现了资本的意志。菲利普·科特勒《市场营销原理》，把后现代主义的营销理论中的范畴改造成了实用主义的范畴，是对后现代主义的主体际营销传播理论及其范畴的否定。后现代主义是西方现当代思潮，反映了被资本左右的人（消费者）的意志，但它不是主导意识形态，本身也存在否定商品作为客体的巨大缺陷，被主导意识形态所限制、所改造是必然的，这决定了相对于"主体—客体"的营销理论而言，后现代主义营销理论处于从属的地位。后现代主义营销理论的发展和完善，一定程度要借助菲利普·科特勒的营销理论中的范畴之形式去自我完善和发展。

菲利普·科特勒《市场营销原理》集大成的综合是美国社会历史的必然，虽然它整合了后现代主义营销理论中的关键范畴，但是其否定不了后现代主义营销哲学及其理论在现实实践中的相对独立的存在，而且两种理论体系之间在哲学范式上根本不相融，这是阶级立场和社会制度所决定的，不以人的意志为转移。

四、启示：中国特色的市场营销理论是对西方市场营销的理论超越

（一）中国特色的市场营销理论与西方市场营销的理论之间的本质区别

西方市场营销的理论体系既包括"主体—客体"的营销理论体系（以菲利普·科特勒实用主义的市场营销体系为代表），也包括后现代主义主体际哲学范式的营销理论体系（以唐·舒尔兹为代表）。前者以消费者为客体、为中心手段，后者以消费者为主体（在实际上是不可能的）。

以消费者为真正的主体是人类社会发展的趋势，建设中国特色社会主义就是要逐步克服以消费者为中心手段，实现以消费者为中心目的的社会。中国特色的市场营销理论以消费者为目的和主体，企业主体赚钱，是以"满足消费者所需"这一目的为前提，市场定位建立在客体（商品、服务）为纽带的营销主体间交往实践之上的，这是中国特色社会主义市场经济的必然要求。在社会主义市场经济下，市场营销观念须以消费者为中心目的，这点通过创造条件是可以实现的。同

时，营销理论的核心概念是消费者合理利益、消费者消费（社会）价值观，而不是交换（虽然是必要手段）。就是说，中国特色的市场营销观念与西方市场营销观念是有本质区别的，这也是中国特色的市场营销理论（市场营销学）与当代西方市场营销学的本质区别。

（二）借鉴西方市场营销的理论以开创中国特色的市场营销理论

社会主义市场经济下，企业与消费者之间的关系是通过商品为纽带而建立的。发展社会主义市场经济就是要创造条件，使得企业的交往实践存在这样一种辩证关系，即"消费者和利益相关者之间的主体关系"和"商品客体与各渠道主体之间的主客体关系"之间的关系，后者是前者存在和发展的基本内容和前提条件。两种关系的统一，在理论上是可以实现的。即以马克思主义哲学及其交往实践观为核心，以消费者为中心目的，全面对西方市场营销范畴、理论及典型营销理论体系进行改造。这样，"消费者、利益相关者与商品客体的主客关系"，与"各营销主体之间的主体际关系"的辩证关系，在交往实践的"主体—客体—主体"哲学范式中确立。

菲利普·科特勒市场营销的理论体系与后现代主义主体际哲学范式的营销理论体系之间相互借鉴和完善，对如何克服以消费者为中心手段的当代西方市场营销学的不足、对当代西方市场营销众多思想和理论如何"扬弃"、对建构以消费者为根本出发点和归宿点的中国特色的适应社会主义事业要求的市场营销理论体系有着重要的借鉴意义。中国特色的市场营销理论（市场营销学）是对西方市场营销理论（市场营销学）的颠覆和超越。

参考文献

[1] 菲利普·科特勒，加里·阿姆斯特朗.市场营销原理[M].楼尊，译.13版.北京：中国人民大学出版社，2010：11-275.

[2] 任平.走向交往实践的唯物主义[M].北京：人民出版社，2003.

[3] 马克·E.佩里.战略营销管理[M].李屹松，译.北京：中国财政经济出版社，2003.

[4] 理查德·W.布坎南.顾客关怀——清除市场营销中的障碍[M].吴溪，译.北京：机械工业出版社，2003.

[5] 唐·舒尔兹，史丹利·田纳本，罗伯特·劳特朋.整合营销传播——谋霸21世纪市场竞

争优势 [M]. 吴怡国，等译. 呼和浩特：内蒙古人民出版社，1997.

[6] 唐·舒尔兹，海蒂·舒尔兹. 整合营销传播——创造企业价值的五大关键步骤 [M]. 何西军等，译. 4 版. 北京：中国财政经济出版社，2007.

[7] 唐·舒尔兹，海蒂·舒尔兹. 唐·舒尔兹论品牌 [M]. 高增安，赵红，译. 北京：人民邮电出版社，2005：9-46.

[8] 汤姆·邓肯，桑德拉·莫里亚蒂. 品牌至尊——利用整合营销创造终极价值 [M]. 廖宜怡，译. 2 版. 北京：华夏出版社，2002：10-102.

[9] 任平. 交往实践与主体际 [M]. 苏州：苏州大学出版社，1999：13-43.

[10] 蔡勇. 简单即真诚：走出后现代传播语境的悖论——哲学反思与理论建构 [M]. 北京：中国传媒大学出版社，2008：12-87.

[11] 陈晓明，杨鹏. 结构主义与后结构主义在中国 [M]. 北京：首都师范大学出版社，2002：7.

[12] 黄迎新. 整合营销传播理论批评与建构 [M]. 北京：人民出版社，2012：54-177.

第十一章
西方范畴性市场营销理论的哲学范式

纵观西方市场营销理论发展史,可以发现诸如定位理论、品牌理论、关系营销理论等,都是随着营销实践的需要相对独立地被提出来,并随着实践的深入而不断完善和发展,形成独立的理论形式。这些独立形式的营销理论一般围绕某一核心概念(即范畴)展开,故而称为范畴性市场营销理论或独立形式的市场营销理论。

每一个范畴性市场营销理论经过哲学前提的重新审视、被赋予新的哲学范式,又成为菲利普·科特勒实用主义营销理论体系或后现代主义营销理论体系中的范畴或概念。

由于这些范畴性理论在形成过程中以独立的理论形式出现,一般只有一个范畴,其哲学前提不明显,或隐含于范畴的内涵界定中,或解释于外延的叙述中(概念间关系),要提炼出来,不下点功夫难以做到,这成为理解范畴性西方营销理论的一个难点。

本章揭示马斯洛需要的层次理论、定位理论、品牌理论、关系营销理论贯穿的哲学范式。由于对西方现代主义品牌理论和后现代主义品牌理论的哲学范式的揭示,在专著《品牌理论和哲学范式——交往唯物主义及哲学比较视阈》中已经完成,并先期出版,故而不再重述。

第一节 马斯洛后现代主体际哲学范式的需要的层次理论

关于需要的理论,卡尔·马克思(德)、亚伯拉罕·马斯洛(美)、亨利·莫里

（美）、克雷顿·奥尔德弗（美）、戴维·麦克利兰（美）、艾瑞克·弗洛姆（美籍德国人）、郝伯特·马尔库塞（美籍德国人）、阿格妮丝·郝勒（匈牙利）等都提出过自己的需要理论。但迄今为止，被引入中国最为权威的关于人的需要的理论是亚伯拉罕·马斯洛（1908—1970）的需要的层次理论。之所以称之最为权威是因为在当前中国的管理学和市场营销学学界，这一理论被视为经典。中国高等学校市场学研究会顾问（原副会长）、华南理工大学龚振教授在《心理需要及其运动规律研究》一书中，对马斯洛需要的层次理论的内在矛盾做了揭示，对突破马斯洛需要的层次理论的禁锢有重要意义。但是，从哲学视阈对该理论进行审视，国内目前还不多见。需要的层次理论是对需要层次这一范畴进行研究的具有独立形式的理论，是中国营销学者常常用来作为理论基础的一个重要范畴，故而其贯穿的哲学范式也必须搞清楚。这成为笔者在2019年和2020年努力探究的一个课题。

一、马斯洛需要的层次理论的理论前提

马斯洛（1908—1970）在1943年发表的论文《人类动机论》中，提出了需要的层次理论，马斯洛将需要从低到高划分为五个层次：生理需要；安全需要；归属和爱的需要；自尊需要；自我实现的需要。较低级的需要被满足后，较高级的新需要就会出现。在出版于1954年的《动机与人格》（第一版）中，这一理论被纳入其中。出版于1970年的《动机与人格》（第二版）由马斯洛修订。"第一版'基本需要的层次'中阐述了五个需要层次。第二版在'基本需要的层次'中增加了认识和理解的欲望及审美需要这两个层次。"[1]从马斯洛前期研究看，其需要的层次理论的前提和研究对象与前辈不同。

（一）从理论前提看马斯洛需要的层次理论

马斯洛需要的层次理论源于对弗洛伊德和阿德勒等心理学家对支配性理论研究、源于对华生为代表的行为主义理论的"扬弃"。

弗洛伊德对支配性行为解释为个体性欲，是自我的本能，人类文化是性的升华，即"精神性欲"；而阿德勒则对支配性行为产生的动机解释为"人对支配地

位或称之为优越感的争夺"，[2] 也是自我的本能。也就是说，以弗洛伊德和阿德勒为代表的弗洛伊德学派把人视为纯粹的动物，其支配性行为是动物的本能行为。行为主义理论也认为人是动物，与弗洛伊德学派相同。二者区别在于：弗洛伊德学派认为，人的动机有深层的内在冲动与驱策，无视外部环境的作用；而行为主义认为，人的动机受外部环境的影响，即"刺激—反应"模式，否定本能的作用，依赖动物实验，过分强调仪器、技术、程序、装置在动物实验中的作用，把动物的本能等同于人的本能。马斯洛认为，人的行为有区别于动物的独特特征，对支配性行为解释为"人类的支配性行为是类本能"，[2] 无论是低级需要还是高级需要。"马斯洛认为一种综合性的行为理论必须既包括行为的内在的、固有的决定因素，又包括外在的、环境的决定因素。弗洛伊德只重视第一点，而行为主义只重视第二点"[3]。在对人类行为的研究中科学研究的方法是软弱无力的，行为科学家不可能超脱价值观。马斯洛的这些观点，吸收了弗洛伊德学派和行为主义学派的合理方面，从而自成体系。

（二）从研究对象看马斯洛需要的层次理论的理论前提

弗洛伊德以个体的人作为研究对象，研究自我、本我及与之相关的本能。[2] 弗洛伊德、华生、萨特则在"人除了生存，满足自己的自然欲望，没有更多的目标"[2] 的假设前提下，认为人与人之间关系是敌对状态的。行为主义也以个体的人为研究对象，把个体的人视为孤立的。马斯洛心理学抛弃了弗洛伊德命中注定的宿命论，不仅视个体为主体，而且把类、群也作为主体，与之对应的是本能和类本能。马斯洛认为：人的本能被满足之后就会进入高层需求；诸如体面和善良这样的品质，某种程度上是自然的流露，相互合作的社会梦想能成为现实。需要这一类本能推动了人类社会的发展，"应该把人作为一个整体、一个系统来研究"[3]。

从马斯洛需要的层次理论的理论前提和研究对象看，受过严格行为主义心理学训练的马斯洛，要克服单一个体被支配的理论，即"刺激—反应"模式的研究范式，就是要使自己的理论努力摆脱主体与客体两分的前提。马斯洛走了一条第三思潮的道路。

二、马斯洛第三思潮的道路和哲学范式

在生命的后期,马斯洛意识到他的需要的层次理论对"人类文化—知道与理解的需要"不能解释,即他认识到作为理论前提的支配理论和潜意识理论对"人类文化—知道与理解的需要"不能做出合理解释,认为"人类文化—知道与理解的需要"是超越支配动机之外的,马斯洛对超越支配动机之上的需要层次理论做了深入探索。

一般认为,Z理论是日裔美国人大内于1981年在其著作《Z理论——美国企业界如何迎接日本的挑战》中提出的。大内从1973年开始专门研究日本企业管理,经过调查比较日美两国管理的经验,提出了"Z理论"。其研究的内容为人与企业、人与工作的关系。其实,1965年,马斯洛就出版了《优心态管理》,在该书中马斯洛提出了人类群体的关系理论,又称Z理论。"这一理论认为所有工人无论其智商高低都具有生存的更高层的需要,都具有潜在的超越需要。[2]"这种超越的需要指利他主义、善良、信任和坦诚等。他认为讨论无产阶级还是资产阶级更优越,是毫无意义的,重要的是建立互敬互爱和相互合作的关系。加利福尼亚门罗帕克的萨加食品有限公司是Z理论的实践者,该公司聘请马斯洛为研究员,"建立了一种民主化的上下级关系,以此来与最高层的人性(自我实现)相吻合,营造适合自我实现和个人成长的环境"。[2] 设想工人有更高的需要,从而通过给工人更大的自主权和责任来满足他们这些需要。依此该公司组成一个更有力的团体,成员工作更愉快了,工作效率更高了。

分属不同阶级的人,需要是不同的,马斯洛不想讨论阶级存在的事实,似乎有着反对优势群体一味支配弱势群体的主体际倾向。这是马斯洛在深入探索中的一种倾向,这种倾向在资本主义社会能起到在一定程度上调和、缓和阶级矛盾的作用,适应了美国社会在20世纪六七十年代的社会需要,这是不少学者所关注到的。

在《超越动机理论》(1967年)中,马斯洛指出"任何一种存在价值都可以充分全面地用其他存在价值的综合来定义。也就是说,全面和公正的真理必须是优美、完善、公正、简洁、生动、全面、统一的,必须是超越二分法,易懂而有

趣的。"[2] 二分法是"主体—客体"两分的哲学范式，马斯洛的研究就是要超越两分法，但超越二分法后要走向何方，除了主体际倾向，马斯洛似乎又有另一种途径。

在晚年，马斯洛明确提出了"超越性需要"的概念。"人性所必需的是，当我们的物质需要得到满足之后，我们就会沿着归属需要（包括群体归属感、友爱、手足之情）、爱情与亲情的需要、取得成就带来尊严与自尊的需要、直到自我实现以及形成并表达我们独一无二的个性的需要这一阶梯上升。而再往上就是'超越性需要'"。[4] 马斯洛没有明确地提出要在自我实现需要之上再增加一个超越性需要层次，但却提出了自我实现的不同层次问题。他将自我实现的需要分为健康型自我实现需要和超越型自我实现需要。健康型自我实现需要承认个人的内在天性，为自己而谋，在个人内部不断趋向统一、整合，成就小我。而超越型自我实现需要建立在健康型自我实现的基础上，受超越型动机支配，意识到存在的王国，生活在存在水平，即目的水平或内在价值水平，以超世的态度超脱于个人意义之上，实现"超我"。

马斯洛在1968年再版的《存在心理学探索》的序言中写道："我认为，人本主义的、第三种力量的心理学是过渡性的，是向更高的第四种心理学发展的准备阶段。第四种心理学是超越个人的、超越人类的，它超越了人性、自我同一性和自我实现等概念，是以宇宙为中心，而不是以人的需要和兴趣为中心。"[5] 这不是回到人被自然所统治的时代，也不是以人为中心来统治和奴役自然，而是走入主客融合的"无我"境界。

马斯洛心理学理论核心是人通过满足多层次的需要，达到"自我实现"及"高峰体验"，找回被技术所操控的人的价值，实现完美人格。马斯洛认为自我实现的需要是超越性的，追求真、善、美，将最终导向完美人格的塑造，高峰体验代表了人的这种最佳状态。创造美和欣赏美，是自我实现的一个重要目标，审美需要源于人的内在冲动，审美活动因而成为自我实现的需要满足的必要途径。审美活动中主客体交融，超越时空，使美具有真的、善的和内容丰富的性质，这对形成包含真、善、美于一身的完美人格，具有极其重要的意义。审美活动成为人的一种基本的生存方式。

高峰体验，则是审美活动的最高境界，完美人格的典型状态。高峰体验可以通过审美活动以外的知觉印象的寻求获得，只要是能获得丰富多彩的知觉印象的活动，都可能带来高峰体验，如爱的体验、神秘的体验、创造的体验等等。高峰体验中主客体合一，既无我，也无他人或他物；对于对象的体验被延深为整个世界；同时意义和价值被返回给审美主体；主体的情绪是完美和狂喜，主体在这时最有信心，最能把握自己、掌控世界，最能发挥全部智能。

这就是说，在审美活动中实现主客交融，这似乎是马斯洛克服主客两分的另一途径。马斯洛认为人的本性是向善的，主张完美人性可以实现。但他离开社会实践谈审美体验、审美活动，有抽象、片面之嫌。有人评价马斯洛需要理论的哲学基础是抽象的人性论，不无道理。

纵观马斯洛对需要问题的研究，贯穿一个主线，就是突破主客两分的束缚。在其后期研究中或者走向主体际，或者走向主客交融。其思想理念与后现代主义主体际思想（反对现代主义的主客两分）的产生具有共时性，具有深刻的时代烙印。难怪罗伯特·弗雷格这样评价马斯洛，"在马斯洛的学术生涯中……他为心理学领域中两个重要的新思潮的出现做了奠基工作：人本心理学和后人本心理学"。[6] 后人本心理学正是后现代主义的心理学理论。

任何理论都贯穿着特定的哲学范式，起码贯穿着具有特定倾向的哲学范式。由上可知，马斯洛在哲学倾向上或主体际或主客交融，摇摆不定。但是，从马斯洛动机理论来看，其主体际的倾向还是明显的。

三、从马斯洛动机理论整体看需要的层次理论的哲学范式

需要的层次是马斯洛人类动机理论的组成部分，要理解马斯洛对需要层次划分的真正意义，须回到其动机理论整体上来看。马斯洛认为：

（1）欲望是达到目的的手段而不是目的。"如果我们仔细观察日常生活中的欲望，就会发现他们有一个重要的特点，即他们通常是达到目的的手段而非目的本身。我们需要钱，目的是买一辆汽车。因为邻居有汽车而我们又不愿意感到低

人一等，所以我们也需要一辆，这样我们就可以维护自尊心并且得到别人的爱和尊重。当分析一个人有意识的欲望时，我们往往发现可以追溯其根源，即追溯该人其他更基本的目的。"[6] "至于一天中数十次地在我们的意识中闪过的特定的欲望，比他们本身更重要的是他们所代表的东西、他们所导致的后果，以及我们通过更深入的分析所了解到的它们的最终意义。"[6] 最终意义是"会导致一些我们不能再追究到的目标或需要，这些需要的满足似乎本身就是目的，不必再进一步地证明或者辨析。"[6]

（2）终极目的、欲望或需要是无意识的动机。

（3）不同的有意识的欲望归于同一范畴，不是以行为为依据，而是由文化决定的目标（需要）为依据。"两个看起来风马牛不相及的有意识欲望归于同一范畴，而不是以单纯的行为为根据将他们分为不同的范畴，将会有益于心理学家。很明显，目标本身远比通向这些目标的条条道路更具有普遍性，因为这些道路是由特定的局部文化决定的。"[6] "两种不同的文化可能提供两种完全不同的方法来满足某一特定的欲望。"[6]

（注：以上内容指出了文化、有意识的欲望与无意识的动机之间的内在关系。）

（4）"任何动机生活分类所能依据的唯一可靠和根本性的基础是基本的目标或需要。"[6] "内省地出现在意识中的内驱力，动机行为，甚至被明确追求的目的物或结果，他们没有一个可作为人类动机生活的动力分类的坚实基础。仅靠逻辑排除过程，最后就给我们留下主要为无意识的基本目的或需要，以作为动机理论分类的基础。"[6]

（5）人是超动物本能的存在。动物的本能（饥饿本能、性本能、母性本能等）对人而言已经减退，人类对作为适应工具的文化依赖越来越大。

（6）人类动机理论是健康的整体的人的动机。

可见，马斯洛动机理论中的需要的层次，本质上是无意识的基本目的，是终极意义。生理需要、安全需要、归属和爱的需要、自尊需要、自我实现的需要、认识和理解的欲望及审美需要，都是无意识的终极的意义，而不是有意识的欲望，也不是我们依据行为所进行的对动机的归类，更不是对直接地与物质生活相一致的生活资料的追逐。有意识的欲望和行为都是实现终极意义的手段。不同的文化决定了不同的有意识的欲望，不同意识的欲望归于同一范畴，也就是归于同一无意识的终极意义。这种对人性的描述的确很抽象。

此外，马斯洛的较低级的需要被满足后，较高级的新需要就会出现，应该怎样去理解？马斯洛动机理论中的需要的层次追求的是无意识的终极意义，而且这个终极意义是不断变换的。"动机是连续不断的、无休止的、起伏的和复杂的"。[6] 不断变化的意义按照一定的顺序变动：第一，人类只能以相当或递进的方式得到满足；第二，需求似乎按照某种优势等级、层次自动排列。至于马斯洛需要的层次在无意识层面是不是这样的顺序变动，另当别论。

在前文的分析中得出"马斯洛在哲学倾向上或主体际或主客交融，摇摆不定"的结论。由于马斯洛动机理论中"需要的层次"指的是不断变换的终极意义，那么，人在内驱力、有动机的行为、目的物系统中，在主体际之间的互动无非是追求这个不断变动的无意识的终极意义。如果是主客交融，那么意义就具有相对稳定性，则"天道恒常"（变动是常态），天道决定人道，人道就不可能是变动不居的。显然，意义的变动不居与主客相容不匹配。[6] 所谓在自我实现、在高峰体验的主客交融中，人类适应环境追求这个不断变换的终极意义，只能理解为没有客体存在的主体际关系而已。

任平对后现代主义的哲学范式揭示为"主体际"，其特征为：一是多极主体，无中心性；二是无客体底板，非理性、反对科学理性；三是意义只有主体际向度，意义无固着或意义漂泊指向未来。看来，马斯洛的动机理论及需要的层次是后现代主体际范式意义上的理论，马斯洛终其一生的理论探索也是在向这个方向不懈努力，而没有其他路径，即主客交融的路径是不成立的。

纵观马斯洛一生的研究，从前期提出需要的层次理论的理论前提、研究对象及后期的深入探索来看，其理论具有突破主客两分束缚，走向后现代主体际哲学范式的倾向；而从动机理论（需要的层次是其组成部分）来看，具有后现代主体际哲学范式的特征。所以，马斯洛所走的第三思潮的道路本质是后现代主义主体际的道路。

第二节　定位理论的哲学范式

范畴性的独立形式的定位理论是围绕"定位"这一核心范畴提出的营销理论，此类具有代表性的定位理论，一是 L. 里斯和 J. 特劳特的定位理论；二是马克·E. 佩里的"属性—利益—个人价值"分析法的定位理论。菲利普·科特勒的营销理论体系中的"定位"概念，及营销传播理论中的"定位"概念，是在相关理论体系的诸多概念之一，不具有核心地位，也不具有独立形式的特点。

一、L. 里斯和 J. 特劳特定位理论中贯穿的科学主义的哲学范式

（一）定位理论概述

市场细分理论是 20 世纪 50 年代，美国学者温德尔·史密斯提出的。市场细分指通过市场调研，根据顾客对商品不同的需要和欲望、不同的购买行为和购买习惯，把某一商品的整体市场分割成若干个不同的子市场的分类过程。其中任何一个子市场都是一个有相似欲望和需要的顾客群体，而不同的子市场的顾客对同一商品的需要和欲望则存在明显的差异性。这个理论成立的内因是顾客需求的异质性，外因是企业资源的限制和有效竞争的需要。

市场细分的目的是选择有效的目标市场并定位，市场细分以顾客的特征为依据，确定细分变量（有的书称效用变量），选定产品的市场范围，列举潜在顾客的基本需求，同时分析潜在顾客的不同需求，把潜在顾客的共同需求剔除。所有的基本需求和所有的差异需求，就是不同的子市场。进一步认识各子市场的特点，做进一步的细分或合并，之后测量各子市场的规模与潜力，从中选择有效的目标市场，并对其定位。

在市场细分理论基础上，"定位"概念于 1969 年被提出。1972 年，L. 里斯和 J. 特劳特发表定位策略的论文，1979 年两人共同出版第一部定位理论的专著——《定位》。书中提出了如下观点。[7]

（1）定位就是要在预期客户的头脑中给产品定位，产品包括商品、服务、机

构、个人；

（2）把注意力放在接受方，通过传播确保产品在预期客户的头脑中占据一个真正有价值的地位；

（3）不同市场地位企业如何定位的方法，包括领导者、跟随者，及给竞争对手重新定位的方法。

L.里斯和J.特劳特的定位理论多是站在企业或传播者的角度展开的解释，1996年，特劳特和瑞维金合作出版《新定位》一书，从消费者角度进一步深化和发展了定位理论，并揭示了影响传播沟通的五大原因，提出了重新定位理论。

L.里斯和J.特劳特定位理论的思维路径的特点是：在市场营销观念下，供方企业通过分析消费者需求和行为，找到如何满足消费者需求的思维路径，即"消费者需求→商品概念定位"或者把"消费者利益概念化"，营销的基本战略问题依据此思维路径得以解决。

L.里斯和J.特劳特的定位理论，提出了在企业与消费者之间关系上，要重视消费者的问题，初步解决了买方市场条件下，如何推动商品被消费者认知的问题，这对市场营销学的发展有着深远的理论影响。如：品牌形象理论吸收了定位的思想，并在此基础上进行创新；菲利普·科特勒的营销理论体系中的"定位"概念，及营销传播理论中的"定位"概念，都是将L.里斯和J.特劳特的定位理论中的核心概念——定位，进行哲学范式转换的结果。

（二）定位理论的哲学范式

《定位》是L.里斯和J.特劳特合著的关于营销定位理论的专著，该书阐述了第一个独立形式的范畴性的定位理论。该书中有如下叙述：

"定位要从一个产品开始。那产品可能是一种商品、一项服务、一个机构甚至是一个人，也许就是你自己。……

但是，定位不是你对产品做的事情，定位是你对预期客户要做的事。换句话说，你要在预期客户头脑中给产品定位。……

所以说，把这个概念称作产品定位是不正确的。好像你在对产品本身做什么似的。……旨在确保产品在预期客户头脑中占据一个真正有价值的地位。……

最新的定义是：你在预期客户头脑里如何独树一帜。"[7]

上述定位概念的核心是：使产品（客体）被预期客户感知，在预期客户头脑中占据位置，并产生优势地位的反应。或者说，使产品（商品、服务、机构甚至是一个人）给消费者提供的利益，在消费者头脑中被感知和产生反应。

《新定位》中指出了定位理论的理论基础是认知心理学，强调"不要在产品里，甚至不要在你自己的脑子里寻找解决问题的方法。要在预期客户头脑中寻找解决问题的方法"。[7]这与《定位》一书的思路是一致的。客户头脑对事物的认知存在着规律，包括：①大脑的有限性；②大脑憎恨混乱；③大脑不可靠；④大脑不会改变；⑤大脑不能丧失焦点。[8]

认知心理学是20世纪50年代中期在西方兴起的一种心理学思潮，被视为是作为人类行为基础的心理机制，其核心是输入和输出之间发生的内部心理过程。其主要特点是强调知识的作用，认为知识是决定人类行为的主要因素。

认知心理学是科学主义心理学的组成部分，与西方现代主义哲学中的科学主义有内在联系。科学主义心理学的特征主要表现为：心理现象的属性如同自然事物的属性一样，是可以观测的、由部分构成的、可还原分析的和可定量研究的。

我们知道，科学主义哲学是主客两分的，具有"主体—客体"哲学范式，即主体具有单一主体性，客体是被认知、被征服的对象。认知心理学作为科学心理学的组成部分，就是具有"主体—客体"哲学范式的心理学。

总之，第一，《定位》《新定位》书中所贯穿的是"主体—客体"哲学范式，消费者不是根本目的，是中心手段；竞争就是获取赢利的必然手段；第二，定位是方法、是手段，不是目的，第三，定位范畴贯穿了科学主义的"主体—客体"哲学范式。

二、马克·E.佩里《战略营销管理》中定位理论包含着实用主义的哲学范式

（1）马克·E.佩里在《战略营销管理》一书中阐述的定位理论简述如下。

马克·E.佩里在专著《战略营销管理》中围绕"属性→利益→个人价值"分析法展开论述，把"属性→利益→个人价值"中的三个概念及其内在关系看作

一个复合范畴，则马克·E.佩里在专著《战略营销管理》所表达的理论就是一个独立形式的寻求定位的营销理论（在第十章中，把属性、利益、个人价值视为普通概念，而不是复合范畴，故而把马克·E.佩里在专著《战略营销管理》所表达的理论当作理论体系来看）。马克·E.佩里的市场细分和定位思路，指运用马克·E.佩里先生提出来的"属性→利益→个人价值"模型，进行市场定位和细分。

马克·E.佩里"属性→利益→个人价值"模型的理论基础是"手段—目的"理论。他指出，在其市场营销理论中，手段是产品属性和由产品属性引起的一切结果，而产品属性就是产品特点。产品结果就是消费者在拥有、使用或消费产品时所体会到的所有感觉。目的就是指个人价值。"属性→利益→个人价值"中，三个先后承接的因素构成"手段—目的"链。他认为，用"手段—目的"链来反映消费者提供的关于产品的"手段—目的"信息：属性、利益、个人价值，而消费者的认知遵从"个人价值→利益→属性"的方向。

首先，从产品属性分析开始，找出每个属性间关系及其对应的利益和个人价值，形成若干"属性→利益→个人价值"链，并画出消费者决策图。

其次，按照特劳特定位标准——是否拥有"代名词"，判定上述各"手段—目的"链的重要性，并列出先后顺序。

"代名词"指"类别"的代名词或"利益"的代名词。这个"代名词"有四个标准。

①"值得渴望的"，是指这个词与规模适度的细分市场上的"手段—目的"链相契和。

②"有差异的"，给了消费者一个购买你的产品而不是竞争对手产品的理由。

③"可传递的"，指公司有技巧和能力实现这个词所暗示的承诺；同时消费者相信你可以提供并实现这些承诺。他们的信任取决于公司的声望和其他一些外部因素——其他的消费者、政府主管机构、科学家、消费团体和媒体等。

④"有防御性的"，是指竞争者不能轻易地否定你，也不会轻易地从你那夺走它。那些易引起竞争者立刻反应的代名词应避免使用。

最终，要找出并确定与品牌紧密联系的品牌核心利益和相应的最有价值的

"手段—目的"链;同时还要找出与品牌联系的附加利益链。

马克·E. 佩里定位理论先从商品分析开始,是有道理的。因为"吃、穿、住、用、行,每一类产品都是人们所必需的,先确定大类后确定相应市场,并不违背顾客导向的观念。"[9] 当按照这样的思路由"商品→消费者利益"方向分析,并通过对比竞争者的商品,可以找到一个核心利益点。这个核心利益点具有差异化的、可传递的、有足够市场规模的、竞争者不会立刻反击的特点。找到市场定位的同时,也就找到了细分市场。正如马克·E. 佩里所说,"确定目标市场和进行市场定位是同一评估过程中的共同产物,没有先后顺序"。[10] 这与 L. 里斯和 J. 特劳特的定位理论的思维路径正好相反,也是其差异性的表现。

马克·E. 佩里定位理论也有不足之处,就是它属于单向思维、静态分析,将商品属性与功能混为一谈,重视个人价值、忽视社会价值,等等。

(2)马克·E. 佩里的定位理论包含的哲学范式是实用主义的"主体—客体"哲学范式,参见第十章第一节,在此不重述。

故而,马克·E. 佩里的定位理论包含的哲学范式是实用主义的哲学范式。

第三节 关系营销理论的哲学范式

西方人库特将众多关系营销成果划分为三大流派,即以克里斯托弗(英国)、佩恩(英国)和巴伦泰恩(澳大利亚)为代表的英澳流派、以克伦鲁斯(芬兰)为代表北欧流派、以贝瑞和李维特为代表的北美流派。现将前两个流派的代表性理论做一分析。

一、英澳流派代表作所贯穿的哲学范式

克里斯托弗、佩恩和巴伦泰恩在合作的专著《关系营销:为利益相关方创造价值》一书中,将质量管理、服务营销理念和客户关系经济学紧密联系在一起,构成一套为客户和企业创造价值的关系营销理论,该书是英澳流派的代表作。

对《关系营销：为利益相关方创造价值》一书的哲学范式分析如下。

在第一章"为客户创造价值"中，提出关系营销与早前的传统营销理念（即交易性营销）有几点明显的不同，并强调关系营销的四个特征：

"第一，关系营销强调的是通过制定相应的策略留住客户，以增加客户们的'终身价值'——即客户长期从企业购买产品或服务所创造的价值。……最大程度提高'客户终身价值'是关系营销的基本目标。这里所说的'客户终身价值'，指的是把某一客户可能在未来为企业带来的净利润转换成净现值之后，以货币形式表现出的金额。

第二，关系营销理论还认识到，企业如果想要在终极市场取得长期的成功，就需要与经营活动中的有关各方——或我们所谓的'利益相关者'——建立良好的关系。……市场营销策略的最终目的的确是为了赢得能够为企业带来经济效益的客户。但要真正做到这一点，企业需要对构成整个经营环境的各方面要素进行更加广泛的定义和关注。关系营销理论认识到，包括供应商、员工、对企业有影响的机构或个人、分销商，以及与企业有战略伙伴关系的其他企业在内的构成企业大环境的多重'市场'，都会直接或间接地影响到企业赢得和留住目标客户的能力。"[11]

为此，要针对构成营销环境的多个"市场"同时进行营销活动。

第三，营销活动如今已经由单一的，由市场营销部门从事的活动，变成了一项需要由企业内部多个部门跨部门协同合作才能顺利完成的任务。

第四，在市场趋于成熟，成长的幅度开始下降的时候，由追求市场份额、尽可能多地赢得客户的经营战略，转而寻求与人数较少，但能够为公司带来利润的客户建立长期关系。

从上述特征可见，市场营销策略的最终目的是赢得能够为企业带来经济效益的客户，关系营销的基本目标是最大程度提高客户的"终身价值"。

"市场营销活动体现了企业和客户之间的一种'价值交换关系'，产品的质量和客户服务是维系这种关系的主要因素。……关系营销理论认为，客户是在以忠诚换取他们希望获得的相应价值。"[11]这种价值既包括产品本身的有形价值，也包括种种与客户服务质量有关的相对无形的价值。关系营销理论主张将产品质量、客户服务和营销活动三者合一，有重点地进行统一管理。为此，在 4P 基础上增加 3P，即员工、业务流程和客户服务。针对员工要展开"内部营销"，即发展和维护以客户为本的企业文化；建立企业为客户创造价值的方法和过程，即业务流程；进行客户关系管理。

这里，客户关系管理的定义是："一套旨在通过与关键客户就客户群建立和发展良好关系来提高股东价值的企业经营策略。能够将信息技术的潜力与关系营销的策略结合在一起。"[11]将企业内部的员工、各部门的职能以及市场营销能力有机整合在一起。也就是说，客户关系管理是建立于关系营销理论基础之上的。这表明此套关系营销理论，虽然极其重视客户，但把客户视为实现、谋取最大利润的手段，不具有主体际的倾向。

"如今重视营销的企业事实上都奉行着以市场为导向的原则，从组织结构到日常的经营管理，无不以特定市场创造和提供种种好处为目标。诸如'提高客户亲和力''以客户为中心''以客户为重点'等经营思想和口号的涌现，也从一个侧面反映出企业为精心挑选的客户群创造和提供高价值商品与服务的营销新观念。但这并不意味着当今的企业已经变成了一个完全利他主义的机构，可以不惜一切代价地满足客户所有的需求。事实上，这是商业企业因应现实的变化而采取的高明策略，因为商家们认识到，只有最大限度满足客户的需要，才能使他们继续购买公司的产品或服务，从而为企业带来长远的利益。"[11]这种高明的策略，就是宣告：客户只是利用手段而已。所谓产品的质量和客户服务是维系的利益交换、价值交换关系，只是达成策略的手段。

进一步，第二章"为企业创造价值"的整个过程由三个关键部分组成："确认企业能够给客户的价值（'客户获得的价值'），确认企业能够从客户那里得到的价值（'企业获得的价值'），通过双方间的价值交换，使最能令企业满意的客户群体的终身价值得到最大限度度的提高。"[11]这里，企业获得的价值才是目的。

综上，《关系营销：为利益相关方创造价值》前三章的哲学范式的特征为：客户处于客体的地位，是被利用的对象，是实现利润的工具性目标，即具有"主体—客体"哲学范式。

第四章"处理经营网络中各方关系"中指出,"这样的经营网络需要一个'网络指挥家'——或'核心企业'——来带领和指导供应链在终极市场上为客户创造价值的整个流程。网络指挥家将负责寻找经营网络所需的各个战略合作伙伴,并以整个网络为基础建立一个信息交换平台,在各个成员企业间实现信息的公开交流"。[11]"IMP学派的营销理论主张在制定营销策略时,同时考虑买卖双方特点"。[11]"新的管理学思想主张企业应该重点强化自身的核心竞争力,而把其他部分业务外包给其他企业去完成。从这个新定义上看,企业越强化自身优势,对其他企业依赖也就越高。随着企业对外依赖性不断增强……发展成为相互协助的合作伙伴关系"。[11]这种协作,在企业间建立互动结构,增强了竞争力,是产业链上的内部营销。联系前三章,这种网络和协作只能理解为"主体—客体"关系。这种在价值链上加强内部协调,为的是调高竞争力,同时也加深了对消费者的控制,这后一点是该书避而不谈的。

第五章"产品质量和客户服务是维系企业与客户关系的纽带"指出,"企业需要加强不同部门间的对话与协同合作,将各部门的职能整合在一起。这是企业提高客户服务质量和加强质量管理的唯一途径,同时也是企业强化内部(与员工之间)联系的良机"。[11]"企业在将产品质量、客户服务与营销活动相结合而形成以市场为导向的经营策略的过程中,市场营销策略将发挥作用"。[11]联系前三章,这里的产品质量和客户服务成为企业与客户之间的手段(客体),是整合内外客户关系的手段。

单从后三章看,该书中的关系营销似乎倾向于主体际关系,与第一章把满足客户需求视为策略(手段)不一致。而从总体看,后三章所述也不过是实现企业价值的手段,只不过要兼顾利益相关者而已,"主体—客体"关系的实质并没有变。

二、A. 佩恩《服务营销》所贯穿的哲学范式

A. 佩恩是英澳派的主要成员,其服务营销理论中的服务范畴具有"主体—客体"哲学范式,分析如下。

第十一章　西方范畴性市场营销理论的哲学范式

A.佩恩《服务营销》一书中对服务的本质做了界定。"服务是一种涉及某些无形性因素的活动，它包括与顾客或他们拥有财产的相互活动，它不会造成所有权的更换。条件可能发生变化，服务产出可能或不可能与物质产品紧密相连。……把产品这个词看作是能为顾客提供某种价值的物体或过程的一个整体，同时商品和服务可以被划分为描述成产品的两种类型。"[12]

"通常描述服务有四个特征：①无形性——服务在很大程度上是抽象的和无形的；②不一致性——服务时不标准的和非常可变的；③不可分割性——典型服务的产生和消费是在同时完成的，顾客参与到过程中；④无存货性——不可能像存货那样保存服务。……服务与商品两者区别在于有形程度的不同"。[12]

"典型地描述服务业包括以下行业部门的分类。零售和批发，运输、配送和储存，银行和保险，房地产，通讯和信息服务，公用事业、政府和防务，卫生保健，商业、专业和私人服务，娱乐和款待客人服务，教育，其他非营利机构。"[12]此外，制造业也存在着服务。

服务中引入营销，服务必须面对六个市场，从顾客市场、中介市场、供应商市场、招聘市场、影响市场、内部市场六个市场确定重点市场，以建立关系营销为本质目的。实现这一目的，须经过如下步骤：

第一，制订有效的计划任务书；

第二，服务市场细分；

第三，定位和服务差异化；

第四，服务的营销组合，4P组合；

第五，服务营销计划；

第六，专注顾客的服务机构。

这个框架，与菲利普·科特勒《市场营销原理》结构类似，目的是"考虑发展什么战略可以帮助改变需求模式，使服务提供者变得更为有利"。[12]同时，"对待客户如同一份增值的财产"。[12]这也是服务需求和供应的本质。显然，这是站在供方立场，把顾客当做客体看待，虽然顾客很重要。

服务中引入关系营销，服务这个概念，讲的是服务者与被服务者之间的关系，目的与老顾客建立长期关系，与新顾客建立关系。从六个市场中确定重点市场，建立和保持关系。具体体现为：一是认同伦纳德·贝里的关系营销概念——吸引、维护、增进与顾客的关系；二是关注保留长期顾客为目的；三是关系营销观念出现在公司与之相互作用的市场上；四是质量、顾客服务和营销活动需要连在一起，关系营销关注把这三个要素更密切地结合在一起。在上述框架中，服务中引入关系营销，目的也是实现使服务提供者变得更为有利，同时，"对待客户如同一份增值的财产"。

从总体上看，服务概念是 A. 佩恩服务中关系营销思想的体现，是贯穿着"主体—客体"哲学范式的概念。

此外，英澳学派的默林·斯通，尼尔·伍德科克在《关系营销》中，强调"关系营销的根本原则就是顾客为导向"。而"顾客是最大的财产"，[13] 这是他们界定的顾客。把顾客视为财产，即客体对象，这样的关系营销理论只能是"主体—客体"哲学范式的。

三、北欧流派关系营销理论代表作的哲学范式

北欧流派的基于顾客关系来实现企业服务战略观，是格罗鲁斯的《服务管理与营销——基于顾客关系的管理策略》一书的基本观点，以此书作为分析对象。

企业服务战略观是："将服务视为与顾客保持长期关系的战略性要素。……核心产品的特征是成功的先决条件，但仅有这一点是远远不够的；企业要想成功，还必须向顾客提供完整和富有创见性的服务体系，而且是必不可少的。"[14]

企业服务战略观强调产品组合要能提高顾客感知价值；仅依靠核心解决方案无法获取竞争优势；有形产品、服务、信息、对顾客的关怀和其他要素共同构成了服务产品组合，尽管它建立在有形产品之上；强化这个服务产品组合是管理者最重要的任务；不管是从账面能够体现出来的服务，还是隐性服务，都是这个产品组合的组成部分。

"关系属性是服务的内在属性"，[14] "服务本身就是一种关系"[14]。要实现企业服务战略观，就需要展开关系营销。"关系营销的目的就是要发现、建立、

保持和强化与顾客的关系。"[14]

关系营销有如下特征。

(1)"按照关系营销理论,企业与顾客的关系是互动的关系,而不是交易或交换关系。

(2)关系营销是建立在合作基础上的,为此,企业必须抛弃旧的'你死我活'的竞争观念,将竞争对手视为合作伙伴,树立'双赢'的全新竞争理念。"[14] 关系所固有的双向特征使得双赢的竞争策略成为企业的必然选择,无论在消费品市场还是工业品市场上都是如此。

(3)"关系营销不是营销的工具,相反,它是理念,一种与顾客共同创造价值的全新的营销理念。"[14] "关系营销是建立于价值创造基础之上的。……而价值不是在工厂里或服务企业的后台制造出来的,甚至可以说,价值不是产品本身,产品不过是价值的载体。价值是顾客在与企业保持关系过程中创造出来的,很大程度上是在于供应商和服务提供商保持互动关系的过程中创造出来的。企业的关注点不再是产品本身,而是顾客的价值生成过程,在这个过程中,顾客创造并感知价值。"[14]

"在交易营销中,企业将顾客作为征服的对手。而在关系营销中,顾客被视为一种资源,一种创造价值的资源,企业与顾客合作,为顾客创造价值,满足他们的要求并解决他们面临的问题。"[14]

总之,"关系营销核心的特征就是'关系营销建立在关系、网络和互动的基础之上,而且关系营销存在于销售企业、市场和社会这样一个广泛的网络中。关系营销的目的是让企业与顾客、利益相关人建立起"双赢"的关系,而且让处于关系链条的各方共同创造价值,它超越了传统的专门职能和准则的界限'。"[14] 显然,这里的关系具有主体际的倾向。

服务是一系列或多或少具有无形特性的活动构成的一种过程,这种过程是在顾客与员工、有形资源的互动关系中进行的,这些有形的资源是作为顾客问题的解决方案而提供给顾客的,不具有中介客体性质。同时,联结企业与客户之间关系的是价值,而不是价值的载体产品实体,将价值与其载体进行了割裂,没有了中介客体。

由上述特征，我们得出结论，基于顾客关系管理策略的服务管理与营销具有主体际哲学范式的特征。

北欧学派和英澳学派的共同点，关系营销的目的是同顾客结成长期的相互依存的关系，发展顾客与企业及产品之间的连续性的交往，力争零顾客背离。因为丧失老顾客就是失去市场和利润来源。他们之间的差异在于，在理论体系中客户的地位是不同的，即客户在关系营销理论中，处于客体地位还是主体倾向，是不同的。

参考文献

[1] 龚振.心理需要及其运动规律研究 [M].北京：经济管理出版社，2019：122.

[2] 柯林·威尔森.心理学的新道路：马斯洛和后弗洛伊德主义 [M].杜心宇，译.北京：华文出版社，2001：137，154，157，159，162，179.（从1959年始，英国著名作家柯林·威尔森与马斯洛开始通信，并因为对马斯洛懂得理论的兴趣而结下了深厚友谊，两人交往一直持续到1970年马斯洛逝世。1968年柯林·威尔森为马斯洛的心理学体系写传记体的分析著作，1982年这部著作以《心理学的新道路》为名出版。从这部著述中可以看到马斯洛对需要理论的不同阶段的探索。）

[3] 弗兰克·戈布尔.第三思潮：马斯洛心理学 [M].吕明，陈红雯，译.上海：上海译文出版社，1987：19，22.

[4] 爱德华·霍夫曼.马斯洛：洞察未来 [M].许金声，译.北京：改革出版社，1998：258.

[5] 马斯洛.存在心理学探索 [M].李文恬，译.昆明：云南人民出版社，1988：6.

[6] 亚伯拉罕·马斯洛.动机与人格 [M].许金声，等译.3版.北京：中国人民大学出版社，2012：前言，5，6，7，8，9，11.

[7] L.里斯，J.特劳特.定位 [M].王恩冕，于少蔚，译.北京：中国财政经济出版社，2002：2-3，9.

[8] 杰克·特劳特，史蒂夫·瑞维金.新定位 [M].李正栓，贾纪芳，译.北京：中国财政经济出版社，2002.

[9] 黄朝椿.深度——通过深度定位在竞争中保持领先的艺术 [M].北京：企业管理出版社，2004：99.

[10] 马克·E.佩里.战略营销管理 [M].李屹松，译.北京：中国财政经济出版社，2003：前言1.

[11] 马丁·克里斯托弗，阿德里安·佩恩，大卫·巴伦泰恩.关系营销：为利益相关方创造价值 [M].逸文，译.北京：中国财政经济出版社，2005：2，5，39，126，127，129，154.

[12] A. 佩恩. 服务营销 [M]. 郑薇, 译. 北京: 中信出版社, 1998: 8, 9, 12, 17, 273.
[13] 默林·斯通, 尼尔·伍德科克. 关系营销 [M]. 陈桂芳等, 译. 上海: 上海远东出版社, 1998: 20.
[14] 克里斯廷·格罗鲁斯. 服务管理与营销——基于顾客关系的管理策略 [M]. 韩经纶, 等译. 北京: 电子工业出版社, 2002: 5, 6, 15, 17, 18, 21, 28.

第十二章
哲学范式比较视阈中的市场营销哲学和范畴

每一个营销理论体系都由一系列概念所构成,这些概念都以营销哲学为前提,其中关键的概念就是核心范畴。每一个独立形式的营销理论都是围绕某一个核心概念架构起来的。不同的哲学范式造就不同的理论形态和不同内涵的核心范畴,本章在前两章解析的基础上,在哲学范式比较视域中对营销理论的营销哲学、若干范畴进行对比分析,同时还运用市场营销分析模型对西方市场营销范畴性理论进行对比反思,以到达深入理解的目的。

第一节 两类西方市场营销哲学及其市场营销理论的演变

处于主导地位的西方现代主义哲学(主体—客体哲学范式)与处于非主导地位的后现代主义(主体际哲学范式),是西方哲学的两类表现形态。西方市场营销哲学、西方市场营销理论有着西方哲学的渊源,这导致西方市场营销理论体系及其营销哲学、范畴性西方营销理论呈现两类表现形态。

一、西方现代主义哲学与西方现代主义市场营销哲学及理论

(一)西方市场营销哲学的演变

市场营销哲学,指企业在开展市场营销管理活动中,在处理企业、消费者(包

括顾客）和社会三者的利益关系上所持的态度、思想、观念。

伴随着西方现代企业的发展，西方市场营销哲学先后出现了多种观念，但按照企业与消费者或利益相关者的主次地位关系（生产者导向或消费者为导向），大体可以分为两类：前市场营销观念（生产观念）和市场营销观念。

前市场营销观念指市场营销理论出现以前的市场营销观念，包括生产观念、产品观念、推销观念（销售观念）。其基本特征是：经营中以产品为导向、实行以产定销。

1. 生产观念

是在卖方市场条件下产生的，是一种重生产、轻营销的商业哲学。在物资短缺、供不应求的情况下，矛盾主要方面是生产的不足，所以供方没有市场营销的需求。

2. 产品观念

也是在卖方市场条件下产生的，认为消费者对产品的更高质量、更多功能、更具有特色，有不断的追求，企业应在产品创新上下功夫。

3. 推销观念（销售观念）

产生于资本主义国家由"卖方市场"向"买方市场"过渡时期。推销观念（销售观念）认为，只有采取推销和促销的手段，使消费者克服购买惰性或抗拒心理，才能使消费者购买本企业的产品。

市场营销观念产生于 20 世纪 50 年代中期，是一种适应买方市场的观念。它是一种以消费者（顾客）需要和欲望为导向的哲学。随着市场环境和营销手段的变化，在市场营销观念出现之后，市场营销思想不断地发展和完善，出现了一系列的新观念，如，社会营销观念、大市场营销观念、整体市场营销观念、顾客让渡价值思想等。其共同的特征就是以目标消费者及其相关利益为导向和手段，实行以销定产。

第一，社会营销观念。是对市场营销观念的改良。它认为，不仅要考虑目标消费者的利益，而且要考虑社会利益。

第二，大市场营销观念。20 世纪 80 年代针对贸易保护主义所导致的市场障碍，菲利普·科特勒提出了此观念。旨在通过谋求政府的支持，达到顺利进入特定市场的目的。

第三，整体市场营销观念。1992年，由菲利普·科特勒提出，认为企业的营销行为应包括构成其内、外部环境的所有重要行为者，他们是供应商、分销商、最终顾客、职员、财务公司、政府、同盟者、竞争者、传媒、一般大众。

第四，顾客让渡价值思想。1994年，菲利普·科特勒又提出了"顾客让渡价值"新概念。认为顾客优先选择的是"顾客让渡价值"最大的产品，企业要在"顾客让渡价值"上下功夫。

（二）西方现代主义哲学在西方营销哲学与理论中的体现

主体与客体关系问题是西方哲学史上的一大理论难题。笛卡儿以前，处于主导地位的西方哲学是主客体两分的，但以客体性为主要方面。笛卡儿以后的近代西方哲学也是主客体两分的，但以主体性为主要方面。所谓主体性是指在主体和客体的关系中主体对客体的优越性，客体被主体所构造和征服，主体成为存在的根据。康德是第一位比较系统地研究"主体—客体"关系这一哲学难题的思想家，但康德建立的先验主体性哲学中，主客体关系也是两分的。德国唯意志主义是现代西方非理性人本主义的第一代，其主要代表人物之一叔本华（1788—1860）认为，表象包含了主体与客体两个方面，主体与客体不分离，但他强调客体只是表象或认识中的客体，而忽视了客体自身的规律、性质、特点，即客体的客观实在性和特殊性，这种表象中的统一仍然没有跳出"主体—客体"实践状态。主客两分的思想统治了西方两千多年，传统意义上的西方哲学是立足于主客体关系的哲学，它在西方哲学发展过程中，或侧重于主体一翼，或侧重于客体一翼，或作为最终的答案由两端之间的摇摆在观念或认识中走向主客体的统一，都没有正确处理主客体关系。

19世纪末到20世纪初，西方哲学的主题和主导性思维方式经历了从本体论、认识论阶段向实践论哲学阶段的转向。西方现代主义实践观，包括自近代以来科学理性实践观（以皮尔士、詹姆斯为代表的美国实用主义，欧洲大陆的实证主义、证伪主义、历史主义和新实在论，分析哲学——本质上是语言实践论，结构主义和符号学），波普、胡塞尔、海德格尔的人本实践观及卢卡奇、葛兰西和萨特的西方马克思主义哲学，等等。其基本构架是"实践主体—实践客体"。这种哲学虽然看到了主体对客体的巨大的改造作用，却忽视或否认客体是主体存在与发展的前提，客体对主体也具有制约与改造作用；同时，西方现代主义哲学强调单一主体，否定多主体和主体间关系。

这种与社会制度相适应的现代主义意识形态，自然要体现于营销哲学和相应的营销理论中，具体如下。

（1）20世纪60年代前，市场营销的产品观念、生产观念、推销观念，非常明显就是以生产者（产品的所有者，主体）为中心目的，而以商品和消费者为客体。

（2）20世纪60年代之后，随着买方市场的到来，营销观念发生了一次重大的变化，从"生产者（主体）为中心目的"向所谓以顾客为中心的转变（本质上以顾客为中心手段）。1957年，美国通用电气公司的约翰·麦基特里克阐述了"市场营销观念"，在这种以顾客为中心的"市场营销观念"指导下，重要的营销概念（如：定位、品牌等）因解决实践中问题的需要而被先后提出来，围绕独立形式的核心范畴逐渐形成重要的市场营销理论（如：细分市场理论、定位理论、4P理论、品牌理论、关系营销），并应用于实践中取得实效而被企业认可。这些独立形式的营销理论多为"主体—客体"哲学范式，如1985年，巴巴拉·本德·杰克逊强调了关系营销概念。克里斯托弗、佩恩和巴兰坦著述了第一本关系营销的专著，之后，佩恩等人又发展了关系营销的观点，使"主体—客体"哲学范式的关系营销思想扩展到企业内部。这是一次由资本所有者（生产者）主体为中心（生产者为主体，其他皆为客体）向所谓以顾客（或最终消费者）为中心的转变，虽然是市场营销思想和理论一次重大的变化，但不是质变。

（3）菲利普·科特勒倡导此市场营销观念，并用"刺激—反应"的实用主义哲学对此观念和相关独立形式的营销理论进行了重新诠释和整合，从而建立起集大成的"主体—客体"哲学范式的实用主义的营销理论体系。

二、当代流行的西方后现代主义与后现代营销哲学及理论

后现代西方哲学各流派有一个共同的论域、理论发展倾向，即主体间性理论。主体间性理论把人和人的世界都看成主体，并从主体间的关系上考察存在。但它反对理性、强调非理性，强调"主体—主体"关系、反对"主体—客体"关系、

否定中介客体（商品、服务）的存在。

20世纪80年代后，市场营销哲学思想的变化和市场营销理论的发展也在人与人关系的范围内扩展，范围包括生产者、流通者、消费者。其中，先后出现了后现代主义的关系营销思想、整合营销传播思想、整合营销思想，在主体际的范围内扩展营销理论。这些以"关系营销"和"营销传播"为核心范畴所形成的理论，从主体间关系倾向方向不断变化、不断扩展，而"主体间关系"和"主体（消费者、所有者）—客体（商品）关系"之间的辩证统一却常常被忽视。这正是适应买方市场要求、反传统的后现代主义的体现，即强调主体际，否定商品、服务作为客体的纽带作用。后现代市场营销观念及其理论主要有以下两种。

（一）整合营销思想

整合营销是一种系统化的营销思想。1990年，美国企业营销专家劳特朋教授提出了整合市场营销理论，主张重视消费者导向，由消费者定位产品，强调用4C理论进行市场营销策略安排。扬·罗必凯广告公司的"整个鸡蛋"计划和奥美广告公司的"营销交响乐团"的概念，产生于20世纪80年代初。这时整合的思想已经出现，但多用于营销传播中。1992年，唐·舒尔兹《整合营销传播》的问世，标志着整合思想开始融入整合市场营销理论。

整合营销发生在紧密联系的两个层次，一是不同的市场营销功能之间的整合，二是企业内部以市场营销部门为中心的部门之间的整合。宁昌会先生的著述《整合营销》中渗透着"整合的思想"，主要强调从市场营销功能上进行整合；项润、高媛编著的《全员营销》，则主要强调从企业内部各部门关系上进行整合。

（二）关系营销观念

关系营销观念致力于建立与发展同所有利益相关者之间的连续性的关系作为企业营销的关键，把正确处理这些关系作为企业营销的核心。这种观念及其理论又被整合到营销传播理论中，成为后者的组成部分。

整合营销观念及其营销理论、后现代的关系营销观念及其营销理论贯穿着后现代主体际哲学范式。

三、两类营销哲学和两类营销理论在相互借鉴中并存和发展

营销观念发展趋向存在两个趋势，一是以顾客或消费者为中心手段，二是努力实现顾客或消费者为主体的趋向。此发展趋向与西方主流的现代主义哲学及反抗西方主流哲学的后现代主义思潮之间的斗争相一致，受此导向，在营销哲学和营销理论的表现和内涵上都被深刻影响。

也就是说，西方营销哲学分两类：一类是以"主体—客体"哲学范式为内核的营销哲学，另一类是以"主体—主体"哲学范式为内核的营销哲学。两类营销观念及其营销理论体系或独立形式的营销理论在本质上是不同的，按照是否以生产者或消费者为导向来划分营销哲学、营销观念，只是抓住了表象。

在20世纪60年代以前，以商品为中心、以销售为手段，以增加销售量获取利润为主要目标的市场营销，从生产者与消费者关系来看，是典型的生产者主导（以所有者为中心目的）；从消费者与商品关系来看，是资本所有者以商品客体为中心手段主导和左右消费者。在20世纪60年代以后，以满足顾客或消费者需求获取利润为目的的市场营销，表象是消费者（顾客）主导，但它有意忽视了商品客体仍然是左右消费者的前提。如果说在20世纪60年代以前，卖方市场下，生产者主导论或商品客体中心论在统驭着市场营销理论，那么在20世纪60年代以后，随着卖方市场向买方市场转变，所谓消费者（顾客）中心（手段）论统驭市场营销理论的时代到来了。定位理论、市场细分理论、4P理论在此背景下产生了，现代主义（包括科学主义和非理性主义）的品牌理论和关系营销理论也发展起来了，自从菲利普·科特勒《市场营销原理》诞生，所谓消费者（或顾客）为中心（实质是中心手段）的营销理论便系统化了。其中，关系营销理论和科特勒营销理论的渐变都借鉴了后现代营销理论，并把后者改造为前者的范畴。

后现代主义关注主体间的多元性、差异性，却忽视了多元主体与商品客体之间不可分割的辩证关系，因为没有商品客体底板，不存在主体与商品客体间关系。自从西方社会产生了后现代主义这一思潮，就开始向各门学科渗透，后现代主义在市场营销学科中自然也有体现，20世纪80年代以来，现代主义支配下的市场营销关系营销观念和理论、内部营销观念和理论、整合市场营销营

销思想和理论，等等，先后被提出和发展起来。这些理论的形成和发展借鉴了现代主义的营销理论。

总之，两类营销哲学和两类营销理论在相互借鉴中并存和发展。

四、从西方市场营销发展史纵观西方营销哲学和营销理论

研究西方市场营销发展史，可以发现市场营销哲学、市场营销理论的发展变化是随着市场环境、市场营销手段的变化，及时总结、概括，予以理论化而来的。下表中横向整理了市场营销理论、市场营销哲学（观念）、经济哲学范式三者之间的内在关联，并从纵向历史地比较各种市场营销理论、相应的市场营销哲学（观念）和经济哲学范式。

西方市场营销发展历史中市场营销理论、市场营销哲学、经济哲学范式三者的比较如表 12-1 所示。

表 12-1　西方市场营销发展历史中市场营销理论、市场营销哲学、经济哲学范式三者的比较

哲学范式	主体—客体（资本所有者处于主体地位）	主体—客体；开始重视消费者	主体—客体；强调消费者主体利益和价值，但消费者仅是中心手段	主体—客体；强调消费者主体及相关关系人主体利益和价值	主体际倾向	主体际倾向
供求特征及消费者地位	卖方市场，商品所有者主导	向买方市场过渡	买方市场，消费者处于关键手段地位	买方市场，消费者处于关键手段地位	买方市场	买方市场
营销观念及产生时间	生产观念	产品观念（20世纪50年代前）	销售观念（20世纪50年代）	市场营销观念（20世纪60、70年代）	顾客价值观念（20世纪90年代初）	社会营销观念（20世纪70年代）	整体市场营销观念（20世纪90年代初）	整合营销观念（20世纪80年代）	关系营销思想（20世纪末）
营销理论	关于商品方面较多	USP、定位思想、品牌形象理论	定位理论、营销传播理论、顾客价值论、4C	社会营销理论，绿色营销理论	关系营销概念	全员营销、整合营销	关系营销理论、内部营销

表 12-1 第一行，列明哲学范式的变动。可以看到，从生产者、资本所有者作为主体到重视消费者的利益和价值，发展到重视"消费者、利益相关者"的利益和价值，进而发展到主体际哲学范式。从时间来看，似乎是主体范围在不断地扩展、消费者也成为主体的结果。这与事实不相符。实际上是在西方现代主义哲学主导的资本主义社会中产生了具有对抗性的后现代主义哲学，形成了不同阶级的两类哲学范式的结果。后现代主义哲学强调主体间性，否定资本所有者的唯一主体地位，但消费者作为主体地位只能是观念上的、理论上的倾向，并不是现实。

表 12-1 第二行，列明不同时期，企业与消费者（相关利益者）之间的经济地位、经济关系的变化。可以看到，从卖方市场转为买方市场，企业与消费者的地位是有所变化的，消费者在理论上由普通手段的地位上升为所谓主体地位（注：虚幻的主体地位，实际上处于中心手段地位）。

表 12-1 第三行，列明西方营销思想、观念，即西方语境中的市场营销哲学（观念）的发展变动情况。

表 12-1 第四行，列明与不同营销思想相一致的市场营销理论的发展变动情况。从变动来看，似乎西方营销理论在向消费者为主体、消费者为营销的中心目的方向发展，似乎市场营销哲学（观念）和营销理论的发展是顺理成章的，西方社会越变越好。实际上，20 世纪 80 年代后，西方营销理论的发展呈现出两条并行营销理论，即西方现代主义哲学范式中的市场营销理论和后现代主义的营销传播理论。

从不同列间对比，可见西方市场营销观念及其营销理论发展变动状况。20 世纪 50、60 年代前，强调生产者、资本所有者作为唯一主体的主导作用；20 世纪 50、60 年代后，开始重视消费者在营销中的重要地位；20 世纪 80 年代后，营销理论的发展转向重视消费者为中心的各类营销渠道成员间关系，从重视消费者、生产者、经销者之间关系，扩展到重视企业内工艺链上利益关联者之间的营销关系。

整合市场营销思想及相应的营销理论形式，由表 12-1 中第 6 列可以看到。其营销哲学层面是消费者为中心，似乎消费者也成了主体。这种营销思想仅仅从传播角度重视了企业与消费者之间的双向沟通关系，强调了在商品交换中实现消费者的中心作用，却抛弃了商品这一中介客体，使得主体间的沟通飘忽在空中，是后现代主义哲学在各具体营销理论中的表现。一些整合市场营销思想试图克服这种不足，如在《绝配》一书中，就提出产品与目标市场搭配的思想，而这种搭配是在"主体—客体"范式中的搭配；菲力普·科特勒在《水平营销》中，也强调了传统纵向市场营销与水平市场营销是互补关系的思想，而这种互补也是在"主体—客体"范式中的互补。

西方现代主义市场营销理论（或市场营销学）反映的商品、品牌与消费者的关系，这是显象的，而资本所有者、作为卖方的商品所有者隐匿于市场营销现象背后，似乎被忽略，造成了一种消费者中心论假象，实质上人为割裂了资本所有者与消费者的关系；而后现代的关系营销、内部营销、整合市场只强调主体间关系，与前者彼此割裂。显然，反映营销主体间关系的营销理论及其范畴和反映主客关系的营销理论及其范畴没有被统一起来，用于整合各种市场营销思想和理论的共性哲学范式和理论体系还在虚位以待。

其实，营销观念及营销理论（包含范畴性市场营销理论）呈现两个发展趋向：一是贯穿着现代主义哲学范式的市场细分、市场定位、商品定位、4P、4C理论，以及贯穿着现代主义哲学范式的品牌理论、整合营销、关系营销；二是贯穿着后现代主义哲学范式的整合营销传播理论、整合营销、关系营销、内部营销。前一条线是消费者或顾客为中心（手段）支配下的产物，但这种所谓的消费者（顾客）中心往往是被品牌（客体）所左右，虽然消费者利益的品牌化和品牌的消费者化形成内在的统一（这在西方市场营销学的传统教材的篇章布局和逻辑关系中可以明显看到），但它漠视多元主体间关系是基本特征。后一条线是后现代主义支配下的产物，强调多元主体间关系，但却忽视多元主体与商品（服务）客体间的关系。两类营销哲学、两类营销理论不仅是割裂的，还存在对抗，在资本主义制度下和资本主义主导的全球化下两者无相融之途。

第二节　哲学范式比较视阈中的定位范畴

不同哲学语境下，定位有不同表述。天人合一、主客相容的中国先秦文化中有定位思想；西方定位理论有主客两分的实用主义、科学主义的哲学基础；马克思主义哲学及其交往实践观视阈中（"主体—客体—主体"哲学范式），定位理论的实质是交往实践的唯物辩证法。对后两者做比较如下。

一、马克思主义哲学交往实践观的定位范畴内含唯物辩证法

马克思主义哲学交往实践观蕴含着"主体—客体—主体"哲学范式，此哲学范式下的定位，在经济哲学层面，就是消费者利益和消费（社会）价值论、社会主义劳动价值论视阈中的定位。这里，客体是商品/服务，主体是所有者、生产者、经销者、消费者、使用者。

在市场营销领域，"主体—客体—主体"范式，具体表现为如下模型：

```
            商品/服务        商品/服务
生产者—————————经销者—————————消费者（使用者）
```

在此模型下，营销定位实质是交往实践的唯物辩证法在营销中的运用，通过如下概念可见。

（一）商品目标市场定位的概念、商品概念和商品概念中的唯物辩证法

商品目标市场定位的概念，是指对目标市场（主体）的需求定位或目标（主体）的价值观的确定，它是利益主体的客体（商品）化的前提。明确目标消费群（主体）需要（即目标市场定位），是产品概念形成的前提。

商品概念就是目标消费者的优势利益（消费价值）与所对应的商品功能，两者对立统一关系的语言文字表达。或者说是商品的主要功能及该主要功能所带来的利益或消费（社会）价值的语言表达。"商品概念"与"商品的概念"是不同的。商品的概念是商品的定义，是对商品形状、功能和特性的描述。

在商品概念前提下，商品定位是指属于什么类型、什么品种的商品，商品有何特色、用途、何时使用、处于什么档次。商品定位包括消费者乐于接受而企业

又能满足其需求的一切属性,但一定要分清哪些与商品概念相关,哪些与商品卖点相关,哪些是除此之外的与竞品相同之处。

与商品目标市场定位的概念、商品定位比,商品概念是核心范畴。确定目标市场和商品概念,都要抓住主要矛盾。这三个概念是研究以商品为纽带的"消费者利益和消费价值"与供方之间供需矛盾关系时,抓主要矛盾的体现。

(二)商品品牌概念中的唯物辩证法

商品品牌是消费者消费价值观的客体化的天然载体。目标市场的核心消费(社会)价值观在这个载体上表达的方法是,用商品品牌概念来对接。商品品牌概念就是商品品牌的核心功能与目标市场的核心消费价值观二者对立统一关系的表述。确定商品品牌概念同样要抓主要矛盾。

商品概念和商品品牌概念实质上就是对目标市场定位、对商品定位、对品牌定位。这里,定位的实质就是辩证法的矛盾对立统一、就是在"主体—客体—主体"中的主体与客体之间的关系中寻求主要矛盾。

二、西方营销理论中定位范畴所贯穿的哲学范式

(1) L. 里斯和 J. 特劳特定位理论的哲学范式是科学主义的认知心理学,而科学主义的认知心理学是属于"主体—客体"哲学范式的。[1][2]

(2) 菲利普·科特勒是实用主义市场营销理论的集大成者,体现在菲利普·科特勒和加里·阿姆斯特朗合著的《市场营销原理》各个版本中。该理论体系及其定位范畴的哲学基础是"感知—反应"哲学,即实用主义的实践哲学("主体—客体"哲学范式)贯穿、渗透其中。

虽然菲利普·科特勒市场营销理论体系中的定位范畴与 L. 里斯和 J. 特劳特定位理论都贯穿着"主体—客体"哲学范式,但前者是实用主义的"主体—客体"哲学范式,而后者是科学主义的"主体—客体"哲学范式,还是有非本质上的差别的。所以,菲利普·科特勒对 L. 里斯和 J. 特劳特定位理论的吸收,仍然带有创新,将后者理论中贯穿的科学主义的"主体—客体"哲学范式转换为实用主义的"主体—客体"哲学范式。

（3）马克·E. 佩里《战略营销管理》一书中定位范畴包含"主体—客体"哲学范式。

（4）唐·舒尔兹的整合营销传播理论蕴含着主体际哲学范式，"现在许多厂商相信，他们的讯息，只靠讯息的力量，就可以把消费者脑中其他竞争品牌扫地出门。这种'皮下组织注射'理论认为，现有的偏好、经验或其他概念和类别，都很容易被厂商传递的讯息取代。这样的想法导致了所谓'定位'的观念，以及在营销管理上使用战争的类比和隐喻，认为厂商只要比竞争者传递更对的讯息，就能'俘虏'消费者脑海中的长品类别"。[3] 此定位的观念是主体际范式的。

三、L. 里斯和 J. 特劳特定位理论的中国语境

自从中国改革开放实行有计划的商品经济，特别是实行社会主义市场经济体制改革以来，L. 里斯和 J. 特劳特定位理论在国内实战营销领域很流行，如下两位管理学研究者提出了自己的定位理论。

（一）黄朝椿的深度细分和定位理论

黄朝椿在《深度》一书中认为，定位的第一步是选择目标顾客的过程；产品的定位过程是细分目标市场并进行子市场选择的过程。细分目标市场与选择目标市场前的细分市场不同，后者是细分整体市场、选择目标市场的过程，即定位的第一步；前者是对已选择的目标市场进行细分，再选择一个或几个目标子市场的过程。

对目标市场再细分，不是依据产品的类别进行，也不是根据消费者的表面特性来进行，而是根据顾客的价值来细分。顾客在购买商品时，总是为了获取某种产品的价值。产品价值组合是由产品功能组合实现的，不同的顾客对产品有着不同的价值诉求，这要求厂商提供诉求点不同的产品。这是在顾客价值范围内定位。

（二）袁岳的四步定位法

袁岳的四步定位法有着严密的逻辑性，是顺理成章的逻辑过程。

第一步，确定目标群体。

第二步，确定目标群体的目标生存状态。人的一生有四种主要的生存状态：

个体化生存、伙伴化生存、家庭化生存、组织化生存。定位就是挖掘不同生存状态，确定哪个状态与产品相关。

第三步，确定核心价值。

第四步，确定最具代表性的符号体系。品牌要通过各种各样的有形符号——语言、图画、物体、人物、色彩等让消费者易于接受的形式来传达特定的价值。

市场细分和定位理论在中国化的过程中，吸收了"传播价值和创造价值"的理论，从价值的角度对 L. 里斯和 J. 特劳特定位理论有所发展：黄朝椿的深度细分和定位理论强调根据价值对目标市场再细分，产品诉求从价值角度寻求；而四步定位法强调从目标群体的生存状态和目标群体的核心价值角度进行定位。虽然都有所创新，但是它们与 L. 里斯和 J. 特劳特定位理论的逻辑思维路径是一致的，因而并没有超越。

四、几种营销理论中定位范畴的比较

通过对几种营销理论定位范畴的比较，得出它们的相同、不同之处，可以对它们产生更深刻的认识。

几种营销理论中定位范畴的比较如表 12-2 所示。

表 12-2　几种营销理论中定位范畴比较

定位理论	菲利普·科特勒定位范畴	L. 里斯和 J. 特劳特营销定位理论	马克·E. 佩里营销定位理论	马克思主义哲学交往实践观的营销理论的定位范畴
哲学范式	实用主义的"主客—客体"	科学主义的"主体—客体"	实用主义的"主体—客体"	"主体—客体—主体"
方法论	工具行为主义	认知心理学理性认知	认知心理学"手段—目的"分析法，理性认知	唯物辩证法、矛盾分析法、历史唯物主义

共性的方面，是在不考虑哲学范式，单纯看方法比较的结果。

当以消费者为中心（不论手段或目的），发现了市场机会时，如果优先采用目标消费群利益、消费（社会）价值观、消费生活方式等指标来细分市场、研究消费群，则有三种"消费者利益的客体（商品）化"的情况（统称为第一类情况）。

（1）目标市场利益→商品功能→商品属性；

（2）目标市场消费（社会）价值观→目标市场利益→商品功能→商品属性；

（3）目标市场消费生活方式→目标市场的消费（社会）价值观和消费心理→目标市场利益→商品功能→商品属性。

这三种情况都是，一方面立足主客体相互作用角度，分析消费者利益和商品的关系，以找出商品概念或品牌概念，并最终落脚到分析商品属性和功能，即如何把消费者利益和消费（社会）价值客体化到商品上，以进行商品的定位；另一方面，依据商品概念或品牌概念，进行有利的营销传播设计，以便为创造引导消费者认同提供前提，同时还要考虑这些传播要点在商品中的体现。

先确定商品大类后再确定相应市场，就是要从商品属性和功能开始，把握消费者利益、消费价值和消费生活方式。从消费者利益主客体转化论看，有三种"客体（商品）的主体（消费者）化"的情况（统称为第二类情况）。

第一，商品属性→商品功能→目标市场利益；

第二，商品属性→商品功能→目标市场利益→目标市场消费（社会）价值观和消费心理；

第三，商品属性→商品功能→目标市场利益→目标市场消费（社会）价值观和消费心理→目标市场消费生活方式。

其中，L. 里斯和J. 特劳特定位理论及其中国语境、菲利普·科特勒定位理论与"属性→利益→个人价值"的分析方法（马克·E. 佩里的定位理论）并不矛盾。前者从消费者对客体（商品）作用的角度把握关系，即从"目标市场→商品"方向展开逻辑思维，为商品定位并从商品属性和功能上找到传播的差异作为传播的概念；为品牌定位并找到品牌传播的差异点。马克·E. 佩里是从商品客体对消费者作用的角度把握关系，即从"商品→目标市场"方向展开逻辑思维，找到目标市场，同时找到传播的概念。当从消费者方向发现市场机会时，可以使用第一类分析方法；当从消费者方向难以发现市场机会时，就使用第二类种分析方法。

两类理论都从实现传播目的角度定位，定位是为了通过传播在消费者心中占据有利的位置，最终实现品牌资产的增值。单纯从方法上看，两类方法目的相同，只是思路不同，在理论上是互补的。

考虑到哲学范式，差异就绝对体现出来。① L. 里斯和 J. 特劳特定位理论及其中国语境、菲利普·科特勒定位理论，把市场细分理论、目标市场选择理论、定位理论统合起来，体现的是消费者（是否为主体，则从不提及）利益和价值如何体现于对商品（品牌）上，消费者是否为主体，则从不提及；马克·E. 佩里分析法表明的是在与商品客体的辩证关系中，从商品客体对消费者作用的角度推演消费者利益和消费（社会）价值，消费者是否为主体，同样不提及。两类定位理论的不足之处是，他们都仅涉及消费者、利益相关者与商品客体关系中的部分关系。只有在交往实践观的"主体—客体—主体"哲学范式中，把两种方法统一起来才是真正以消费者为中心目的。② 建立在实用主义、科学主义基础上的西方营销理论中的定位范畴，强调主客两分、单一主体；后现代主义的传播理论强调定位时，则是主体际的，否定商品实体的中介客体作用，也是有局限的。马克思主义哲学交往实践观，强调多极主体与中介客体的交往实践关系，可以克服西方定位理论的不足。

不同哲学语境下，定位有不同表述。中国传统文化中早已有了定位的思想，但缺乏主客两分的强调。把建立在主客相融、天人合一基础上的定位的思想运用在现代市场经济条件下，是有局限的。从哲学比较视阈下思考营销定位问题，并立足马克思主义哲学及其交往实践观和科学发展观对西方"定位理论"批判分析、借鉴、吸收，是开创中国特色市场营销理论的必须。

第三节　哲学范式比较视阈中的品牌理论及其品牌范畴

西方现当代哲学有两种哲学范式，一是西方现代主义哲学的"主体—客体"哲学范式；一是后现代主义的主体际哲学范式。而马克思主义交往实践观是"主体—客体—主体"的哲学范式。三类哲学范式分别有着对应的品牌理论。

一、西方现当代哲学的两种哲学范式与西方两类品牌理论

（一）西方品牌理论的"主体—客体"哲学范式

菲利普·科特勒等人（美）在《市场营销原理》中建立了实用主义的品牌观，"刺激—反应"是实用主义的哲学范式，而这一范式本质上是"主体—客体"哲学范式。

马克·E. 佩里（美）在《战略营销管理》中以"手段→目的"链为基本范式建立自己的品牌观，而这一范式本质上是实用主义的"主体—客体"哲学范式。

大卫·艾克（美）在《品牌资产管理》中界定的核心概念——"品牌资产"，在《创建强势品牌》中界定的核心概念——"品牌认同"（《品牌领导》中"品牌认同"则换成"品牌识别"）是"主体—客体"哲学范式下的概念，其品牌理论体系具有"主体—客体"哲学范式的特征。

让·诺尔·卡菲勒（法）在《战略性品牌管理》中阐述了自己品牌理论体系，从其三个核心概念——品牌特性、品牌资产、品牌价值及其内在联系看，是"单一主体—客体"哲学范式中的概念。《品牌战略管理》所表达的品牌理论体系蕴含着"主体—客体"哲学范式。

凯文·莱恩·凯勒（美）在《战略品牌管理》中的品牌理论体系蕴含着"主体—客体"哲学范式。

马丁·林斯特龙（美）在《买》、《感官品牌：隐藏在购买背后的感官秘密》、《品牌洗脑——世界著名品牌只做不说的营销秘密》等书中，给我们描述了一个非理性主义"主体—客体"哲学范式的品牌观蓝图。

美国学者道格拉斯·B. 霍尔特在专著《品牌如何成为偶像》《文化战略——以创新的意识形态构建独特的文化品牌》中系统归纳了其"主体—客体"哲学范式的以文化式品牌塑造打造偶像品牌的原理。

上述现代主义的品牌理论与西方消费主义具有共同的哲学范式，不可分割地联系在一起，是推进品牌资本不断扩张的理论依据。在资本的推动下，品牌理论在西方消费社会的崛起、演变及其应用，构成了资本全球化统治的一种当代出场形式。

上述这类品牌理论的缺陷：一是单一主体性，资本所有者是掌控资本运行的主体；二是品牌是资本所有者用于操控消费者，实现商品价值的手段，消费者也是资本局中的手段而已。品牌作为客体，是品牌所有者的虚拟代言者，其意义指的或是观念的内涵，或者是指语义（主要指词语的称谓）。

（二）西方品牌理论的主体际哲学范式

唐·舒尔茨、汤姆·邓肯各自的整合营销传播理论体系，以后现代主义主体际范式为内核，其品牌范畴中渗透着后现代主义的意义和价值。

《品牌研究》2016年第1期（总第1期）有一篇《品牌即信誉主体与信任主体的关系符号》的文章，把品牌的本质界定为信誉主体与信任主体的关系符号，这是后现代主义的界定。

对营销理论的哲学内涵的误读、误解，导致对品牌本质的误读。《整合营销传播理论批判与建构》一书把建构实在论理解为"主体—客体"哲学范式，把具有后现代主义特征的市场营销传播理论体系理解为没有哲学范式的理论，进而用建构实在论重建市场营销传播理论体系的哲学底蕴。

以上这类品牌理论虽然强调了多主体之间的关系，但也存在重大的缺陷：主体之间没有中介客体，品牌不是以中介客体形式存在于主体际关系中，品牌仅是意义或是多极主体的共同指向性，或是认为品牌意义应当摈弃。这类品牌理论没有客体底板（品牌）的主体际关系，必然否定科技与生产力的推动作用，当然也就否定了历史唯物主义的原理。

二、马克思主义哲学及其交往实践观视阈中的品牌理论及品牌范畴

在马克思主义哲学及其交往实践观中看品牌，首先品牌是中介客体，品牌处于现实的商品经济交往实践环境中，品牌的意义与价值存在于现实的商品经济交往圈中。这个关系圈可用如下图式表示，这个图式表明的是一个系统。这个系统中，不仅有主体间流动的商品流，还有与商品流相伴的货币流、信息流等。

```
                商品、品牌          商品、品牌
  生产者—————————中间商—————————消费者（主体）
                货币、信息          货币、信息
```

主体：生产者（所有者）、中间商、消费者等；中介客体：商品、品牌、货币、信息等。

（1）生产者（所有者）与商品（品牌）的"主体—客体"关系，包含着劳动价值的凝结，包含着具体劳动的物化（主要是消费者合理需求的物化）——使用价值，体现了劳动价值论、商品使用价值运行规律理论。

（2）消费者与商品（品牌）的"主体—客体"关系，包含着生产者（所有者）依据消费者的需要对商品或品牌主观设定的意义，即消费者主体需求的物化设定，其中包含着目标市场消费价值观或社会价值观的设定。它既体现商品使用价值运行规律理论，又体现广义"社会符号化"理论。

（3）主体际关系。生产者（所有者）、中间商、消费者三者都处于主体地位，但他们的主体地位不是无差别的，有主动主体与受动主体的区别，消费者处于中心目的的地位。

（4）商品与品牌关系。由于商品与品牌都是中介客体，它们的关系就是客体间的意义，也就是二者在共同指向主体过程中相互之间的相互作用。相对于商品整体而言，品牌的意义就是指向商品属性、功能的设定。

以上就是"主体—客体—主体"范式的一种图式化表述，总体上体现了消费者利益和消费价值论、社会主义劳动价值论、商品使用价值运行规律理论、广义"社会符号化"理论。《资本论》是贯穿这一哲学范式的伟大著作（包含着劳动价值论、商品使用价值运行规律理论、经济行为理论），是揭示品牌本质的基础理论。

在马克思主义哲学及其交往实践观视阈中，品牌的本质包括如下两个方面。

第一，品牌是特殊商品，具有劳动二重性，在使用价值上是社会价值观的符号化载体。按照交往实践唯物主义和《资本论》的逻辑，循着商品二重性理论和劳动价值论为中介理论揭示品牌本质的路径，可以得出这样的结论：品牌本质

上是特殊的商品，而且是买方市场下商标（品牌）的特殊精神商品，具有商品二重性。商标（品牌）使用价值的本质属性是作为消费者利益和消费（社会）价值观客体化的载体，承载消费者消费（社会）核心价值观并控制目标市场的行为、使之定向选择；商标（品牌）的价值则遵循劳动价值论，在整体商品价值实现过程中其价值与商品体的价值叠加或分摊，同时在这个过程中商标（品牌）转化为商标（品牌）资产，商标（品牌）资产的实质是控制交换实现并能带来消费力的品牌资本（资本的出场形式）。广义"社会符号化"理论是交往实践"主体—客体—主体"哲学范式的具体化理论，以广义"社会符号化"理论为中介理论，也可以揭示品牌本质——品牌的商品化、符号化及其运动过程和品牌符号的职能。

第二，品牌可以承载消费（社会）价值观，品牌塑造和传播形成的品牌文化是消费（社会）价值观的转化途径。在马克思主义哲学及其交往实践唯物主义视阈中，品牌与消费价值观、社会主义核心价值观的关系内在契合，用社会主义核心价值观指导品牌规划和塑造。社会主义核心价值观视阈中的消费品牌化是抵制消费主义的有效途径之一，树立自有品牌在竞争中"开太平"。例如：中医药行业执守信念的"老字号"及海尔人单合一的管理模式为我们树立了典型，是新品牌观的标杆。

三、马克思主义哲学及其交往实践观视阈中的品牌理论克服了西方品牌理论重大缺陷

哲学基本原理对具体学科的指导须经部门哲学为桥梁。马克思主义哲学及其交往实践观的"主体—客体—主体"哲学范式与品牌理论建立起深度关联，必须经过中介哲学这一桥梁。经济哲学创新是市场营销理论和品牌理论创新的中介和桥梁。为揭示"主体—客体—主体"哲学范式视阈中品牌的本质、机理，在专著《品牌理论与哲学范式——交往实践唯物主义及哲学比较视阈》中，采取了中介理论组合的方法，把劳动价值论、商品使用价值运行规律理论、消费者利益和消费价值论、广义"社会符号化"理论作为中介理论群。运用上述中介理论，分别

或组合地从不同角度揭示品牌的本质意义,从而建立新的品牌观。

马克思主义哲学及其交往实践观以"主体—客体—主体"为基本哲学范式,克服了"主体—客体"与"主体—主体"分割的关系,其交往实践观视阈中的品牌理论克服了西方品牌理论的重大缺陷。

在马克思主义哲学及其交往实践观视阈中,品牌是多极主体的中介客体、多极主体的交往纽带,其意义就是交往实践诸要素间的相互所指性。价值指有用的意义,它分为代表社会价值取向的主导价值和代表边缘意义的顺从价值。在我国,社会主义核心价值观就是主导价值,社会主义核心价值观与边缘价值共同构成社会主义价值体系,从而制约和导向着消费价值观。这是品牌意义与社会主义价值体系的内在关联。这样,就克服了西方哲学中"主体—客体"或无客体底板的主体际哲学范式的弊端。在马克思主义哲学及其交往实践观中,蕴含着"主体—客体—主体"哲学范式的品牌理论就能克服西方品牌理论的弊端——"主体—客体"哲学范式贯穿于其中的品牌理论中或主体际哲学范式贯穿于其中的品牌理论。

第四节 科学发展观视阈中的品牌本质与科学品牌发展观

一、科学发展观的内涵及其内在哲学范式

党的十七大报告系统阐述了科学发展观的实践基础、历史地位、科学内涵、精神实质和根本要求。科学发展观,第一要义是发展,核心是以人为本,基本要求是全面、协调、可持续,根本要求是统筹兼顾。

所谓第一要义是发展,指以人为本、全面协调可持续的发展,是各方面事业的有机统一,社会成员团结和睦地和谐发展,是既通过维护世界和平发展自己又通过自身发展维护世界和平,本质是实现社会主义现代化的发展。

以人为本的"本",不是事物的本原,而是社会经济发展的出发点和着眼点,

是推动社会发展的动力来源。从价值观层面来看,"本"就是根本的"本",是以广大人民根本利益为出发点和归宿。以人为本的"人",不是抽象的人,而是具体的、现实的、社会的人,指处于中国特色社会主义现代化建设中的人,包括工人阶级、农民阶级和知识分子在内的中国最广大人民群众。以人为本的"人",不是客体,而是主体。以人为本,就是把广大人民的根本利益作为一切工作出发点和落脚点,就是发展为人民,发展依靠人民,发展成果惠及人民。人民在中国特色社会主义事业中处于主体地位,而不是客体地位,是社会主义生产目的理论的发展。坚持以人为本,就是不能把人民群众单纯看作被同情、被关爱或被救助对象,而应看作是推进当代中国改革和发展的主导力量,看作推动社会历史前进的真正动力。坚持以人为本,不仅需要而且应当构建新型和谐的社会关系(一方面强调每一个人在社会生活中是平等的,享有作为人的权利和利益,另一方面强调多元化的利益存在)。以人为本,是科学发展观的核心和灵魂。

全面协调可持续地发展,是经济、政治、文化、社会等各方面发展与人的全面发展的辩证统一,是发展速度和结构质量效益相统一,是经济发展与人口资源环境相协调。

统筹兼顾,就是从我国发展全局和最广大人民根本利益出发,正确反映和兼顾不同方面群众利益,调动一切积极因素,调节并处理好各种具体利益关系,促进整个社会协调发展,使全体人民朝共同富裕的方向稳步前进。

我们可以看到,科学发展观包含着马克思主义哲学的如下基本原理。

(1)生产力是人类社会发展的基础,人是生产力中最活跃的因素,把解放和发展生产力作为根本任务。

(2)人民群众是历史的创造者,依靠广大人民群众,并为广大人民群众而发展。

(3)唯物辩证法的全面的、联系的、发展的观点。

(4)合目的性发展、合过程性发展、合规律性发展。

归根结底,就是通过正确处理人与自然的关系、人与社会(人)的关系及这两种关系之间的交往实践关系,建设和谐社会,实现和合发展。这里,人与自然的关系、人与社会(人)的关系,及这两种关系之间交往实践关系,就是"主体—

客体—主体"的交往实践关系，反映为马克思主义哲学及其交往实践观的哲学范式。（交往实践观是科学发展观的灵魂）

"主体—客体—主体"哲学范式，具有"主体—客体""主体—主体"两重框架结构的辩证关系统一体。表征着以客体为中介相互联结的诸主体间交往的图景。所以，在科学发展观视阈中分析经济交往中的关系问题时，可以转换为"主体—客体—主体"哲学范式下的问题解析。

二、科学发展观视阈中的品牌与商品/服务关系

商品/服务与品牌关系，是理解品牌本质的前提条件。

在市场营销领域，"主体—客体—主体"哲学范式，具体表现为如下模型：

```
            商品/服务           商品/服务
生产者—————————经销者—————————消费者（使用者）
```

在这个模型中看商品/服务与品牌关系如下。

（1）商品/服务是中介客体。这里，商品/服务不是单一的，而是包含了项、种、类的中介客体。

（2）品牌的发展经历了从不以中介客体形式存在（附着于商品实体上，依附于整体商品/服务，成为整体商品/服务的属性而存在），到以中介客体形式存在（脱离商品实体，以独立商品形式存在）的过程。

商品经济中，由于劳动分工，商品实体（服务内容）与品牌可能不是同一生产工艺阶段，甚至不是同一生产过程的产物，而是由不同的主体设计、生产，而经买卖最终归同一所有者所有，这种商品实体部分、服务内容与品牌不同时产生，使得品牌在设计生产制造中具有劳动价值和使用价值。即品牌可以以商品形式存在，成为中介客体。这使得品牌具有与整体商品相比相对独立的一面。

（3）商品实体（服务内容）在设计、生产、交换过程中具有所有者、生产者物化属性，也具有消费者的物化属性；品牌设计、生产制造、使用中的独立性，也使得品牌具有所有者、生产者、消费者的物化属性。这也是二者互为独立的方面。

(4) 不同的生产者提供类似（或相同）功能的商品（服务），针对不同的目标市场，自然会导致差异化的品牌存在。

可见，在"主体—客体—主体"哲学范式视阈中，商品实体（服务内容）与品牌对立统一于整体商品和服务中。不能忽视二者内在统一的方面，否则就会夸大品牌的相对独立性，会导致品牌与商品实体、服务内容的分割，把品牌视为与整体商品（服务）无内在关联的孤立客体。商品实体（服务内容）与品牌对立统一的关系，是商品经济中社会分工的必然结果。

三、科学发展观视阈中的品牌本质

关于品牌本质的规定，许多西方品牌理论、品牌管理著作，都有研究，但在科学发展观视域中品牌本质有不同的规定，即品牌具有承载核心价值观的功能，品牌是消费者消费（社会）价值观客体化的载体。

首先，在"生产者—经销者—消费者（使用者）"模型中，一方面商品/服务属于中介客体，品牌是整体商品/服务的属性，另一方面以交换方式取得所有权的品牌，以中间商品形式存在，是中介客体。

其次，在市场经济条件下，消费者需求成为决定生产的力量。消费者利益和消费（社会）价值观的商品化（服务化），和商品/服务的消费者化是普遍存在的过程。品牌的本质就隐藏在此过程中，它既不能脱离整体商品/服务又不能脱离多极主体（生产者、经销者、所有者、使用者、消费者）。从品牌相对于整体商品独立性的一面，品牌具消费者物化属性；同时品牌作为整体商品/服务不可分割的属性，使得品牌具有承载消费者价值观向商品/服务物化的功能（即物化到商品上）。理解品牌时既要与整体商品联系起来，又要看到品牌相对独立、特殊的一面。

最后，在市场经济条件下，存在所有者、生产者左右消费者的事实，消费者被视为获得利润的中心手段，品牌被作为左右消费者的中介性手段，这种状况会随着科学发展观的不断深入，社会主义初级阶段制度的完善，以及社会主义核心价值观的确立，得到根本遏制和扭转。

总之，我们要在"主体—客体—主体"哲学范式的科学发展观中理解品牌的本质。

四、《科学品牌发展观》的哲学根基探析

专著《科学品牌发展观》一书认为，"科学品牌发展观是以人为本，以先进品牌文化为旗帜，全面协调可持续发展的品牌。"还认为，"以人为本表现为三个层次。一、以员工为本；二、以消费者为本；三、以社会大众为本。"[4] 仔细读来，科学品牌发展观直接套用了"科学发展观"的内涵，那么，《科学品牌发展观》中的品牌关系理论，应该贯穿着科学发展观哲学范式，即"主体—客体—主体"哲学范式，才能前后一致。它是否一致，可见如下分析。

"品牌关系就是构成品牌诸要素之间相互作用、相互影响的客观联系机制。品牌关系的核心是品牌与消费者关系。如何留住顾客，如何维持顾客对品牌的忠诚，是品牌关系管理最重要的目标。……品牌关系概念，起源于关系营销概念，是将关系营销概念引入品牌研究而形成的新的品牌理论。品牌关系的理论基础是，用人际交往的模式来定义和衡量品牌与消费者间的关系。"[4]

以上引述体现这样的关系，人际交往理论——品牌关系核心：品牌与消费者关系。也就是品牌与消费者关系就是人际交往关系。应该指出，人际交往理论、关系营销的哲学基础可以是现代主义的"主体—客体"哲学范式，也可以是西方后现代主义"主体—主体"哲学范式，还可以是马克思主义哲学交往实践观的哲学范式，那么，该书所诉品牌关系理论是什么样的哲学范式？

为了对品牌关系理论深化，该书用大卫·艾克的品牌关系模型来解析。该书观点如下。

（1）品牌是符号、企业、产品、消费者之间的关系。

（2）符号、企业、产品、消费者可以视为品牌关系的主体、客体、载体、关系与符号。

（3）品牌关系的主体：品牌关系的主体是品牌源，即品牌的拥有者或控制者。

（4）品牌关系的客体：品牌关系的客体是消费者头脑中的品牌意识空间。

（5）品牌关系的载体：品牌关系的载体是产品与服务。

（6）品牌符号：品牌符号是品牌的本质，是整个品牌关系的动态表现。

该关系模型可以表达为：

$$主体（所有者、生产者）\frac{载体（产品、服务）}{品牌符号}客体（消费者）$$

本质上，这个模型属于"主体—客体"关系范式。在专著《品牌理论与哲学范式——交往实践唯物主义及哲学比较视阈》中，专门对大卫·爱格的品牌理论做过哲学范式解析，其贯穿着"主体—客体"哲学范式。

由此可见，《科学品牌发展观》中的品牌关系理论，所体现的是"主体—客体"哲学范式，与科学发展观内在的"主体—客体—主体"哲学范式，是不一致的。

出现这种矛盾的原因，要么把科学发展观理解为"主体—客体"关系，要么戴科学发展观之帽，穿了大卫·艾克的品牌理论之衣，造成混淆。在科学发展观下，要正确理解品牌的本质问题，就有必要破除错误的认识、区分混乱的认识。

第五节　哲学范式比较视阈中看西方范畴性营销理论的比较

每一个独立形式的营销理论往往围绕某一关键概念展开论述，这一关键的概念就是核心范畴。这样的独立形式的理论有 USP 理论、定位理论、品牌（形象）理论、全员营销、关系营销、水平营销思想、内部市场营销，等等。在第四篇前述分析基础上，本节对西方范畴性营销理论做横向比较，并在马克思主义哲学及其交往实践观的哲学范式与西方哲学范式比较视阈中分析之如下。

一、水平营销思想与马克·E. 佩里分析法的比较

菲利普·科特勒和费南多·德里亚斯迪贝斯运用横向思维发展了市场营销理论，并著有《水平营销》。在该书中他们把传统的市场营销——即由需求分析开始、进行市场细分、目标市场选择、市场定位到市场营销组合的过程——称为纵向营销。书中认为这一过程是纵向思维，是从宏观过渡到微观。而把通过对产品做适当改动来产生新用途、新情景、新目标市场以开创新类别，从而重组新市场的过程，称为水平营销。它是将已知信息进行重组的横向创造性思维，认为此过程是从微观过渡到宏观。他们认为，两者是不可或缺的互补，而且如果在新类别发现后没有纵向营销来提供多样性，水平营销也就不能充分地发展。水平营销思想与马克·E. 佩里分析法的比较如下。

（1）水平营销从商品客体出发，单向度推导有价值的目标市场，然后与纵向营销结合起来。这表面上似乎包含了消费者（主体）利益和消费价值主客体相互作用的思想，但深入分析发现，这种单向度的逻辑，从根本上是不把消费者作为主体的，它反映着西方实用主义哲学"主体—客体"的哲学范式。在哲学范式上与马克·E. 佩里的"属性→利益→个人价值"分析法（"主体—客体"的哲学范式），具有一致性。

（2）水平营销的思想与马克·E. 佩里分析法，都是横向思维的运用。

（3）水平营销被运用于新产品开发过程，马克·E. 佩里分析法被运用于商品和品牌战略规划过程。

在马克思主义哲学及其交往实践观的哲学范式视阈中，可以借鉴和改造水平营销和马克·E. 佩里"属性→利益→个人价值"分析法，使之成为开创新的营销理论体系的理论来源。市场营销关系分析模型就是源于这两个营销理论的启发。

二、USP 理论、品牌形象理论、定位理论之间的比较

（一）USP 理论

20 世纪 50 年代前，美国社会对商品的需求处于供不应求状态，消费者注重实效，注重商品的功能价值，用商品的特点和带给顾客的好处进行促销，就能把商品卖出去，在竞争中打开市场。在这种背景下达彼思广告公司的 R. 雷斯提出了"独特的销售主张"理论，即 USP 理论。它包含三方面内容：①广告要传达消费者能从购买的商品中得到什么好处；②广告所传达的消费者能得到的好处，必须是独特的，是竞争者没有提出过的；③广告传达的内容能打动顾客，能促使顾客产生购买行为。

USP 理论在当时的社会环境下，对企业的销售起到了积极的指导作用。但 20 世纪 50 年代后期，随着科技的进步，生产力的发展，仿制商品的能力越来越强，速度越来越快，大量的企业和品牌进入市场，商品的趋同化使寻找独特的销售主张越来越困难了。USP 理论的指导作用受到了挑战，这时定位理论、品牌形象理论开始产生。

（二）品牌形象理论

20 世纪 60 年代后，美国市场出现了供不应求的状况，消费者需求也发生了变化，注重心理需求的满足成为趋势。适应这种趋势，奥美广告公司的创始人大卫·奥格威提出了品牌形象理论。该理论的基本内容如下。

（1）广告的主要目标是树立并维护一个品牌的良好形象，形象就是性格，它决定了商品在市场上的地位。

（2）消费者不仅追求物质利益，而且追求心理满足，广告要运用形象来满足消费者的心理追求，从而吸引消费者购买。

（3）品牌之间的相似点越多，选择品牌的理智考虑就越少。

（4）每一广告都是对品牌形象的贡献，不论做什么广告都不是一劳永逸的事，广告是对品牌性格的长期投资。

（5）功能性品牌概念强调品牌的功能表现，即强调解决顾客困难或满足顾客要求的产品特色；象征性品牌概念强调品牌的关系；以经验来概括的品牌概念强

调感觉满足或因刺激而认知品牌，并突出以经验为根据的品牌或想象的外貌。

在品牌形象理论的指导下，大卫·奥格威成功地策划了劳斯莱斯汽车、哈撒威衬衫、舒味思汽水等经典广告。然而，这一时期，却出现了品牌形象千篇一律的争相效仿的模式化，独特形象被淹没。但品牌形象理论在定位理论盛行时期，经受了考验。定位理论表明，人们更关心品牌给他们带来的核心价值，其次才是形象对消费者心理追求的满足。在奥美一代又一代广告精英的带领下，品牌形象理论与时俱进。1992 年，奥美推出了流程管理系统，称为品牌管家。20 世纪 90 年代末，随着整合营销传播理论的兴起，奥美提出了"360 度品牌管家"的新思想，强调品牌与消费者之间的全面沟通和传播。

品牌形象理论并不排斥定位理论，包含着定位思想，而且不自觉地将定位思想应用于品牌定位和形象的塑造中。如大卫·奥格威提出广告定位的品牌性：广告时，把受众的需求融入某一品牌，在已经抽象为符号化的品牌中，体现受众最关心的需求点；而且，品牌还是位置的代表，定位就是争取占有这种能存在于受众中的位置。再如，关于商品的定位，"决定广告效果的第一要素，乃是在于将此项商品归类在哪个位置。"大卫·奥格威，与里斯、特劳特一起，共同奠定了商品品牌理论的基础。

（三）共性与区别

三种理论的共性：第一，USP 理论、品牌形象理论、定位理论三种理论本质上都是由内而外，即以企业为本位，以商品定向作用并导引消费者的选择来看企业与消费者、商品与消费者关系；第二，其内在哲学范式没有超出"主体—客体"。它们的区别如下。

（1）USP 理论、品牌形象理论、定位理论在不同背景下产生，三者追求差异化传播的出发点不同。依据"属性→功能→利益→价值"模型，USP 理论从商品的属性、功能角度寻找；品牌形象理论从品牌形象满足消费者利益的角度来思考（品牌是整体商品的属性，同时又是特殊的商品，实质上仍从商品的角度来思考）；定位理论则从消费者利益和顾客价值的角度寻找让"商品"在消费者心目中能占据一个有价值的心理位置。

（2）USP 理论、品牌形象理论、定位理论三种理论在商品/市场生命周期不同阶段有着不同的应用。不同行业所处的商品/市场生命周期阶段不同，一些行业仍处于导入期或成长前期，从产品属性或功能上找差异、使用 USP 理论就够了；一些行业处于成长期，到了品牌建立差异的时候了，可以用品牌形象理论来指导市场营销工作；一些行业处于成长后期或进入成熟期，需要利用副品牌代表商品功能和属性，利用主品牌承载消费者消费价值，可以应用品牌定位理论。

（3）虽然三种理论都有一定的使用范围，但定位理论更具概括性，定位的思想完全可以贯穿于前两种理论中，即定位思想与 USP 理论和品牌形象理论之间具有一般与特殊的关系。

在马克思主义哲学及其交往实践观的哲学范式视阈中看上述比较，可以发现用"主体—客体—主体"范式的市场营销关系分析模型（"属性—功能—利益—价值"模型）和商品/市场生命周期理论分析营销问题，视角更全面。

三、不同哲学范式的关系营销和内部市场营销哲学范式的内在关联

（一）关系营销简介

关系营销思想最早出现于 20 世纪 50 年代，玛格瑞提出营销的六项功能，其中有"契约功能"，指发展市场伙伴中的相互依赖的合作关系。20 世纪 70 年代，John Arndt 指出，企业不只关注一次性的交易，更期望建立与关键顾客和供应商之间的持久关系，并把这种现象命名为"内部市场化"现象。1983 年，西奥多·莱维特在《交易完成后》一文中提出了关系营销思想（推销观念仍然盛行时期），同年美国学者贝里首次提出"关系营销"概念，并将其引入服务范畴。关系营销的目的是同顾客结成长期的相互依赖的关系，发展顾客与企业及产品之间的连续性的交往，力争零顾客流失。丧失老顾客就是失去市场和利润来源。

关系营销理论形成了以西蒙·莱维特为代表的北美流派（主体—客体哲学范式），以克里斯托弗、佩恩和巴兰坦为代表的英澳流派（主体—客体哲学范式），以克伦鲁斯为代表的北欧流派（主体际哲学范式）。

（二）内部营销概述

1981年，瑞典的克里斯琴·格罗路斯发表了论述"内部营销"的论文。他认为，设置了强有力的营销部门，并不意味着这家公司实施了营销导向；公司实施营销导向的关键问题，是公司经理和雇员接受以顾客为营销导向的观念。在2000年出版的《内部营销》一书中，刘易斯和瓦瑞将企业内部视为市场，并将内部市场营销作了总结和评论。

以往的市场营销专注于顾客需求，忽视了另一个重要部分——企业员工。然而，企业员工是实现企业外部市场营销承诺的基础，他们的服务意识与企业的工作绩效密切相关，只有使企业员工具有服务意识才能提高企业的工作绩效，要做到这一点，企业必须把内部员工当作"第二顾客"，开展内部市场营销。内部市场营销是将用于企业外部的市场营销思想和方法用到企业内部，宗旨是把员工当顾客来对待，任务是创造"工作产品"使其符合员工个人需求，目的在于把员工培养成"真正的顾客"，激励员工并使其具有服务意识。内部市场营销的核心是发展员工的顾客意识。内部市场营销实际是一种管理过程，能以两种方式将企业的各种功能有机结合起来：一是能保证企业的所有员工理解并体验企业的业务及各种活动；二是能保证企业的所有员工准备并得到足够的激励以服务导向的方式工作。内部市场营销通过向员工提供让其满意的"工作产品"吸引、发展、促进和保持高水平的员工。

（三）两种理论比较和内在关联

两种理论比较来看，是把消费者及相关利益者纳入主体的范围，也把企业员工视为第二顾客，即社会主体的范围从企业外部扩展到企业内部。这是关系营销思想在企业内部市场的应用，即企业内部上一环节员工与下一环节员工之间，通过"商品"被联系到一起，形成了买卖关系、服务与被服务关系；上一环节员工通过"商品"来满足下一环节员工，这种满足不是下一环节员工的直接消费，而是下一环节员工作为生产资料或被服务的生产性消费；下一环节员工作为顾客，其利益和消费价值与上一环节员工之间以"商品"为纽带。

内部市场营销是资本所有者和管理层将用于企业外部的关系营销思想和方法用到企业内部，可以说，外部的关系营销思想具有什么哲学范式，内部营销就具有什么样的哲学范式。内部营销表面上看是将内部员工当做顾客来对待，但这"顾客"是中心手段还是中心目的，却是讳莫如深的。北美流派和英澳流派的关系营销理论在哲学范式上都是"主体—客体"哲学范式，而北欧流派则是主体际范式的关系营销。不同的关系营销派别决定着其内部营销的哲学范式。

这给我们以启示：在马克思主义哲学及其交往实践观的哲学范式视阈中，无论在理论上还是在实践上建立"主体—客体—主体"范式下的关系营销，必须破除异常关系。

四、主体际类型关系营销理论和整合营销传播理论之间的共性比较

由于中西方文化的差异，对关系这个概念的理解中西方是不同的，传统上中国人对关系的传统理解是以血缘、地缘、共同经历为基础的熟人社会的人际关系圈，强调社会关系基础上的经济利益；改革开放后，关系的含义逐渐突破了旧有框架，从熟人社会向商业交往的陌生人社会扩展。西方主流营销理论，由于把人直接理解为"经济人"，所以更注重人与人之间的经济利益关系，而在后现代主义思潮上存在主体际倾向的人际关系思想。各类关系思想在营销哲学、营销理论上都会有表现。后现代主义的整合营销传播理论和主体际类型关系的营销理论，都把主体间关系看作市场营销的实质，形式上与中国先秦儒道思想中对关系的理解具有一致性。

主体际类型的关系营销理论以北欧流派为代表，与唐·舒尔兹等为代表的整合营销传播理论一样，都突破了单纯交换行为和交易行为的范围，把消费者（目标受众）视为主体，并从主体间视角来看待营销的本质问题。前者建立在"关系、网络和互动的基础之上，而且关系营销存在于销售企业、市场和社会这样一个广泛的网络中"；后者从传播的角度把企业各要素、各环节整合，强调以消费者（主体）为中心看待消费者与企业的关系，其视角不同，目的一致。此外，它们都否定中介客体的存在，也是一个共同点。在理论体系的构架过程中，后者可以直接吸收前者作为范畴。

现实中，这种主体际的营销理论，在形式上很容易获得认同，不少学者把其中蕴含的主体际视之为马克思主义哲学的本真、视之为中华先秦文化的精髓（虽然这一点是值得认同的）、视之为中国特色的管理理论和营销理论的内在特征，从而形成一种倾向，这是需要认真反思的。

五、从马克思主义哲学及其交往实践观视阈看两类不同哲学范式的范畴性营销理论

从马克思主义哲学及其交往实践观的哲学范式来审视 USP 理论、定位理论、品牌形象理论、全员营销、关系营销、整合营销传播理论、水平营销思想、内部市场营销，及对这些理论异同的分析，可以得出如下结论。

（1）涉及"主体—客体"哲学范式的营销理论有 USP 理论、定位理论、各类独立形式的品牌（形象）理论、水平营销思想、北美流派和英澳流派关系营销理论；贯穿主体际哲学范式的营销理论有整合营销传播理论、北欧的关系营销理论等，两类理论不仅处于割裂状态，而且具有对抗性。

（2）用马克思主义哲学及其交往实践观和"消费者利益和消费（社会）价值论"等中介理论群揭示的"主体—客体—主体"交往实践关系，来指导市场营销理论的创新，解决上述两类理论的割裂、对抗状态，是有效的路径。近年来，课程思政改革、新文科建设的要求，使得以马克思主义哲学交往实践观和交往实践的逻辑思维来指导市场营销学理论和实践的继续发展，成为现实所需。

参考文献

[1] 梁宁建. 当代认知心理学 [M]. 上海：上海教育出版社，2005.
[2] L. 里斯，J. 特劳特. 定位 [M]. 王恩冕，于少蔚，译. 北京：中国财政经济出版社，2002.
[3] 唐·舒尔兹，史丹利·田纳本，罗伯特·劳特朋. 整合营销传播—谋霸 21 世纪市场竞争优势 [M]. 吴怡国，等译. 呼和浩特：内蒙古人民出版社，1997：60.
[4] 王培火，蔡冬冬，韩世友. 科学品牌发展观 [M]. 北京：人民出版社，2009：8，82.

第五篇

中西文化碰撞下的中国市场营销

第十三章
中国市场营销的相关认知

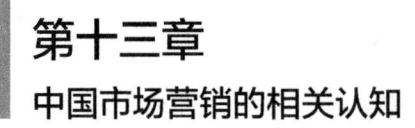

第一节 市场营销理论在中国传播的格局

改革开放后，西方市场营销理论开始大规模被引入，用于高校教学和解决企业实践面临的营销问题，尤其1992年邓小平南方谈话和市场经济体制改革目标确立之后，中国高校从事市场营销教学的老师在市场营销理论的引入和教材的编写上，做了大量的工作、做出了很大的贡献。随着外资企业在国内建厂和营销，许多营销从业者在这些企业中学习、实践，走出了一批实践经验丰富的实干者。一些在企业中实战的营销人和高校走出来的一些老师逐渐进入营销咨询界，成为中国营销咨询的开拓者。营销理论在中国的传播、实践、创新呈现"两派一类"的格局，即学院派、实战派和传媒类。目前，中国特色的市场营销理论体系或市场营销学学科的建设仍处于吸收、改造、应用与创新交错的阶段。

一、学院派（原理派）

学院派多以科特勒的《市场营销原理》《营销管理》等美国教材为范本，以消费者行为学为理论依据，进行教材编写和教学工作。学院派多集中于高校，在国内形成了几个有影响力的区域性传播中心，由北向南依次如下。

（一）京津地区

突出代表为：中国人民大学商学院（曾为中国高等院校市场学研究会会长单

位），北京大学光华管理学院（2016 年以来为中国高校市场学研究会会长单位），南开大学商学院。

其他：中央财经大学、北京工商大学、天津财大、天津商业大学。

（二）苏沪杭地区

突出代表为：上海财经大学，中国第一本营销学译著中华人民共和国成立前诞生于此；上海交大安泰经济与管理学院及余明阳为首的中国品牌研究中心；复旦大学管理学院；南京财经大学。

（三）武汉地区

中南财经政法大学市场营销系、武汉大学经济与管理学院。

（四）广州地区

卢泰宏为代表的中山大学 CMC 研究中心，广东商学院（中国高等院校市场学研究会曾经的会长单位），华南理工大学的龚振、陈春花（曾在北京大学）。

此外，还有中国品牌研究院。

（五）云南财经大学

突出代表人物是曾任中国高等院校市场学研究会会长，现任顾问的吴健安教授，83 岁高龄时仍在为理论传播和创新思考、呐喊，重大的学术会议仍然坚持参加，期望年轻一代有所作为，令人敬佩。

此外，西南财经大学的吴世经，是改革开放后最早编著教材的开拓者。

一些省份的高校营销学科（商科）的老师，有其省内的学术交流和研讨组织。开展得比较好的，如湖北省市场营销学会、云南省市场营销学会、中原市场营销年会。在全国层面，有中国高等院校市场学研究会，从 2016 年开始，该研究会逐渐设立了一些研究中心，如品牌研究中心、消费者行为研究中心、电商研究中心、案例研究中心等。在全国层面，还有中国商业史学会等学术团体。

学院派的特点如下。

（1）翻译国外教材、经典著作。

（2）集中于教材的编写和创新，为中国市场营销学科体系的形成做了大量的奠基性工作；编写的教材有利于人才的培养和实践的应用。

（3）自从 1992 年开设市场营销专业以来，培养了大批市场营销专业的实用型人才，包括专科、本科、研究生各个层次。

学院派对西方市场营销理论有两种态度：一种认为市场营销学是市场经济的产物，是中性的，拿来应用就行了，抱着实用的态度，基本不涉及市场营销的哲学基础。其中，有的学者或固守西方关系营销理论，或固守西方品牌理论，或固守营销传播理论，或固守菲利普科特勒营销理论，来建立自己的权威。另一种认为国内外的环境是不同的，尤其文化环境，要建立区别于西方市场营销学的中国市场营销理论体系。较早的以吴世经、曾国安、吴健安为代表，编著出比较适合中国国情的教材。近年来，有的学者要用中华优秀文化来建立新的营销理论体系（如提出东方营销学），也有的呼吁要把中国文化因素融入教材，有的在总结中国文化情境下的营销案例上下功夫。但是，在把马克思主义哲学、社会主义核心价值观，以及马克思主义哲学与优秀传统文化相结合融入教材上，尚没有大的突破。

二、实战派

多以营销咨询公司、广告公司、市场调研公司、营销培训公司形式存在。

（一）营销咨询公司

代表性人物及其著述如下。

北京刘永矩。代表著作：《推广》《产品上市》《渠道》《市场部》《销售部》《品牌苦旅》《玩转定位》《实战在中国》《实战促销》《活化终端》《营销人生存手册》等。

北京路长全——北京赞伯营销管理咨询有限公司。代表著作：《营销运作潜规则》《解决》《切割》《软战争》《品牌背后的伟大两极》等。

北京李光斗——北京李光斗品牌营销机构。代表著作：《卓越品牌七项修炼》《升位：中国营销革命》《插位：颠覆竞争对手的品牌营销新战略》《品牌拜物教——上层社会的消费密码》等。

北京杨光、赵一鹤——北京正一堂策略机构。代表著作：《对位》（杨光著）、《品牌核变——快速创建强势品牌》（杨光　赵一鹤著）等。

北京曾朝辉——蔚蓝远景营销顾问机构。代表著作：《品牌制胜》《品牌金字塔》《品牌 15 步法则》等。

上海翁向东。代表著作：《中国品牌低成本营销策略》等。

上海蒋云飞、喻祥——上海联纵智达公司。

杭州孔繁任——浙江大学，浙江奇正沐古（中国）咨询机构。代表作：《摊牌：做品牌就是做生意》等。

北京彭剑锋、施炜——华夏基石咨询公司。代表作：《深度分销：掌控渠道价值链》（施炜著）、《连接：顾客价值时代的营销战略》（施炜著）等。

实战派的特点为：在 J. 特劳特和 L. 里斯定位理论、大卫·爱格（艾克）品牌理论等基础上，结合中国营销环境，通过创新的自有理论，指导实践，解决企业面临的营销问题。虽有所阐发但未超出前人的理论框架，是在原框架下的改良，不具有根本创新性质。如"位"子辈书系：《玩转定位》（刘永矩）、《升位：中国品牌革命》（李光斗）、《插位：颠覆竞争对手的品牌营销新战略》（李光斗）、《对位》（杨光）、《卡位》（丁兴良）、《定位神通：中国首部"综艺体"广告奇书》（尹志红）、《定位：中国实践版》（邓德隆等）、《定位定天下：彻底颠覆竞争对手的营销组织战略》（刘军）、《深度：通过深度定位在竞争中保持领先的艺术》（黄朝椿）、《破解定位：打造强势品牌的截拳道》（任立、品立特）、《定位：攻心之战》（包含四个分卷，刘松涛）等，都属于在讲求实效的前提下的创新，属于应用中的改进、改良。

（二）广告公司

北京三木广告公司、上海叶茂中营销策划公司，中国营销实战先驱叶茂中先后在两家公司推出不少有影响力的策划案。

奥美广告。其自有理论，在《360 度品牌传播与管理》《奥美观点》中有系统总结。

日本清扬广告。其以 CIS 为理论依据。

（三）市场调研公司

如零点调查公司的袁岳，在《绝配：营销与管理新主张》一书，提出了四步定位法。

（四）专业营销培训公司、机构。

典型的代表有屈云波的派力营销、《销售与市场》杂志社内设的培训部。

（五）企业营销高管

格力、海尔、海信等公司的营销高管，大都有工商管理、市场营销的高等教育背景，在实战中不断总结，有自己一套很符合市场竞争的营销战略和策略。

实战派强调"实用"，能够给企业、咨询的项目带来实效就是好理论。围绕着如何卖出产品、如何吸引消费者的眼球、如何让消费者认同和购买而展开理论的实战应用。领军人物们在实战中消化来自西方的某一种营销理论，建立自己的营销理论知识，通过专著的形式展现，其中确实不乏创新点。

在创新上，实战派则只要能解决营销的问题，与国外理论有所不同，就被视为创新。实质上实战派大多还在国外营销理论的框架内打转转，且专注于营销技术手段的运用，对于为什么是那样的体系、为什么这么用其实并不清晰。

三、传媒类

以杂志、图书、电视、移动终端等为媒介传播营销理论。

（一）杂志类

郑州的《销售与市场》杂志，有一批专家团队，既有实战派又有学院派。

创刊于2002年的《销售与管理》（内蒙古新华报业中心主办，已停刊），与蒙派营销的成员关系紧密。

石家庄的《糖烟酒周刊》杂志。针对糖烟酒类经销商和企业，群体庞大。

重庆的《商界》杂志。等等。

（二）报刊

《中国经营报》的营销专版；《经济观察报》的公司专版；《21世纪经济导报》的行业专版，等等。

（三）管理·营销类图书运营商

如"派力营销"，其主营业务为营销图书的翻译、出版、销售、培训；华夏基石咨询公司出版有《华夏基石丛书》；博瑞森图书出版有系列营销和管理类图书。他们对中国企业的营销实战起到了推动作用。

（四）电视讲座

专题营销讲座，早期央视做过，不少地方电视台也运作过。早期学院派在电视节目出现较多，后来实战派上镜率高。既有实战经验又有理论基础的知名人士（学院派、实战派、一些大型跨国公司出身专家）成为智力支持者。

（五）移动终端社群

传媒类是传播营销知识的中介，一般都有营销类知识的培训，有的兼顾咨询，也是围绕着"实用"展开营销知识的传播。有的传媒倾向于传播 J. 特劳特的定位理论，有的倾向于某一品牌理论，有的倾向于整合营销传播理论，传媒之间存在着差异化定位，更多的传媒是结合实战，也在理论上努力创新。传播什么样的营销理论，不少传媒也有倾向性，但创新就谈不上了。

营销实战派有一个具有导向性的奖项，即以孔繁任为总顾问的中国营销金鼎奖。营销实战派在很多行业深耕，还与展会结合，在广交会、万商大会、全国糖酒博览会等各种展会上，总能看到实战派人物现身说法。

"两派一类"各有各的理论依托，虽然"两派一类"代表性人物一直都在寻求创新，但着力点不同，至今尚没有突破西方现代主义营销理论或西方后现代主义理论的框架，表现为：①照搬西方营销理论，把西方营销理论奉为鼻祖，认为仅仅在应用上创新就行了。②仅在西方营销理论的框架中作些改良，就称之为创新。③冠某种哲学或某主义的帽子，但内容上保留许多旧概念，与某哲学或某主义不相干，处于两张皮的状态。这些就是脱离哲学基础谈理论的结果。

第二节　中西文化碰撞下的营销文化环境

在中西文化碰撞的当代，中国的市场营销的实践及文化环境表现为：利益至上与正当利益、人本与物本、法制与人治、职责与职务、绩效与面子、契约与自悟等之间的矛盾。[1]

一、利益至上与正当利益

改革开放前，中国处于政治挂帅、计划经济、强调集体主义的状态，争取个人利益属不良德行，个人利益至上更无从谈起。改革开放以来，尤其1992年之后，伴随着经济转型与社会转型，追求个人利益逐渐被认可。

利益是需求满足的状态，利益是双重利益——物质利益和精神利益。利益追求就是要满足需求。利益是社会发展动力，也是个人发展动力，因为追求利益才会产生工作动力。对利益的追求有正当利益与利益至上两类。

正当利益，通过合情、合理、合法方式的取得。君子爱财取之有道。

利益至上。认为只有利益才是实在的，并用经济利益衡量一切（包括理想、道德、人格、历史、文化、财富、人生观、世界观等），把获取物质利益或金钱的效能作为衡量标准。

近二三十年，中国的营销处于一个利益至上的环境中，突出表现为：渠道成员间互为利用，利益优先，实用第一，多赢意识淡薄。营销教研中的突出表现为，脱离实际的量化研究（"八股化"）、山头主义权威化。

利益至上泛滥有深刻的政治、经济、文化和社会的体制原因，随着党的十八大以来，和谐社会的建设，社会主义核心价值观的建设的深入，反腐败力度的加大和持续，及改革对利益调整更合理化，极端利益至上的状况正处于根本转向中。

二、法治与人治

人治是以统治者为核心，依靠权力治理和意识形态教化，对被统治者施加作用，使之行为符合统治者利益的一套制度、机制和行为方式。权力治理是强硬式管理，意识形态教化是用人心归服来维护统治者的统治秩序。人治基础是人与人之间存在等差的和谐，圈内和谐、圈外斗争，圈内人与人之间和平相处，称兄道弟，协商解决，共谋利益；圈子之间相互拆台、斗得激烈。

西方的法治以人性恶为基础，认为人都是为利益而奋斗，向自然索取、向社会索取。西方人是以官员都是无赖为假设的。西方法治以维护个体利益、自由为核心，用法的形式协调人际关系，对危及他人和社会行为要强制制裁。

法治与人治意识会长期共存、斗争，在企业中也有突出表现。

社会主义市场经济中的法治，是以社会主义核心价值观为内核的法治。在和谐社会的建设中，在法治建设的推进中与人治观念的斗争中，制度化的管理机制最终会赢得主导。

三、职责与职务

职责与职务是为了完成目标体系而设定的，为完成目标任务，就要设计职责与职务，并赋予相应的职权和明确的职责。

职位指工作岗位，职务是职位承担者的称号，也是职务的内容、权力关系和责任体系的综合表达符号。职权是胜任工作必需的权利范围、权力关系的界定。

同一职位，职务可能不同。

职责是占据某职位并担当某职务的人，运用规定权力应该承担的全部责任。

职责文化与职务文化的碰撞。职责文化要求把职责摆在职位、职权和职务之上。强调责权利的科学配套，强调考核、绩效管理，强调健全的约束机制。其核心是崇尚做事。西方的跨国公司就有一套以职责为中心的运作模式，各行其事、各负其责，凭绩效论功行赏。职务文化以职务崇拜为核心，注重职位尊卑高低，重权轻责，绩效考核粗糙多变。如对开发市场、成熟市场的销售激励政策一刀切，考评标准一刀切。成熟市场出力少效果显著，工资拿的高；开发市场出力多，效果不明显，工资拿的低。这样不利于市场的维护和培育，不利于调动业务人员的积极性，中国的很多企业，职务崇拜和职责并存，论功行赏与人情关系并存。被赏识者一般是忠于上司者，他们能得到更多的资源和支持，用以维护渠道关系。

四、绩效与面子

从西方学来的绩效管理,指过程管理、沟通管理、诊断管理和指导管理为基本内容的"四位一体"的管理方法。西方人讲竞争、讲实力相拼,靠实力生存与发展,通过实力竞争达到目的需要绩效管理,不讲面子。中国人的面子,指有尊严、成功、有地位,表面荣华。虽然引进了绩效管理,但是在绩效与面子遇到矛盾时,在人情关系面前,往往变通处理。

五、契约与自悟

契约,即订立合同、协议书。在内容上,契约双方的意愿明确表达出来,平等自愿;执行时要善意和认真地履行承诺。自悟,也就是自己体悟。真正的目的不告诉你,让你自己去猜,猜到了然后投其所好。这样就会心安理得,不是我要的,而是你主动给的。甚至有可能是个圈套,让你主动跳。市场经济是有规则的契约活动,是按规则运转的经济活动,如果相互猜来猜去,大伤脑筋,效率就低。

中国人之间常常靠自悟,相互打太极、扯皮;外国人之间靠契约,直截了当,效率高。但契约与自悟撞到了一起,就让人太累了。比如,做了合同不执行。本来货到7天付款,7天到了又扯到别的事,拒付,原来是找借口,想要回扣。

以上这些相互矛盾的政治、经济、文化现象,文化上,根本原因是哲学思维的不同,即以人为手段、工具,还是人与人之间是平等的主体间关系。我们这一代营销人就是在这种文化碰撞下生存和发展。随着市场经济体制的完善、全面改革的深入、社会主义核心价值观的为核心的文化建设,对资本的规范,不敢腐、不想腐局面的出现,新的生活方式、行为方式一定会在碰撞中悄然出现。处在商海大潮中的人们,尤其新一代人要跟上新时代的步伐。

第三节 哲学与市场营销理论关系的诸多认识梳理

一、哲学与市场营销理论（市场营销学科）应然的内在关联

哲学是对人与人、人与自然的根本看法。如对自然有两种看法：一是认为人独立于自然，把自然当作征服对象、索取对象；一是认为人是自然的一部分，相互联系、相互依赖、相互作用、相互制约，人与自然应和谐相处。再如，把人当作利用工具还是把他人当作利益共享的关系，也是两种根本不同的看法。这种对自然、社会、人的根本看法，深深地渗透入各门学科中、文学艺术中，及现实生活的方方面面，如在衣、食、住、行等方面，形成不同的亚文化、行业文化、部门文化。哲学作为民族文化的精髓，一般性寓于特殊的鲜活的现实之中。由于不同民族、不同社会（封建主义、资本主义、社会主义）人与人、人与自然的实践关系不同，故而根本看法会有不同，从而形成哲学差异，导致不同的文化差异。

哲学与包括市场营销学在内的各门具体科学之间有着内在关联。

爱因斯坦指出："如果把哲学理解为最普遍和最广泛的形式中对知识的追求，那么显然，哲学就可以被认为是全部科学研究之母。"[2]

钱学森把科学技术的九大部门，分为三个层次，即：基础科学、技术科学、工程技术层次。从20世纪80年代至去世，他一直致力于哲学系统论、马克思主义哲学与具体学科（技术科学、工程技术层面学科）内在关联的思考，从而把握科学发展的方向、把握工程技术未来的研究领域。

当代西方市场营销理论集大成者，美国营销大师菲利普·科特勒说过：哲学是市场营销的祖母，数学是市场营销的祖父，经济学是市场营销的母亲，行为科学是市场营销的父亲。这从学科关系上指明了市场营销学的主要理论基础，菲利普·科特勒对西方哲学与西方市场营销的关系是很清楚的。

哲学与市场营销学的关系，从高校课程设置上看，基础课、专业基础课、专业课之间是有内在关联的，由哲学范式一线串珠。

上述三位大家的总结与高校课程设置层次间的对应关系，如表13-1所示。

表 13-1　知识体系内在层次类比

基础课	专业基础课	专业课	专业课
哲学（祖母） 数学（祖父）	经济学（母） 行为科学（父）	市场营销学	推销学、公关学、谈判学、市场调研、市场预测、促销学、营销策划、品牌学
根基	树干	主要分支	末枝
哲学层次、基础科学	技术科学	技术科学	工程技术层次

市场营销学科体系中，哲学处于基础地位，其他学科都有哲学（祖母）的基因。

二、中国营销理论界的三类误解

目前，中国已经进行了市场经济取向的改革，引进了西方的营销理论，形成了中西文化碰撞下的中国营销文化环境。在此基础上还需要突破西方营销理论模式、适应当代中国文化和践行社会主义核心价值观的要求，创建新的营销理论体系，也为解决营销文化环境中的中西碰撞问题提供理论方案。但是，中国的营销理论界，对哲学与市场营销理论（或市场营销学）之间关系，有如下三类认识误区，对该学科的进一步创新形成了障碍。

（一）否定哲学与市场营销的内在关系

否定哲学与市场营销的内在关系，有如下表现。

（1）奢谈哲学问题，否定哲学是市场营销理论的基础。

一种观点认为，市场营销学科体系的基础学科是人类学、社会学、心理学、经济学、数学，尤其强调人类学的基础地位，闭口不谈哲学是基础学科。人类学研究的是什么？能取代哲学吗？连菲利普·科特勒都承认哲学是市场营销学科体系的祖母，然而中国一些知名学者、教授却不承认。

（2）认为市场营销理论是中性的，是与社会制度、意识形态无关的纯技术性的中性知识，可以照搬过来。

市场营销理论是资本主义商品经济发展到买方阶段的产物，即资本主义商品经济发展到"社会需要对商品价格的实现起到决定作用"阶段的必然产物。认为市场营销理论是中性的，源于认为商品经济、市场经济是中性的。"世界历史上从来就没有这样一种既非资本主义也非社会主义的市场经济"。我们的一些专家、学者很聪明，在引进、改造西方市场营销理论时，去掉了原有理论中的哲学之冠，采用实用的态度（能够推动实践工作，满足实践工作的要求，但不是实用主义），保留有益的技术部分，编著了不少优秀教材。虽然去掉了哲学之冠，但许多概念保留下来，这些概念渗透着西方哲学的思想，如定位概念、价值概念、品牌概念等都是基础性的关键概念。概念是形成理论体系的基础，概念没有彻底改造，编写的新学科体系，自然摆脱不了西方思想影响。

（二）肯定西方营销理论及其研究方法具有普世性

全盘引进、全盘接受西方营销理论及其研究方法，肯定其普世性，就是肯定"西方哲学与西方营销理论内在关联"的普世性。表现为以下几方面。

1. 全盘西化

国内一些知名营销学教授、学术带头人认为，市场营销理论产生于市场经济条件下，国外理论很成熟了，从西方拿来应用就行了。所谓创新，无非是与中国情景相结合。他们只承认西方哲学与西方市场营销理论的关系，全盘接受西方市场营销理论。由于这些教授具有一定影响力，具有标杆作用，带偏了一些相关人员的学术倾向。

2. 过度的量化研究

事物的运动、发展包含着质和量两个方面的规定性，要全面把握事物的发展状况，质和量的研究都不可或缺。企业在运作中质的方面的研究往往是第一位的，如竞争形势分析、品牌如何构建、利益分配原则等。因而，质的研究是不能缺席的。量化研究、实证研究是科研的主要方法之一，也是必要的。但是，在最近一二十年，量化研究却成了主导的方法，把质的研究抛到一边。这种量化的、实证的研究方法是有其"主体—客体"哲学范式的，这种方法成为主导，其他哲学范式及其方法必然难登大雅之堂。在中国高等院校市场学研究会年会上，吴健安多次呼吁量化研究要适度，但挡不住科研体制中已经形成的这种弊端。

3. 以西方质性研究否定唯物辩证法

近年，由于不少学者对量化研究过度的弊病谈得比较多，故而一些学者转向西方质性研究理论，引进了一些质性研究理论并在圈内传播。但是这些质性研究所内涵的哲学，与唯物辩证法往往相左。

上述三类观点主要通过如下途径展开影响：①高校教学、学术会议；②营销咨询、培训；③媒介的宣传。

否定哲学与市场营销的内在关系或全盘西化，必然导致：①探讨西方哲学与西方市场营销理论的关系，在体制内成为禁区；同时，在中西哲学、中西文化比较视域中研究市场营销没人去做。搞这方面研究就变成了挑战权威，自然也就成了体制内的禁区。②先秦儒、道、墨文化中适应社会主义市场经济要求的需要可继承的内容，不能纳入主流研究课题中。③马克思主义哲学、社会主义核心价值观如何与市场营销相结合，不能纳入主流研究课题中。

（三）对哲学与市场营销之间的内在关联认识模糊

有的专家、学者也意识到哲学与市场营销理论有关联，但是，不清楚是如何关联的。他们对各类哲学范式不熟悉，对西方营销理论贯穿的哲学范式不了解，没有正确地找到哲学与市场营销学结合的有效途径。表现如下。

（1）有的学者编著的市场营销学教材，虽然冠了马克思主义哲学之名，但是，很多概念仍然贯穿着旧哲学范式，不能与马克思主义哲学相契合，实际上形成两张皮。这说明他们还没找到到哲学与市场营销学结合的途径。

（2）以"主体—客体"哲学范式来理解马克思主义哲学，即从人与物的关系角度来理解人与人的关系，把人视为被利用、被统治、被管理的对象，把人的主体性视为个体占有性的主体性。其特征为：单一主体性；个人至上；个体占有性；唯科学主义。这样一来，发现西方市场营销理论的哲学基础与马克思主义哲学范式竟然一致。于是在引进或创新理论时，便不加区分，张冠李戴。

（3）把后现代主义的主体际哲学范式，视为中国未来社会和经济发展应该的意识形态，从而认为营销理论和管理理论也应该贯穿这样的哲学范式，甚至认为这就是中国化的马克思主义哲学的哲学范式。

（4）视中国传统哲学为"天人合一"的哲学范式，但对"天人合一""道"

等词语的理解与原意有差距，甚至用现代思维理解之、以西解中，视中国传统哲学与西方后现代一致，并在此基础上构建营销或管理理论。尤其把《易经》看作超越性的知识，并使之与市场营销理论相结合，建立新的市场营销理论体系。这种思路最终走向后现代主体际范式或以共生理论为哲学依据。这种认识回到孔子的理论，期望中国社会走向天下为公的时代，是值得肯定的，但是没有看到孔子理论中缺乏对社会形态的认知、对以主客两分法制器的思路。

上述四种认识分别产生一些新的营销或管理理论成果，自然有其值得借鉴的优点。同时，它们作为理论创新和探索的成果，正在形成学术的百家争鸣。正是学人们那份责任、那份不懈努力顺应了时代的召唤，其积极探索的精神值得敬重。

三、在马克思主义哲学及其交往实践观视阈中拓展新视野

马克思主义哲学及其交往实践观视阈中的市场营销理论是对西方市场营销理论的颠覆。西方市场营销理论贯穿着西方哲学，只有突破西方哲学的弊端，才有可能建立一门崭新的营销理论体系，在旧有市场营销理论体系内打转转，是永远走不出去的。以消费者为中心手段的社会不是中国共产党人的理想、不是社会主义建设的目标，以消费者为真正的主体才是我们这个社会的发展趋势，是社会主义市场经济的内在要求。中国特色的市场营销理论（市场营销学）是以消费者为主体和目的的营销理论，企业主体赚钱，是以满足消费者（主体）所需为前提和最终目的，市场定位建立在客体（商品、服务）为纽带的营销主体间交往实践基础之上的，这是中国特色的市场营销理论（市场营销学）与西方市场营销理论（市场营销学）的本质区别。对营销理论研究者而言，要脱离西方理论束缚，就要以消费者为根本出发点和归宿点，沿着《资本论》的思路，用马克思主义哲学及其交往实践观来审视、改造旧有的西方市场营销理论体系内的基本概念，从而对如何克服以消费者为中心手段的当代西方市场营销学的不足、对当代西方市场营销众多思想和理论如何"扬弃"，开创新的途径。

经济学家李稻葵讲过："中国文明复兴的进程对世界一定会有正面影响，那就是中国会改变西方人'非赢即输'的定势思维。要如此，就要首先破除'非赢

即输'的既得利益集团的阻挠，树立起社会主义核心价值观为主导观念，把'非赢即输'的定势思维从各门学科中清理出去。"要在市场营销学中如此，还要把实证的量化的研究方法，放在"主体—客体—主体"哲学范式中审视，使之转化到马克思主义哲学交往实践观视阈中市场营销理论的应有位置上。

还应当指出，在中国"天人合一"的哲学范式下创建营销理论，有两个问题必须回答：一是中国传统文化中的优秀成分，用什么标准来衡量；二是怎样把中国传统文化中的优秀成分吸收到新的文化体系中去。其答案应当说很清楚了，就是以社会主义核心价值观为衡量标准，以社会主义核心价值观所贯穿的"主体—客体—主体"哲学范式为基本内涵，对传统文化中的优秀成分进行创造性改造。如果抛开交往实践的这个基点，抛开"主体—客体—主体"哲学范式，单纯建立在传统文化上的新的市场营销理论是"立"不起来的，必须回到马克思主义哲学及其交往实践观视阈。

2020年5月28日，教育部印发《高等学校课程思政建设指导纲要》，明确提出"全面推进课程思政建设，就是要寓价值观引导于知识传授或能力培养之中，帮助学生塑造正确的世界观、人生观、价值观"，"社会主义核心价值观融入和贯穿于各门学科的建设中是题中之义"。市场营销这门学科，如何贯彻这一重大命题，没有马克思主义哲学及其交往实践观的视阈，是难以完成的任务。

年轻的实践者，要在实践中发现问题、在哲学比较视阈中用马克思主义交往实践观思考问题的态度，以勇于创新的精神拓宽视野。创新就蕴含在解决问题过程中。解决问题的过程，就是把各种知识联系起来的过程，当遇到困难的时候，想办法寻找新的依据，到其他学科领域寻找，逐渐形成自己独特见解。由于文化的核心是哲学范式，讲营销理论创新、营销学科建设，脱离哲学范式、文化背景和社会核心价值观，是找不到头绪的。在哲学比较视阈中，运用交往实践观思考问题，就能找到解决问题的钥匙，也是一条捷径。面对这样一个营销理论创新的时代，年轻的理论研究者们，以及即将走出校门、投入营销实践的学子们，要顺势而为，思考哲学、文化与营销之间的关系，把创新作为责任。

参考文献

[1] 张勤. 文化解读与感悟 [M]. 北京：新华出版社，2009.
这里借用张勤教授（北京市委党校、北京行政学院）《文化解读与感悟》一书中的若干对矛盾：法制文化与人治文化、职专文化与职务文化、绩效文化与面子文化等，用以概括我国营销文化的现状。

[2] 阿尔伯特·爱因斯坦. 爱因斯坦文集（第1卷）[M]. 许良英，范岱年，译. 北京：商务印书馆，1976：519.

后记

笔者的第一部专著《出位之后——消费者利益和价值论视野下的市场营销》（2009年，煤炭工业出版社），是对我2009年之前十余年从事市场营销实践和市场营销理论思考的系统的总结，初步开创了马克思主义哲学视阈中的营销理论体系的框架。用"出位之后"有两重含义，一是尝试解决《出位：海信PBI——产品同质化时代制胜五步法则》（企业管理出版社，2003年）一书书尾提出的问题——来自国外的各种营销理论之间存在彼此独立、难以相融的问题；二是《出位：海信PBI——产品同质化时代制胜五步法则》一书所讲差异化（或蓝海战略）背后的原理，可以用《出位之后——消费者利益和价值论视野下的市场营销》中的"消费者利益和价值中心目的论"来解释。由于在第一部专著中没有明确指出为什么用"出位之后"做书名，故而在此补记之。

在第一部专著中，由于对西方营销理论体系及其五大关键概念（顾客价值、定位、品牌、关系营销、整合传播）的揭示和认识还不深入。故而，2010年以来，深入揭示西方市场营销理论的西方哲学底蕴、揭示五大关键概念所贯穿的哲学范式成为笔者深入探索的课题。

2010年以来，笔者在中国高等院校市场学研究会学术年会、湖北省市场营销学会年会、中国商业文化与管理学术年会，进行了《市场营销渠道上的关系营销》（2010年，河海大学）、《市场营销原理的哲学思考》（2010年，中南财经政法大学）、《交往实践唯物主义与市场营销的创新》（2012年，中央财经大学）、《科学发展观视域下的品牌本质解析》（2013年，渤海大学）、《交往实践唯物主义视阈下的品牌与价值观》（2014年，宁夏大学）、《商标和品牌的本质——交往实践唯物主义和〈资本论〉视阈》（2015年，哈尔滨工程大学）、《从交往实践观看中医定位对市场营销定位的启示》（2015年，哈尔滨工程大学）、《中医哲学是构建当代商业文化的历史资源》（2016年，山东大学）、《后现代主义的三套市场营销理论体系》（2016年，南开大学）、《中医哲学与中医药品牌文化建设》（2017年，浙江财经大学）、《交往实践唯物主义与品牌理论创新》（2018年，曲阜师范大学）、《品牌理论与垄断资本全球化》（2018年，云南财经大学）等学术论文的交流。2020年，先期出版了专著《品牌理论与哲学范式——交往实践唯物主义及哲学比较视阈》，把西方营销理论体系中的品牌范畴和独立形式的范畴性的品牌理论所内含的哲学范式做了梳理。在上述研究基础上，《市场营销理论与哲学范式——马克思主义哲学及哲学比较视阈》，进一步剖析了西方营销理论体系及其营销哲学和范畴（定位、关系营销、营销传播等），进一步深入剖析了其他范畴性西方市场营销理论的哲学底蕴。同时，将笔者提出的马克思主义哲学及其交往实践观的营销理论体系框架的原理和思路进行了系统梳理。这样，就对《出位：海信PBI——产品同质化时代制胜五步法则》一书书尾提出的问题，给出了颠覆西方市场营销理论的系统的解决方案。

笔者之所以能不懈地在"哲学与市场营销"这个方向上攻关，除了《自序》中所述的两个主要原因外，还有以下原因。

从2010年开始，笔者连续参加中国高等院校市场学研究会学术年会。虽然我不是高校老师，但被中国高等院校市场学研究会接纳，说明这个学会在承担营销理论传播和中国营销理论创新重任中具有开放性。在这个平台上，笔者的研究思路得到了一些专家、学者的肯定和鼓励。如云南财贸学院原院长、学会原会长、顾问吴健安先生对笔者研究方向予以肯定；2012年，中央财大年会营销创新分论坛上，主持人、时为学会副会长（现为学会顾问）的中国人民大学商学院院长郭国庆教授对笔者的文章点评："这才是真正的研究"；学会副会长、华南理工大学龚振教授多次在年会中主持分论坛研讨，对笔者的研究方向予以支持；北京工商大学商学院副院长、教授张永，天津财经大学商学院副院长、教授曹家为，上海对外贸易学院工商管理学院院长、教授魏农建，都鼓励笔者深入研究；闽江学院吴金林教授曾向笔者伸出大拇指；惠州学院林宽教授对笔者多次提出建议；运城学院杨勇教授对笔者的研究加以肯定并引用，等等。此外，还得到哈尔滨商业大学教授金明华（黑龙江省市场营销学会秘书长）、北京工商大学教授张景云、郑州航空工业管理学院教授李丰威，等等，的鼓励和支持。这使得笔者在理论探索过程中从没有感到孤独。

据不完全统计，中国有8000多万直接从事市场营销工作的人员。而市场营销理论从国外引入，其中的概念没有从根本上得到改造，仍然饱含着西方价值观念、西方现代主义哲学"主体—客体"思维或后现代思维，营销人员，尤其是接受了西方市场营销理论系统训练的营销工作者，不能不受到西方意识形态的侵淫、西方价值观念的潜移默化。揭示独立形式（范畴性）的西方市场营销理论、西方市场营销理论体系及其范畴所蕴含的西方哲学范式，既是抵制西方价值观全面渗透、建设社会主义核心价值观的需要，也是构建马克思主义哲学统帅的营销理论体系框架的需要，为此，笔者不懈地"啃"了多年。

2013年，在中国人民大学召开的市场营销学教育研讨会上，郭国庆教授倡议并鼓励年轻的营销工作者要形成中国营销理论的学术丛林，即"百家争鸣"的局面。笔者期望以自己的学术研究，在"百家争鸣"中与同道者共同推动市场营销理论与实践的进步。

在此，对教材建设、课程思政和新文科建设提出如下建议。

（1）钱学森对"马克思主义哲学与各门具体学科的关系"有阐述。他指出，科学技术的体系有九大部门，社会科学是其中一部门。九大部门，除了文艺理论，又可分为三个层次，即：基础科学、技术科学（应用科学）、工程技术三个层次。社会科学的这三个层次通过历史唯物主义的桥梁，上升到人类知识的最高概括——马克思主义哲学。马克思主义哲学与具体学科关联的这一途径，为当前教材改革与创新，尤其对新文科建设和课程思政建设（克服专业课与思政两张皮），留下了宝贵的财富。同时，孙正聿在教材《哲学导论》中，对如何吸收、改造旧理论有独到见解，对新文科建设和课程思政建设有指导意义。此外，还要掌握《资本论》的研究思路，即"马克思主义哲学——马克思劳动价值论（经济哲学性质）——资本理论"之间的内在关联，建议做相关工作的同志们予以重视。

（2）著名哲学家张岱年提出了"综合创新论"，是为解决哲学的创新提出的思路。笔者在研究、思考过程中，认识到市场营销学及其他学科也需要综合创新。笔者首先在"哲学一般"层面上实现突破，以马克思主义哲学及其交往实践观为核心依据，进而探索在经济哲学（部门哲学）和市场营销学（具体学科）层面的具体展开形式；再进一步在"主体—客体—主体"哲学范式视阈中吸收中外、古今文化中的精华（对其范畴改造），以期进行整合创新。这一思路正是综合创新的实现途径，研究者们可以借鉴。

在此，还要对高校营销学科人才任用机制做一个建议。美国的菲利普·科特勒、唐·舒尔茨，这些营销理论的集大成者，到大学从事教研之前，都是在企业实战中摔打过的，对当时的营销状况及其内在矛盾有比较深的体验。而我国高校市场营销教研的工作者，基本上从学校到学校，即博士、硕士毕业就到高校从事教研工作了，所学理论知识有多少转化为自己可以体悟的、对活生生的营销现状了解多少，其实是个大问题，也就是说，培养的教研工作者严重脱离了实际。市场营销类学科体系实用性很强，脱离实际的教研工作者能不能把营销类学科讲好、能不能出些可以解决实际问题的研究，以及能不能把该学科的课程思政改革搞好，是令人怀疑的。要改变这种状况，需要一方面从企业引入既有营销理论又有实战经验的人才，另一方面要让一部分高校从事营销教研工作的年轻人到企业去锻炼。世纪之交，江西农大动物营养学院就采取这样的政策，不少老师停薪留职，到饲料企业从事技术工作，回到江西农大的老师，理论与实践都有了，带着问题回到学校教学、科研，有目标、有奔头了。也有的老师自己创业了，有的就干脆在企业内干了，各自有了新的人生选择。

要感谢郑州筑邦建材有限公司副总、技术总监王再林，由于他在业务和技术上的长期支持，使笔者有精力利用业余时间完成系列研究。

当代中国马克思主义哲学家任平开创了马克思主义哲学交往实践观，为笔者研究市场营销理论问题提供了思想武器，借此对任平老师的贡献表达深深的敬意和感谢。要感谢任平老师的学生、南京信息工程大学教授张天勇，是他在2003年将任平老师的一些专著寄给笔者，供笔者学习。也要感谢《资本论》的研究大家陈俊明教授，他的研究给予笔者很多启发。

本书献给正在努力将马克思主义与中国传统优秀文化相结合的同道者！

本书献给还在为课程思政建设和新文科建设苦寻出路的探索者们！

本书献给为中华民族伟大复兴而竭力拼搏的人们！

郑林源

后记初稿写于 2020 年 10 月，2022 年 4 月底修改